本书受中山大学马克思主义学院全国重点马克思主义学院经费资助出版

何 旗 著

FORGE INNER STRENGTH
AND
INSPIRE PEOPLE

铸魂育人

高校思政课的历史与实践

The History and Practice of
Ideological and Political Course in Colleges

社会科学文献出版社

SOCIAL SCIENCES ACADEMIC PRESS (CHINA)

目　录

绪论　理直气壮开好思政课

　　在高校开设思想政治理论课（简称"思政课"①），对青年学生进行系统的思想政治理论教育，是中国共产党领导办教育的最根本的经验做法，也是社会主义大学的鲜明特质。自 1949 年新中国思政课在高校设置以来，中国共产党就一直高度重视高校思政课建设，始终把它视为关系社会主义事业兴衰成败的一个重要方面。新中国成立初期，中国共产党就在高校开设了"中国革命史""马列主义基础""政治经济学""辩证唯物论与历史唯物论"等政治理论课程，强调高等学校政治理论课的根本任务是用马克思列宁主义、毛泽东思想武装青年，对他们进行无产阶级教育，培养坚强的革命接班人。改革开放以来，党和国家先后制定并实施了"85 方案""98 方案""05 方案"等课程设置方案，并专门出台多个关于加强和规范高校思政课建设的文件，对高校思政课建设提出明确要求，不断推动高校思政课的建设和发展。党的十八大以来，以习近平同志为核心的党中央把思政课摆在前所未有的战略高度，提出要从维护国家意识形态安全、培养社会主义建设者和接班人的高度来对待和抓好思政课。为此，习近平总书记先

---

　　① 自 1949 年新中国思政课在高校设置以来，其课程名称有一个历史沿革，在不同时期有不同名称。1949—1956 年，该课程被称为"公共必修课""政治课""政治理论课"；1957 年到"文化大革命"前，该课程被称为"社会主义教育课程""政治课""共同政治理论课""政治理论课"；改革开放到 1995 年，该课程被称为"马列主义理论课"（简称"理论课"）、"政治理论课"、"马列主义课"、"思想品德和政治理论课"、"马克思主义理论课"（公共课）；1995 年 10 月到 2004 年，该课程普遍被称为"马克思主义理论课和思想品德课"，在中央文件标题中直接简称为"两课"；2004 年至今，该课程正式被称为"思想政治理论课"，"思政课"是其简称。

1

后出席或主持召开全国高校思想政治工作会议、全国教育大会、学校思想政治理论课教师座谈会等重要会议并发表一系列重要讲话，中共中央、国务院及中央有关主管部门印发《关于加强和改进新形势下高校思想政治工作的意见》《关于深化新时代学校思想政治理论课改革创新的若干意见》《新时代高校思想政治理论课教学工作基本要求》《高等学校思想政治理论课建设标准（2021年本）》《"新时代高校思想政治理论课创优行动"工作方案》《深化新时代学校思想政治理论课改革创新先行试点工作方案》《高等学校课程思政建设指导纲要》《新时代学校思想政治理论课改革创新实施方案》等文件，为新时代加强和改进高校思政课建设提供了基本遵循。可以说，新中国成立70多年来，高校思政课得到党和国家的高度重视并不断加强，在开展马克思主义和中国化时代化的马克思主义教育，培养一代又一代社会主义建设者和接班人方面发挥了不可替代的作用。

然而，自1949年新中国思政课在高校设置以来，社会舆论场中不时出现贬低甚至否定思政课的言论，部分师生对思政课有先入为主的逆反心理，甚至有的学校管理人员对思政课教师也不加重视，主张取消思政课的声音不绝于耳。新中国成立初期，一些敌对分子和资产阶级右派分子利用旧的传统教育的影响，片面强调青年学生要学习专业课，不要学习政治理论，认为当时处于建设时期，建设时期主要是学习科学，学习科学就等于学习政治理论，导致一些青年学生认为"学好技术，不学政治，也可以为人民服务"，把政治课当作"卫生课"，把政治学习时间作为"诊疗日"。改革开放以后，党和国家在高等学校恢复设立了马列主义理论课，人们对马列主义理论课在高等教育中的地位和作用的认识有了显著的提高，但还是有相当多的人要求减少政治理论课的门数或减少课堂教学时数，停止考试、考查或改成选修、免修。党的十八大以后，党和国家不断深化对思政课的认识，进一步加强和改进思政课建设，逐步改变思政课长期被边缘化的状况，但是相当长一段时期内，仍有不少人对思政课的本质属性和教学内容等存在认知偏见，贬低思政课地位和功能的言论仍甚嚣尘上。有些地方和学校对思政课的特殊性和重要性、必要性和紧迫性的认识还不到位，要么将思政课视为空洞的"说教"、强行的"灌输"，将其拒之门外，要么把思政课单纯地看作传授科学理论和思想的课程；有人认为思政课是"虚"的"空"的理论，专业课才是"实"的"硬"的知识，认为思政课是可有可无的"副课""虚课"，表现出其对政治理论的冷淡；更有甚者将思政课视为"政治宣传"，将其看作官方的"洗脑课"或"纯粹的意识形态教育课"，对此谈之色变，唯恐避之不及。在舆论场中出现诋毁、抹黑思政课的噪声时，有的同志、有的教育工作者竟也随波逐流，跟着唱衰思政课，甚至散布思政课"无用论""压缩论""取消论"等错误观点。这些诋毁、抹黑、唱衰、取消思政课的论调，都是十分有害的，不仅歪曲了我国思想政治教育的历史实际，而且毒化了社会舆论环境，对青年学生的学习成长产生了不良影响，对思政课健康发展形成了干扰，对思政课教师的职业自信造成了冲击。

　　事实上，社会主义教育和资本主义教育的重要区别之一，就是社会主义大学把政治理论作为必修的课程。而体现无产阶级和广大人民群众意志、反映社会主义意识形态本质特征的思政课，不仅承担着对青年学生进行系统的马克思主义理论教育的重大政治任务，而且是巩固马克思主义在意识形态领域指导地位的主阵地、加强青年学生思想政治教育的主渠道、培育社会主义时代新人的主课程，肩负着为党铸魂、为国育才的特殊使命。质言之，铸魂育人是思政课的实践本质，是思政课与其他课程的最本质的区别，也是中国特色社会主义教育的本质属性。当前，我国高校思政课伴随着新中国的建设成长已经走过了70多年的光辉历程。鉴于此，对新中国成立以来高校思政课铸魂育人的历史与实践进行全面系统的梳理和深入细致的考察，描述其演进轨迹，揭示其背后的深层次逻辑规律，归纳总结其取得的成绩和历史经验，分析当下实践之中仍然存在的突出问题和薄弱环节并提出相应的解决路径，对于在新时代新征程加强和改进高校思政课建设、开展大学生思想政治教育，坚持和巩固马克思主义在高校意识形态领域的指导地位，建设具有强大凝聚力和引领力的社会主义意识形态，从而确保我国意识形态安全，具有重要意义。这理应成为广大思政课教师的一项崇高使命。

一 文献回顾与述评

以历史的眼光看，思想理论界对高校思政课的研究起步较早，大致是从 1949 年中华人民共和国成立开始兴起的。20 世纪 80 年代以来，思想理论界对于高校思政课相关问题的研究开始呈现活跃态势，一些专家学者开始对高校思政课及其铸魂育人功能进行较为广泛深入的研究，一批有影响力的著作和论文也相继问世，对高校思政课铸魂育人的多学科综合理论研究进行了有益探索。中国特色社会主义进入新时代，习近平总书记围绕为什么要建设思政课、建设什么样的思政课、怎么样建设思政课等重大问题发表了一系列新观点、新论断、新思想，强调思政课的主要任务是培养社会主义建设者和接班人，要从维护国家意识形态安全、实现中华民族伟大复兴的战略高度来抓好思政课建设。由此，思政课及其铸魂育人功能成为思想理论界研究的重点和热点议题，并产出了丰硕的研究成果。从目前所能获及的文献情况看，思想理论界相关研究主要围绕以下几个问题展开。

（一）关于高校思政课的性质定位

思想理论界普遍认为要从实现社会主义现代化事业后继有人和"两个一百年"奋斗目标的高度出发，把思政课定义为落实立德树人根本任务的关键课程。在此基础上，研究者们一般从纲领性文献中的相关论述出发，探讨高校思政课的本质属性和角色定位。

1. 思政课的本质属性

当前思想理论界对高校思政课的本质属性的认识并不存在多大差异，大都认为政治性是思政课的第一属性，是其力量和优势所在。有研究者认为，高校思政课是推动大学生政治社会化、提高大学生政治认同的灵魂课程[1]，其本质属性是社会主义意识形态的理论表达课[2]。在此基础上，他们认为"思

---

[1] 冯刚、张晓平、苏洁主编《中国共产党高校思想政治教育发展史》，人民出版社，2021，第 260 页。

[2] 陈锡喜、刘伟：《论把握高校思想政治理论课"有力支撑"的三个维度》，《马克思主义理论学科研究》2019 年第 2 期。

想性""政治性""理论性"是思政课的基本性质，是进行思政课建设的逻辑前提①，思政课本身所具有的鲜明的政治性、彻底的科学性和自觉的实践性三者辩证统一，分别从方向、动力和途径层面深刻揭示了思政课的本质属性②，只有正确认识思政课政治、科学和实践三方面的属性，才能全面把握思政课建设的基本规律，形成综合的思维方法和工作体系。③ 也有研究者指出，高校思政课本质上是一门德育课程，与专业课主要解决学生"知"与"不知"问题相比，思政课重在解决学生"信与不信""行与不行"的问题。④

2. 思政课的角色定位

研究者们主要围绕"主渠道""主阵地""核心课程"来阐释思政课的角色定位。思政课是巩固马克思主义在高校意识形态领域指导地位、坚持社会主义办学方向的重要阵地，是全面贯彻落实党的教育方针、培养社会主义合格建设者和可靠接班人、落实立德树人根本任务的主渠道，是进行社会主义核心价值观教育、帮助大学生树立正确世界观人生观价值观的核心课程。在此基础上，有研究者进一步指出，发挥思政课在大学生思想政治教育中的主渠道作用，并不是把思政课看成主要课程，而把其他课程看成次要的或不重要的课程，更不能因为其他课程具有思想政治教育功能就忽视和否定思政课的作用，而是要充分认识到思政课在整个学校教育体系中的主导作用、对其他思想政治教育资源的整合作用、在专门提升学生思想政治教育素质中的系统化作用，使之成为真正对青年学生进行思想政治教育的主渠道。⑤ 在此基础上，有研究者强调，新时代"理直气壮开好思政课"，需要围绕"培养什么人、怎样培养人、为谁培养人"的逻辑主线，体现时代精神，把握时代脉搏，回应时代诉求，以明确思政课的时代定位，即服务于社会主义意识形态建设、培育担当民族复兴大任的时代新人、着眼人民群众追求美好生活的实践。⑥

---

① 曾狄、黄齐：《论高校思想政治理论课的基本性质》，《思想政治教育研究》2015 年第 2 期。
② 刘世平：《论高校思想政治理论课的本质属性》，《学校党建与思想教育》2009 年第 5 期。
③ 刘建军：《全面把握思想政治理论课建设的基本规律》，《思想教育研究》2017 年第 4 期。
④ 姚迎春、杨业华：《论思想政治理论课获得感的内涵》，《湖北社会科学》2018 年第 4 期。
⑤ 骆郁廷主编《高校思想政治理论课程论》，武汉大学出版社，2006，第 44 页。
⑥ 钟飞燕、高德胜：《高校思想政治理论课的时代定位》，《思想教育研究》2019 年第 8 期。

（二）关于高校思政课的功能

思政课的功能是思想理论界一直以来关注的基本议题，对思政课的功能进行研究既有助于正确认识该课程的地位与作用，不断改善教学理念和教育方式，也有助于促进思政课诸多功能的有机融合和协调。因此，研究者们多围绕"思政课功能的基本内涵是什么"和"如何提升与发挥思政课功能"两方面展开研究。

1. 思政课功能的基本内涵

思政课的功能是丰富和复杂的，研究者们对思政课包含的具体功能看法不一。从基本要求来说，思政课的功能中存在一些持续、稳定的因素，如传道、授业、解惑三大方面，但又有其新的功能，并且这些功能会随着社会进步对青年学生素质培养所提出的新要求而不断丰富。有研究者认为，高校思政课最主要的功能是政治社会化，即社会意识形态的整合，除此之外还有知识涵养功能和综合方法论熏陶功能。[①] 也有研究者指出，思政课具有政治引导、道德培育、文化熏陶、能力培养、人格塑造等功能，这些功能的实现又是相互依存的，对其应当予以全面而正确的定位。[②] 还有研究者认为，思政课功能是多维的并且不是一成不变的，其在不同的历史阶段具有不同的表现。就对社会发展的主要作用来说，高校思政课功能包含四个基本方面：既有政治性功能，又有生产性功能；既有社会性功能，又有个人性功能；既有限制性功能，又有发展性功能；既有人文精神教育功能，又有能力提升功能。[③]

2. 思政课功能的发挥与提升

思政课功能的发挥是一个整体效应，而不是平行性、单一性发挥的，片面强调某一方面而忽视其他方面，就会破坏课程的整体功能，与此同时，所片面强调的功能也会丧失。有研究者指出，要注意在教育的总体目的中把握思政课的功能，在理论与实际的结合上下功夫，探索青年学生思想政治教育统一性与层次性的结合途径。[④] 也有研究者认为，思政课在高校意识

---

① 邱柏生：《论思想政治理论课的基本功能》，《学校党建与思想教育》2005 年第 4 期。

② 俞卫真：《高校思想政治理论课的功能定位与教学改革》，《教育与职业》2008 年第 32 期。

③ 周桂芹：《高校思想政治理论课功能的多维分析》，《学校党建与思想教育》2011 年第31 期。

④ 赵甲明、赵义良：《关于实现高校思想政治理论课功能的思考》，《清华大学学报》（哲学社会科学版）2005 年第 2 期。

形态安全中发挥着重要作用，因此，要从思想引领、舆论导向、法治素养、质量评价四个维度不断强化其功能构建，打造适应新时代高校意识形态安全要求的思政课，从而有效维护高校意识形态安全。① 还有研究者认为，铸魂育人是高校思政课的核心功能，高校思政课铸魂育人应遵循"中国梦""社会主义核心价值观""中国精神"三位一体的逻辑，以信仰铸魂为核心，以实现"四个正确认识"为教学目标，以教师队伍建设为保障，以铸魂工程为统筹，发挥思政课的引领作用，助推高校铸魂育人形成合力。②

（三）关于高校思政课的历史演进

思想理论界对新中国成立以来高校思政课的建设研究大多从纵向和横向两方面进行阶段、内容、成效、经验等方面的梳理与总结。党和国家在各个不同的历史时期和发展阶段面对的形势不同，需要解决的问题不同，进行的实践也不同，新的实践要求用新的理论武装全党、教育群众，不断推动党的事业向前进。思政课作为党的思想理论教育的一个重要方面，也必然呈现出阶段性。

在思政课发展史的阶段划分上，不同时期不同研究者有不同的划分标准和方式。"三阶段论"认为，我国高校思政课建设主要经历了社会主义革命和建设时期、改革开放和社会主义现代化建设新时期、中国特色社会主义新时代三个重要发展阶段③；"四阶段论"认为，我国高校思政课课程建设历程可分为初步发展时期（1949—1956 年）、曲折发展时期（1956—1978 年）、恢复与稳定发展时期（1978—1992 年）、全面发展时期（1992 年至今）④ 四个重要阶段；"五阶段论"认为，高校思政课建设先后经历了探索过渡（1949—1977 年）、稳步调整（1978—1986 年）、加强改进（1987—2002 年）、深化改革（2002—2012 年）、全面创新（2012 年至今）五个演进阶段。⑤

---

① 高会燕：《思想政治理论课在高校意识形态建设中的功能构建研究》，《思想教育研究》2020 年第 2 期。

② 李忠军、牟霖：《发挥高校思想政治理论课的铸魂功能》，《中国高等教育》2019 年第 2 期。

③ 韩振峰、李辰洋：《新中国成立 70 年来高校思政课课程建设的发展历程及经验启示》，《北京交通大学学报》（社会科学版）2019 年第 4 期。

④ 石云霞：《高校思想政治理论课程建设史研究》，武汉大学出版社，2006，目录第 1—6 页。

⑤ 胡华、卢诚：《新中国 70 年来高校思想政治理论课建设的历史演进与现代审视》，《理论导刊》2019 年第 12 期。

在此基础上，也有研究者对改革开放以来的思政课课程史作了更细致的阶段划分。"四阶段论"认为，自 1978 年以来，高校思想政治教育伴随着改革开放波澜壮阔的发展历程，主要经历了调整恢复（1978 年至 1989 年）、加强改进（1989 年至 2002 年）、深化改革（2002 年至 2012 年）、全面创新发展（2012 年至今）四个阶段①；"五阶段论"认为，1978 年我国实行改革开放以来，高校思政课建设大体经历了五个发展阶段：第一个阶段是改革开放初期，进行拨乱反正；第二个阶段是开始走上正轨，"85 方案"形成；第三个阶段是课程进行调整，"98 方案"提出；第四个阶段是重大改革，"05 方案"实施；第五个阶段是进入新时代，党的十八大之后②。

总体来看，"三阶段论"将思政课的发展嵌入中华民族伟大复兴的历程，虽然总体上概括了思政课不断发展的历程，但也在一定程度上把其发展看作一个线性的过程，忽视了其发展的曲折性。"四阶段论"和"五阶段论"弥补了这一不足，系统论述了新中国成立以来思政课发展前进性与曲折性的辩证统一。尽管阶段划分不同，但绝大部分研究者都认同新中国成立 70 多年来，我国思政课建设始终在曲折中前进、在发展中完善，经历了一个从薄弱初创到成长壮大的发展历程。

还有研究者从横向角度通过课程、师资、教材、教法和考核等核心要素的变化来回顾高校思政课的发展理路：课程从初步形成到整体推进，实现体系化；师资从增加数量到提升质量，加强专业性；教材从自编教参到中央统编，维护科学化；教法从理论传授、实用主义到理实一体，探索多样化；考核从单一考试形式走向多元评价，促进综合化。③ 有研究者认为新中国成立以来高校思政课政策在课程目标、内容、方位、体系、教学管理等多方面经历了一系列变化，但不变的基本遵循是始终坚持"人民本位"的目标价值导向，始终坚持以"政治教育"为核心的课程内容，始

---

① 冯刚：《改革开放以来高校思想政治教育政策设计与发展展望》，《国家教育行政学院学报》2018 年第 9 期。

② 陈占安：《改革开放以来高校思想政治理论课建设的回顾与展望》，《思想理论教育》2018 年第 10 期。

③ 曾骊、王懂礼：《高校思想政治理论课 70 年发展理路论析》，《黑龙江高教研究》2020 年第 2 期。

终坚持高等教育"核心课程"的地位，始终坚持以"马克思主义理论"为主导构建课程体系的路径，始终坚持以"育人实效性"为原则的课程教学管理。①

（四）关于高校思政课的教学基本要素

思政课的本质属性与功能要通过教学来体现，而教学只有赢得青年学生认同才能体现其价值。所以，实效性问题一直都是思政课研究的重要选题。思想理论界关于思政课的研究更多是集中于"如何提升思政课教学质量与效果"，并且取得了丰硕的成果，主要集中于整体推进教师队伍、教材与教学方法三个维度的综合改革与创新。

1. 教师队伍建设

办好思政课关键在教师。思想理论界相关研究议题主要聚焦于教师角色定位、基本素养和队伍建设历程等方面。研究者们普遍认同加强思政课教师队伍建设是"为党铸魂、为国育才"的需要，是巩固意识形态安全的需要，也是落实立德树人根本任务的需要。在此基础上，首先是思政课教师角色定位问题。有研究者指出要全面把握新时代高校思政课教师的角色定位，高校思政课教师是先进思想文化的传播者、党执政的坚定支持者、大学生健康成长的指导者与引路人。② 其次是思政课教师的素养问题。围绕这一问题，思想理论界展开了积极讨论，认为"六个要"（政治要强、情怀要深、思维要新、视野要广、自律要严、人格要正）是对新时代高校思政课教师核心素养的精辟概括。③ 为此，有研究者指出思政课教师承担着塑造时代新人的重任，思政课能否取得好的教学效果，从根本上说取决于思政课教师的职业素养。思政课教师要在三方面加强自身素养：其一是政治素养，要通过强化自身的政治信仰提升"政治要强""情怀要深"的政治素养；其二是专业素养，要通过拓展自身的专业知识夯实"思维要新""视野

① 沈元军、刘力波：《论新中国成立以来高校思想政治理论课政策的"变"与"不变"》，《学校党建与思想教育》2022 年第 21 期。

② 王易、岳凤兰：《关于加强新时代高校思想政治理论课教师队伍建设的思考》，《思想理论教育》2018 年第 5 期。

③ 吴潜涛、张磊：《新时代思想政治理论课教师的核心素养及其培育》，《教学与研究》2019 年第 7 期。

要广"的专业素养；其三是道德素养，要通过提高自身的人文素质塑造"自律要严""人格要正"的道德素养。① 最后是教师队伍建设发展历程。有研究者以"85 方案"、"98 方案"和"05 方案"三大课程设置方案为背景，分析了改革开放以来不同时期教师队伍建设向前推进的重点。②

2. 教材建设

研究者们普遍强调思政课教材是国家主流意识形态的集中反映，是表达国家意志和民族信念的重要载体，思政课教材建设是思政课建设的基础性工程。思想理论界对高校思政课教材的相关研究主要集中在对新中国成立以来教材建设的历史性考察与教材内容的编撰两方面。首先是教材建设的历史性考察问题。有研究者梳理了新中国成立以来高校思政课的教材建设探索历程，其经历了由单一化媒介形态到立体化多媒体形态的演变过程，目前形成了以统编教科书为基本教材，教学参考书等为配套教材和"精彩一课"多媒体课件等为辅助教材的系列化、数字化、立体化的教材体系。③其次是教材内容的编撰问题。有研究者指出，推动习近平新时代中国特色社会主义思想进高校，思政课教材有三方面基本遵循：一是契合高校学生实际特点，体现层次性；二是遵循规律力求有机融入，彰显科学性；三是对标各门课程教材内容，突出精准性。④ 在此基础上，有研究者强调高校思政课教材在何种程度上进课堂、进学生头脑是关涉思政课战略布局与课程性质的首要问题。因而，确立、贯彻和实施"用教材教"的教学理念是讲好思政课的关键。"用教材教"在理念上表现为先"吃透"教材，后"活化"教学，在实践中体现为用问题逻辑转化教材的知识点和以教学逻辑重组教材的知识体系。⑤

① 陈伟宏：《论新时代高校思想政治理论课教师的素养》，《思想理论教育》2019 年第 12 期。
② 顾海良：《改革开放以来高校思想政治理论课教师队伍建设回顾与展望》，《思想理论教育》2008 年第 17 期。
③ 李梁：《新中国成立以来高校思想政治理论课教材建设的探索历程和基本经验》，《思想理论教育导刊》2010 年第 1 期。
④ 杨增崇：《新思想进高校思想政治理论课课程教材的主要遵循》，《思想政治课教学》2021 年第 11 期。
⑤ 胡晓红：《高校思想政治理论课"用教材教"的教学理念与实践探析》，《思想理论教育导刊》2022 年第 6 期。

3. 教学方法

注重教学方法研究是思政课研究的长期传统。教学方法一般可以分为三个层面，即哲学层面的教学方法、一般的教学方法和具体的教学方法。而教学方法又与教学模式、教学手段具有密不可分的关系。在教学方法上，思想理论界关于教学方法的研究主要集中在具体方法层面，其中较为突出的是专题式教学、案例式教学、问题式教学研究等。有研究者基于如何推动新发展理念融入思政课建设这一问题指出，可以从问题式融入、专题式融入、整体性融入、链接式融入四方面入手，在具体教学过程中根据课堂实际，发挥不同融入方式的特点和优势，有效整合资源，进一步提升思政课教学质量和效果。① 相比之下，研究者们对于哲学层面的教学方法和一般的教学方法的研究则稍显不足。在教学模式上，思想理论界最为关注的热点是实践教学。有研究者认为，当前通过对思政课实践教学机制、实践教学资源和实践教学功能的深度整合，探索形成的课堂叙事式教学、平台情景式教学、基地体验式教学和网络延展式教学"四位一体"的立体化实践教学模式，比较有效地解决了高校思政课实践教学的现实困惑。② 总体上看，无论是狭义上的社会实践教学，还是广义上的课堂实践教学、网络虚拟实践教学等，加强课堂、校园、社会、网络的多元互动，打造综合立体的实践教学模式是目前研究的主流趋势。在教学手段上，现代信息技术在思政课教学中的应用成为课程改革发展的客观趋势与学界研究的热点话题。有研究者从改革开放以来高校思政课与现代技术结合的轨迹中梳理出"从多媒体运用、教学资源库建设，到精品视频资源建设、网络 E 班，到微视频、微电影、微课程，到 MOOC（大规模开放在线课程），再到 SPOC（小规模限制性在线课程）平台建设和混合式教学模式探索等"模式与方法。③

---

① 邱仁富：《把握新发展理念融入高校思想政治理论课的四种路径》，《思想理论教育导刊》2021 年第 4 期。

② 马福运、侯艳娜：《深度整合："四位一体"立体化实践教学模式探索》，《河南社会科学》2020 年第 5 期。

③ 佘双好：《改革开放以来高校思想政治理论课教学方法的创新发展》，《思想理论教育导刊》2018 年第 10 期。

（五）关于高校思政课的建设路径

党的十八大以来，思政课建设取得了历史性成就，但仍存在一些亟待解决的问题，诸如有的地方和学校对思政课重要性认识还不到位；课堂教学效果还需要提升，教学研究力度需要加大、思路需要拓展；教材内容还不够鲜活，其针对性、可读性、实效性有待增强；教师选配和培养工作还存在短板，队伍结构还要优化，整体素质还要提升；体制机制还有待完善，评价和支持体系有待健全，大中小学思政课一体化建设需要深化；等等。[①]当前，社会主义现代化建设事业已然站在了新的历史起点和历史方位，需要一大批能够担当民族复兴大任的时代新人。思想理论界围绕"如何切实推进高校思政课建设"，在课程体系、教师队伍、教学模式三方面展开了深入的探究。

1. 完善高校思政课学科课程体系

首先是落实"八个相统一"标准，推进思政课建设守正创新。"八个相统一"是习近平总书记在学校思想政治理论课教师座谈会上对思政课改革创新提出的具体要求：坚持政治性和学理性相统一，坚持价值性和知识性相统一、坚持建设性和批判性相统一、坚持理论性和实践性相统一、坚持统一性和多样性相统一、坚持主导性和主体性相统一、坚持灌输性和启发性相统一、坚持显性教育和隐性教育相统一。思想理论界普遍认为，"八个相统一"具有丰富的理论内涵和严谨的逻辑结构，对于推进新时代党和国家意识形态工作特别是思政课教育教学工作具有重要的指导意义。[②] 其次是强化学科引领作用，增强哲学社会科学育人效果。有研究者认为，马克思主义理论学科与思想政治理论课程体系共生、内连、交融，二者建设同步、互动、共荣。思政课与马克思主义理论学科一体化建设，是多年来我国高校思政课建设实践的基本经验及其未来走向。[③] 最后是统筹"课程思政"与"思政课程"，全面促进协同育人。有研究者指出，要从国家意识形态战略

---

① 参见习近平《思政课是落实立德树人根本任务的关键课程》，《求是》2020 年第 17 期。
② 刘建军：《论高校思想政治理论课教育教学的"八个统一"》，《教学与研究》2019 年第 7 期。
③ 雷德鹏、黄东桂、肖安宝：《思想政治理论课与马克思主义理论学科一体化建设问题探究》，《思想理论教育》2015 年第 8 期。

高度出发，既牢牢把握思政课在思想政治教育中的核心课程地位，又充分发挥其他课程的育人价值，构建思政课、综合素养课程、专业课程三位一体的高校思政课程体系。依据不同课程的不同功能定位，思政课改革要着重加强社会主义核心价值观教育引领作用，综合素养课程改革要着重在通识教育中根植理想信念，专业课程改革要着重在知识传授中强调价值观的同频共振。①

2. 加强高校思政课教师队伍建设体系

一方面，完善师资晋升考评制度，打造高素质教师队伍。有研究者指出，改革高校思政课教师队伍的考核评价机制与完善队伍建设的激励机制和保障机制，以这两方面的内在机制为切入点，能够更好地维护思政课教师对自身职业的饱满热情，激发他们从事思政课教学的积极性、主动性和创造性。② 另一方面，加强马克思主义理论学科建设，重视后备人才队伍建设。有研究者认为，对于思政课教师这一人才群体的培养，要构建既重视政治素质又重视专业修养、既注重本硕博贯通培养又注重分阶段塑造、既重视理论培育又强调实践锻炼、既加强外部条件保障又注重激发内生动力的后备人才培育机制，为高校思政课建设培养一支数量充足、结构合理、素质优良的后备人才队伍。③

3. 创新高校思政课教学模式

首先，以课堂教学为主，坚守主渠道育人。有研究者指出，思政课用好课堂教学主渠道，要着力解决好"教什么"、"如何教"和"谁来教"三个基本问题。把握思政课的政治性、思想性、理论性是用好课堂教学主渠道的前提条件，围绕学生推进教学改革是用好课堂教学主渠道的重要手段，提升教师教学魅力是用好课堂教学主渠道的关键因素。④ 其次，以网络教学

---

① 高德毅、宗爱东：《从思政课程到课程思政：从战略高度构建高校思想政治教育课程体系》，《中国高等教育》2017 年第 1 期。

② 张凯：《新时代高校思政课教师队伍建设探究》，《学校党建与思想教育》2019 年第 14 期。

③ 黄广友、薛明骦：《高校思想政治理论课教师队伍后备人才培养若干问题论析》，《思想理论教育》2020 年第 9 期。

④ 熊晓琳、任瑞姣：《关于思想政治理论课用好课堂教学主渠道的思考》，《思想理论教育》2018 年第 6 期。

为辅，紧跟时代发展潮流。互联网时代与网络化、全媒体、微传播、大数据、信息化时代相互叠加，引发了教育形态的巨大变革。有研究者指出，为提高高校思政课教学的针对性和有效性，必须从教学理念、教学平台、学习方法、管理评价、师资培训等多个方面进行重构与优化，形成"互联网＋"时代高校思政课教学新范式。[①] 在此基础上，有研究者提出，好的教学方法是传播教学内容、实现教育目标的重要推力，应坚持传统方法与现代方法相结合、理论教育与实践教育相结合、线上教育与线下教育相结合，提升思政课亲和力，开辟高校思政课教学的新局面。[②]

总体而言，我国思想理论界对高校思政课及其性质定位、功能、历史演进、教学基本要素、建设路径等问题进行了全面深入的研究，研究成果不断增多，研究视野不断开拓，研究内容不断深入，在多维共建中形成了基本共识，为我们提供了大量丰富的学术素材和思考角度。但与此同时，既有研究还有待进一步深化和拓展，以体现时代性、把握规律性、富于创造性。

（1）从理论维度夯实对高校思政课铸魂育人问题研究

高校思政课由于其长期大众化普及化的表述，往往容易被人们误认为只是一个非常简单、无须进行学理探究的课程问题。所谓学理探究，就是要彰显思政课研究的系统性和整体性、建设性和批判性，注重对逻辑理路的理论探索，善于从政理、法理、哲理维度作出更加体系化的归纳和阐释。事实上，高校思政课是社会主义大学的内在体现，是体现社会主义性质的课程，是社会主义意识形态的理论表达课，其坚持以马克思主义为指导，讲授的也是马克思主义及其中国化时代化的理论成果，反映的是培育社会主义时代新人的价值需求，即"为党铸魂、为国育才"。那么高校思政课铸的是什么"魂"？育的是什么"才"？它是如何体现铸魂育人的价值功能、实现价值引领的？其铸魂育人的逻辑理路是什么？对于这些问题的回答涉

① 赵庆寺：《"互联网＋"时代高校思想政治理论课的优化路径》，《思想理论教育》2017年第4期。

② 涂刚鹏：《提升思想政治理论课亲和力的四个着力点》，《学校党建与思想教育》2018年第3期。

及对高校思政课的本质属性认识的深化，同时也是理解和把握高校思政课的来源与发展、性质与特征、地位与功能等基本问题的前提和基础。因此，有必要从"溯源""属性""地位""树标""释惑"多个维度系统性地阐述高校思政课铸魂育人的理论底色。

（2）从历史维度深化对高校思政课铸魂育人问题研究

历史不仅蕴藏我们"从哪里来"之密码，也标定我们"走向何方"之路标。对于高校思政课，需要有历史的思考。回顾高校思政课建设和改革发展史可以看到，高校思政课是教育青年学生、引领青年学生的主阵地、主课堂、主渠道，进行马克思主义理论教育是中国共产党的一项铸魂育人的伟大战略性工程。新中国成立以来，中国共产党在全党和全国各族人民中进行了大规模的持久的马克思列宁主义、毛泽东思想、邓小平理论、"三个代表"重要思想、科学发展观，以及习近平新时代中国特色社会主义思想的教育，高等学校无疑是一个重要阵地。高等学校思想政治理论教育的深刻性、广泛性、不间断性和有效性，是我们的社会主义事业后继有人、兴旺发达、取得胜利的根本保证。既有研究都意识到了高校思政课在教育青年学生、引领青年学生中的特殊角色和地位，并从高校思政课建设和改革发展史、高校思想政治工作史、中国共产党思想政治教育史等多方面开展了多样化的研究。但是对高校思政课铸魂育人问题的历史研究却较为薄弱，特别是从不同时期我国意识形态建设面临的新情况新挑战角度来考察高校思政课的研究成果偏少。实际上，在高校设立思政课是为了加强对青年学生的马克思主义理论教育，增强他们对马克思主义的信仰、对社会主义的信念，从而培养造就一大批社会主义建设者和接班人，即是说通过思想政治教育把社会主义意识形态的内容转化为青年学生的思想观念，并把该思想观念渗透到他们的灵魂深处，使其形成对马克思主义、社会主义的思想共识。因此，不同历史时期的高校思政课是如何根据我国意识形态建设的需要铸魂育人的，其在铸魂育人中发挥了什么样的历史功能，积累了哪些可供提炼和总结的成功经验，这些都是需要我们探讨的问题，只有这样我们才能在历史整体的视野中勾勒和描绘出新中国成立以来高校思政课铸魂育人的全景全貌。

（3）从实践维度加深对高校思政课铸魂育人问题研究

对高校思政课进行研究，既需要基于铸魂育人规律和原理的理论辨析，也需要基于解决当下铸魂育人现实问题的实践探索。因此，关于高校思政课铸魂育人问题的研究，不仅仅是一个理论课题，更是一个实践课题。事实上，新中国成立以来高校思政课在教育和引领青年学生方面发挥了主阵地、主渠道、主课堂作用，为社会主义事业后继有人、兴旺发达、取得胜利作出了积极贡献。然而，我们也必须清醒地认识到，矛盾无处不在，无时不有。随着形势的发展，一些旧问题解决了，另一些新问题又出现了。其中，既有大中小学思政课中共性的问题，也有高校思政课突出存在的个性的问题。尤其是在铸魂育人方面，高校思政课还面临不少难点和需要修补的瑕疵。这就需要我们持续发力，攻坚破难。

缘于此，本书在充分吸收思想理论界丰富的研究成果的基础之上，进一步探索以上尚需深化和拓展研究的领域，进一步研究高校思政课铸魂育人的历史图景、演进规律、经验启示、实现路径等理论与实践问题，既为思想理论界日后研究该议题提供必要的基础性资料和理论解答，也为做好新时代新征程党的意识形态建设和思想政治工作提供思想启示。

二 研究思路、框架与方法

本书坚持理论分析与实践检视、历史经验与现实关怀相结合的整体思路。首先，从学理上对高校思政课的本质属性和价值功能进行角色定位；其次，从历史镜像中对新中国成立以来高校思政课铸魂育人的演进历程、历史功能进行全方位、多维度的考察；最后，从现实观照上对高校思政课铸魂育人的实践经验进行揭示，并探讨其提升路径问题。

（一）研究思路和框架

绪论部分主要做文献回顾与述评，阐述研究思路、框架与方法，点明研究重点难点及创新之处，进而阐明本书的学术价值和现实意义。本书认为系统梳理和深入考察新中国成立以来高校思政课铸魂育人的历史图景和演进规律，全面总结所取得的重要成就和历史经验，为新时代新征程更好发挥高校思政课铸魂育人的价值功能提供理论遵循与实践指引具有重要的学术价值和现实意义。

第一章以"高校思政课铸魂育人的理论底色"为研究主题。这一部分是本书的理论基础，着重从"理论溯源""基本属性""目标定位""课程地位""功能定位"五个方面展开深入分析。首先，从高校思政课的理论溯源来看，马克思主义政治教育思想指明了无产阶级政党思想政治教育的正确方向和前进道路，同时也对政治理论教育的目标任务与主要内容作出了规约，为中国共产党在高校开设思政课提供了理论依据，为高校思政课铸魂育人奠定了理论基础。其次，从高校思政课的基本属性来看，高校思政课是社会主义大学的显著标志，事关中国大学的"底色"，它涉及我们立党立国、兴党强国的根本指导思想和全党全国各族人民团结奋斗的共同思想基础，承担着对大学生进行系统的马克思主义理论教育的重大政治任务，体现我国社会主义意识形态性质，其本质属性是社会主义意识形态的理论表达课。再次，从高校思政课的目标定位来看，高校思政课是直接关系到"培养什么人""怎样培养人""为谁培养人"这一根本问题的铸魂工程，关乎人才培养的正确政治方向、关乎能否实现中国共产党的千秋伟业，其根本目标在于保证社会主义事业后继有人，这也是社会主义大学人才培养需要解决好的首要问题。又次，从高校思政课的课程地位来看，在我国的高等教育中，思政课无疑处于关键课程的核心地位，这既是由社会主义大学的性质和马克思主义的指导作用决定的，也与思政课在维护社会主义国家意识形态安全中所扮演的特殊角色密不可分。最后，从高校思政课的功能定位来看，高校思政课就是传道释惑的，对马克思主义的时代感召力在很大程度上来自思政课的思想深度和理论厚度，来自其对"世界之问""中国之问""人民之问""时代之问""青春之问"的科学解答。

第二章以"新中国高校思政课铸魂育人的奠基性探索"为研究主题。这一部分以1949年中华人民共和国成立至1978年党的十一届三中全会召开前夕为历史分期，以分析探讨社会主义革命和建设时期我国高校"培养什么人""怎样培养人""为谁培养人"这一基本问题为出发点和立足点，以中央有关高校思政课建设的政策文件、中央领导人的重要讲话、部分高校政治理论课教育教学活动为分析对象，采取抽象解析与具象剖析相结合的思维方法，探察和梳理新中国成立后至改革开放前我国高校思政课铸魂育人的基本面貌，并考察和分析这一时期我国高校思政课在实践中是如何发挥其主渠道主阵地的优势和功能来铸魂育人的。具体来说，就是分析它是如何进行系统的马列主义思想理论教育，肃清封建的、买办的、法西斯主义的思想，抵制以资产阶级为代表的各种非无产阶级思想侵蚀的，以及如何开展系统的社会主义教育，加强对青年学生的爱国主义与国际主义教育，进行"反修防修"，同资产阶级争夺青年一代无产阶级阶级教育的，等等。

第三章以"新时期高校思政课铸魂育人的创新性实践"为研究主题。这一部分以1978年党的十一届三中全会召开为历史起点，概述与分析改革开放和社会主义现代化建设新时期高校思政课铸魂育人的基本面貌，并考察和分析这一时期我国高校思政课在实践中是如何发挥其主渠道主阵地的优势和功能来铸魂育人的。具体来说，就是分析它是如何坚持对青年学生进行系统的马克思主义理论教育，清除林彪、"四人帮"极左思潮流毒、反对资产阶级自由化以及抵御西方敌对势力"和平演变"的政治图谋，从而引导青年学生牢固树立做社会主义合格建设者和可靠接班人的人生追求的，等等。

第四章以"新时代高校思政课铸魂育人的守正与创新"为研究主题。这一部分以2012年党的十八大召开为历史起点，概述与分析中国特色社会主义新时代高校思政课铸魂育人的基本面貌，并考察和分析进入新时代以来我国高校思政课在实践中是如何发挥其主渠道主阵地的优势和功能来铸魂育人的。具体来说，就是分析它是如何坚持对高校思政课建设规律的把握，提升中国特色社会主义的吸引力、认同度，筑牢青年学生的思想根基，从而培养造就起担当中华民族伟大复兴大任的时代新人的，等等。

第五章以"高校思政课铸魂育人的总体评析与实践进路"为研究主题。这一部分是本书的落脚点，是对整个研究的总结与审视，从历史与现实、理论与实践相结合的视域出发，发掘和审视新中国成立以来高校思政课铸魂育人的历史作用。在此基础上，提炼总结高校思政课铸魂育人的历史经验，并分别从五个方面展开分析：一是从高校思政课如何在党的领导下坚持正确的政治方向，用与时俱进的马克思主义中国化时代化理论成果引领的角度总结历史经验；二是从高校思政课如何在加强意识形态阵地建设，坚持守土有责、守土尽责的角度总结历史经验；三是从高校思政课如何把握青年学生的舆论动向和思想动态，适时开展两条战线思想交锋掌控意识形态话语权的角度总结历史经验；四是从高校思政课如何在不同的时代条件下创新方法机制，以符合国情党情的多种手段和载体提升铸魂育人效果的角度总结历史经验；五是从如何培养和锻造一批用学术讲政治的综合型高校思政课教师队伍，以打造兼具理想信念、理论素养、教育引导、舆论宣传、技术运用等多种功能的综合型高校思政课教师队伍的角度总结历史经验。由此，将高校思政课铸魂育人的基本经验概括为五个方面：一是坚持党对高校思政课的全面领导，为铸魂育人提供政治保障；二是完善课程体系和教学内容，为铸魂育人提供思想武器；三是创新教育教学形式，为铸魂育人提供方法指引；四是重视教师队伍建设，为铸魂育人提供力量支撑；五是建强高校马克思主义学院，为铸魂育人提供阵地依托。随着形势的发展，原有的旧问题解决了，新问题又会产生。面向未来，只有坚持问题导向，深入探察高校思政课铸魂育人存在的突出问题，才能更好地发挥高校思政课的作用和功能，不断增强高校思政课的思想引领力、理论辩护力、话语影响力。

（二）研究方法

为深入开展上述研究工作，本书综合采用如下几种研究方法。

1. 文献分析法

在大量收集新中国成立以来中央有关高校思政课建设和大学生思想政治教育的档案资料和政策文件的基础上，对不同历史时期的文献进行分层分类梳理，发掘文献中留下的历史印记、蕴藏的若干历史现象。

2. 历史分析法

通过对社会主义革命和建设时期（1949—1978）、改革开放和社会主义现代化建设新时期（1978—2012）、中国特色社会主义新时代（2012 至今）三个不同的历史时期高校思政课铸魂育人的基本面貌进行历时性考察，力求素材精准、论从史出、史论结合，并在此基础上系统全面梳理高校思政课铸魂育人的历史脉络，探寻蕴藏其背后的一些具有规律性的历史经验。

3. 个案分析法

个案分析法亦称个案历史法，个案研究的目的和价值在于对过去的历史进行跟踪，既可以提供"生动的描述"，又可以提供"解释"和"评估"。本书所采用的个案分析法，是在大量查阅相关文献资料的基础上，以某个或某些高校思政课的设置和教育教学的进展情况为分析案例，并通过对所选取的典型案例进行动态分析与静态分析、抽象考察与具象解析等相结合的考察，深度剖析新中国成立以来高校思政课铸魂育人的具体情景，客观分析和反映高校思政课在推进我国社会主义意识形态安全建设过程中的基本样态和情势。

三　研究重点难点及创新之处

本书的研究重点在于全面考察新中国成立以来高校思政课铸魂育人的历史与实践，分析其时代特征、内在规律和产生的实际效应，在此基础上深刻总结高校思政课铸魂育人的基本经验。本书研究的难点则是如何把握住历史脉络来理解高校思政课与铸魂育人之间的内在逻辑关系，如何保证实际研究中材料挖掘的深度、广度和可信度。

本书的创新之处主要体现在如下三个方面。

（一）研究视角上

从"高校思政课的本质属性是社会主义意识形态的理论表达课"命题出发，将高校思政课置于不同时期具体的社会主义意识形态建设环境中进行历时性考察，系统梳理新中国成立以来高校思政课铸魂育人的历史图景、演进规律，及时提炼和总结历史经验，发掘其时代价值，以增强研究的历时性与现实性。

（二）研究内容上

明确将新中国成立以来高校思政课铸魂育人的历程划分为三大历史阶段，尝试从五个方面总结新中国成立70多年来高校思政课铸魂育人的基本经验，并提出其对高校其他哲学社会科学课程发挥意识形态教育功能、对中小学思政课开展铸魂育人教育、对文化宣传实务部门抓好意识形态工作等方面的现实价值和借鉴作用。

（三）研究范式上

采用理论、历史、现实相结合的研究范式，对高校思政课铸魂育人基本问题进行全方位透视。从学理上对高校思政课意识形态特征和功能进行定位，从历史上对高校思政课在新中国开设以来铸魂育人的实践历程进行考察，从现实上对高校思政课在现阶段推进我国社会主义意识形态建设工作的时代价值和实践意义进行揭示。

四　学术价值和现实意义

中国共产党历来高度重视总结历史经验。2021 年 11 月，党的十九届六中全会审议通过了《中共中央关于党的百年奋斗重大成就和历史经验的决议》。该决议指出，全党要坚持唯物史观和正确党史观，从党的百年奋斗中看清楚过去我们为什么能够成功、弄明白未来我们怎样才能继续成功，从而更加坚定、更加自觉地践行初心使命，在新时代更好坚持和发展中国特色社会主义。正是从这一意义上来说，系统梳理和深入考察新中国成立以来高校思政课铸魂育人的演进历程，总结提炼取得的主要成就和历史经验，为新时代新征程铸魂育人提供理论遵循与实践指引具有重要的学术价值和现实意义。

（一）学术价值

对新中国成立以来我国高校思政课铸魂育人的理论与实践问题进行全面系统深入的考察具有显著的学术价值。

一是有助于加强对高校思政课建设问题的认识跟踪和学理剖析，丰富和完善高校思政课教材、教学内容、教学方式，以及教师队伍建设。

二是能够拓展我国社会主义意识形态建设问题的研究边界，深化对新中国成立以来我国社会主义意识形态建设基本规律的认识和把握。

三是有助于深化和拓展对党史、新中国史、改革开放史和社会主义发展史的研究。在高校开设思政课对青年学生进行马克思主义理论教育，是党和国家思想政治教育的一个重要组成部分，对这一论题进行研究能够从一个侧面丰富"四史"研究。

（二）现实意义

高校思政课关注和解决的是培养什么人、怎样培养人、为谁培养人的根本问题，通过系统考察新中国成立以来高校思政课如何赢得青年学生认同，如何促使青年学生思想观念、价值判断发生变化，揭示出新中国成立以来高校思政课铸魂育人的积极效果和历史贡献，具有很强的现实意义和应用价值。

一是有助于进一步提升高校思政课铸魂育人效果。高校思政课铸魂育人以马克思主义及其中国化时代化的理论成果为教育的主要内容，并贯穿于教学工作全过程，使青年学生即使面对复杂的社会环境亦能做到明辨是非，提高对复杂社会思潮的鉴别能力，坚定马克思主义信仰，力促青年学生自觉践行社会主义核心价值观，将其塑造成为具有民族意识和使命意识的时代新人。

二是有助于加强马克思主义理论学科自身建设。要把思政课建设成为青年学生终身受益的必修课，必须重视并加强学科建设。通过对史料整理，了解和把握高校思政课的课程设置、课程内容、教材体系和教学方法以及教师队伍建设等，继而掌握其价值功能，无疑能够为马克思主义理论学科建设打下坚实基础。

三是有助于为我国主流意识形态建设的顺利开展奠定实践基础，为思想理论宣传和文化教育部门提供有益参考，为高校加强和改进思想政治教育、开展青年学生意识形态安全教育提供智力支持和学习资料，同时为全国思政课教师开展相关教学和科研工作提供参考和借鉴资料。

第一章　高校思政课铸魂育人的
理论底色

既然思政课是中国共产党在中国使用的一个独特的学科和课程概念，那么它究竟是一门什么样的学科和课程？它与铸魂育人之间有何密切关联？其铸魂育人的内在逻辑是什么？对这些问题的回答涉及对高校思政课基本属性认识的深化，同时也是理解和把握高校思政课的来源与发展、性质与特征、地位与功能等基本问题的前提和基础。鉴于此，本章将着重从"溯源""属性""地位""树标""释惑"五个方面展开分析，系统阐述高校思政课铸魂育人的理论逻辑。

一　溯源：以马克思主义理论为依循

历史不是被随心所欲创造的，而是在一定社会条件下的创造。马克思在阐述历史唯物主义时就曾指出："人不是抽象的蛰居于世界之外的存在物。人就是人的世界，就是国家，社会。"① 思政课在我国高校的开设并非孤立的存在，思政课作为铸魂育人主渠道和主阵地更不是凭空想象的，而是有着深厚的理论根据。作为无产阶级改造世界的"精神武器"，马克思主义理论构成了思政课的理论基础，以马克思主义引领青年学生、教育青年学生则是无产阶级思想政治教育的一项基本原则。早在创建无产阶级政党之初，马克思恩格斯就指出："共产党一分钟也不忽略教育工人尽可能明确

---

① 《马克思恩格斯选集》第 1 卷，人民出版社，2012，第 1 页。

地意识到资产阶级和无产阶级的敌对的对立。"①

随着无产阶级革命和社会主义建设事业的逐步推进，列宁发展了马克思主义思想政治教育理论。列宁认为，青年关切无产阶级革命和社会主义、共产主义的前途，关切无产阶级政党的未来。在无产阶级革命时期，列宁就指出无产阶级正处于战斗阶段，"整个斗争的结局都将取决于青年"②。他指出，青年正如"新的水流急于寻找出路"一样，"如果它们找不到社会民主主义的河道，就必然会冲入非社会民主主义的河道"③，而如果不教育青年，青年就会"跟着孟什维克和加邦分子走，那时他们的没有经验将会带来五倍的危害"④。为此，他提出在无产阶级专政下，"我们的学校应当使青年获得基本知识，使他们自己能够养成共产主义的观点，应该把他们培养成有学识的人"⑤，并且强调"在任何学校里，最重要的是课程的思想政治方向"⑥。因而，"学校应当成为无产阶级专政的工具，就是说，不仅应当传播一般共产主义原则，而且应当对劳动群众中的半无产者和非无产者的阶层传播无产阶级在思想、组织、教育等方面的影响，以利于彻底镇压剥削者的反抗和实现共产主义制度"⑦。为了达到这一目的，列宁提出了"灌输法"，即对马克思主义的信仰、对共产主义的信念不会自动形成，"只能从外面灌输进去"⑧，以此对青年进行共产主义教育。

中国共产党人在艰苦的革命斗争中继承了马克思主义思想政治教育理论，并高度重视运用马克思主义理论对青年学生进行引导和塑造，以培养造就符合需要的革命青年。早在新民主主义革命时期，毛泽东就要求学校把坚定正确的政治方向作为首要的教育方针，把培养具有坚定政治方向的青年学生放在工作首位。1937 年 10 月 23 日，毛泽东在为陕北公学成立题词时明确指出："要造就一大批人，这些人是革命的先锋队。这些人具

---

① 《马克思恩格斯文集》第 2 卷，人民出版社，2009，第 66 页。
② 《列宁全集》第 9 卷，人民出版社，2017，第 228 页。
③ 《列宁全集》第 9 卷，人民出版社，2017，第 286 页。
④ 《列宁全集》第 9 卷，人民出版社，2017，第 229 页。
⑤ 《列宁选集》第 4 卷，人民出版社，1972，第 355 页。
⑥ 《列宁全集》第 45 卷，人民出版社，2017，第 240 页。
⑦ 《列宁全集》第 36 卷，人民出版社，2017，第 106 页。
⑧ 《列宁选集》第 1 卷，人民出版社，2012，第 317 页。

有政治远见。"① 1938 年 4 月 9 日，在延安抗日军政大学第四期第三大队开学典礼上的讲话中，毛泽东进一步指出："首先是学一个政治方向。政治方向可以有许多不同的方向，你们要学一个正确的政治方向，这就是要打日本、怎样打日本、为什么日本帝国主义一定能打倒的正确的政治方向。"② 为此，毛泽东规定，抗大及一切军政学校要"把青年训练成无产阶级的战士或同情者……应努力转变他们的思想，注意于领导他们思想转变的过程"，强调"学校一切工作都是为了转变学生的思想。政治教育是中心的一环，课目不宜过多，阶级教育、党的教育与工作必须大大加强"。③ 因而，毛泽东提出，教育青年的首要原则是"教育他们掌握马克思列宁主义，克服资产阶级小资产阶级的思想"④。在毛泽东重要论述的指引下，抗日战争时期各学校把培养青年学生坚持无产阶级政治方向放在首要位置，注重转变青年学生的思想，并结合实际开设了各种政治理论课，如"抗大开设马列主义基本原理、政治经济学、哲学、抗日民族统一战线论、民运工作、中国问题、中国革命史、日本研究、时事政策等。陕公的普通班开设社会科学概论（包括社会发展史和政治经济学）、抗日民族统一战线论、游击战争、民众运动等；高级班设中国革命运动史、马列主义、辩证唯物主义、政治经济学、世界革命运动史、科学社会主义、三民主义研究、世界政治、共产主义与共产党等"⑤。鲁迅艺术学院除开设各专业的理论概论课外，公共必修课有社会主义辩证法、中国问题等。解放战争时期，"各地举办的政治训练班应一律以社会发展史作为基本功课，其中又以劳动创造人类、创造世界、阶级斗争和国家问题为主题，以便改造思想、建立革命的人生观。其主要教材为中央宣传部印行的《社会发展史》和毛泽东的《论人民

---

① 中华人民共和国教育部、中共中央文献研究室编《毛泽东邓小平江泽民论教育》，中央文献出版社、人民教育出版社、北京师范大学出版社，2002，第 11 页。

② 中华人民共和国教育部、中共中央文献研究室编《毛泽东邓小平江泽民论教育》，中央文献出版社、人民教育出版社、北京师范大学出版社，2002，第 13 页。

③ 人民教育出版社教育室编《毛泽东周恩来刘少奇邓小平论教育》，人民教育出版社，1994，第 79 页。

④ 人民教育出版社教育室编《毛泽东周恩来刘少奇邓小平论教育》，人民教育出版社，1994，第 79 页。

⑤ 谈松华主编《中国高等学校思想政治教育史纲》，高等教育出版社，1992，第 34—35 页。

民主专政》"①。从而开启了运用马克思列宁主义及其中国化时代化理论成果教育和引导青年学生的发展阶段。

新中国成立后，马克思列宁主义和毛泽东思想成为党和政府在高校普遍开设思政课的理论基础。毛泽东指出，青年学生要在思想上政治上有所进步，除了学习专业知识之外，还"需要学习马克思主义，学习时事政治"②。针对青年学生的思想实际，周恩来也指出："各级教育部门和学校教师要针对着学生的思想情况，加强对学生的思想政治教育，培养他们成为忠实于社会主义事业的、勤劳朴素的、体力劳动与脑力劳动相结合的国家建设人才。"③ 因此，为帮助青年学生坚持正确的政治方向，树立无产阶级观念和社会主义思想，在高等学校政治理论课的科目开设上，将中共党史、马克思列宁主义基础、政治经济学、哲学四门课作为普遍开设的基础课程。在学习方式上，密切联系青年学生思想实际，强调"用工人阶级思想批判资产阶级思想、小资产阶级思想，用马列主义的立场、观点、方法克服非马列主义的立场、观点、方法"④。

改革开放以来，中国共产党始终如一地秉持马克思主义思想政治教育理论的立场和原则，一如既往地运用马克思主义塑造青年学生，实现了用马克思主义中国化时代化理论成果武装青年学生的功能。根据青年学生在社会主义现代化建设中肩负的历史使命，邓小平指出，思想政治教育是党的生命线，政治教育是青年成才的保证，因而青年教育"应该永远把坚定正确的政治方向放在第一位"⑤，其目的是将青年"培养成为忠于社会主义祖国、忠于无产阶级革命事业、忠于马克思列宁主义毛泽东思想的优秀人才"⑥。为达到这一目标，必须有计划、有系统地为青年学生开设马列主义理论课，进行经常性的正面思想政治教育，以提高他们的政治素质。据

---

① 皇甫束玉、宋荐戈、龚守静编《中国革命根据地教育纪事 1927.8—1949.9》，教育科学出版社，1989，第 400 页。
② 《毛泽东文集》第 7 卷，人民出版社，1999，第 226 页。
③ 中共中央文献研究室编《周恩来文化文选》，中央文献出版社，1998，第 442 页。
④ 教育部社会科学司组编《普通高校思想政治理论课文献选编（1949—2006）》，中国人民大学出版社，2007，第 31 页。
⑤ 《邓小平文选》第 2 卷，人民出版社，1994，第 104 页。
⑥ 《邓小平文选》第 2 卷，人民出版社，1994，第 106 页。

此，党和国家适时制定出台了以中国革命史、中国社会主义建设、马克思主义原理、世界政治经济和国际关系四门课程为主干的高校思政课"85方案"。

随着改革开放带来思想观念变化，江泽民指出，"思想政治教育，在各级各类学校都要摆在重要地位，任何时候都不能放松和削弱"①，强调要用马克思主义占领青年的思想阵地，"坚持马克思主义，最重要的就是要坚持马克思主义的科学原理和科学精神、创新精神，善于根据客观情况的变化，及时察觉和研究前进中的新情况新问题，不断从人民群众在实践中创造的新鲜经验中吸取营养，不断改进和完善我们的工作"②，提出要重点掌握马克思主义哲学及其科学精神，学好吃透邓小平理论，通过学习使广大青年"坚定社会主义、共产主义信念，不断提高政治素质和解决实际问题的能力，使精神力量变为加快改革开放和现代化建设的巨大物质力量"③。新世纪新阶段，胡锦涛指出，"如何针对青年的思想实际，做好释疑解惑的工作，进行正确的思想教育和引导，帮助他们增强辨别大是大非、抵御腐朽思想侵蚀的能力，是摆在全党全社会面前的一项重大任务"④，提出坚持以中国特色社会主义理论体系教育为核心，加强对青年的理想信念教育，这是武装青年思想、对青年进行思想政治教育最为重要的战略任务。据此，根据党的理论武装和思想政治教育的需要，党和国家先后制定出台了"98方案"和"05方案"，进一步突出了以马克思主义中国化时代化理论成果为中心内容的课程体系。

中国特色社会主义进入新时代，面对青年思想政治教育的新形势新特征，习近平总书记强调各级党委要把高校思想政治工作摆在重要位置，要求"坚持不懈传播马克思主义科学理论，抓好马克思主义理论教育，为学生一生成长奠定科学的思想基础"⑤。为此，党和国家及时将马克思主义中国化时代化的最新成果充实到高校思政课内容中，全面开设"习近平新时

---

① 《江泽民文选》第 2 卷，人民出版社，2006，第 332 页。
② 《江泽民文选》第 3 卷，人民出版社，2006，第 37 页。
③ 中共中央文献研究室编《十四大以来重要文献选编》上，人民出版社，1996，第 39 页。
④ 胡锦涛：《在共青团十四届四中全会上的讲话》，《中国青年报》2001 年 2 月 19 日。
⑤ 《习近平谈治国理政》第 2 卷，外文出版社，2017，第 377 页。

代中国特色社会主义思想概论"课，并开展党史、新中国史、改革开放史、社会主义发展史"四史"教育。

　　总之，经典作家的论述不仅指出了思想政治教育在无产阶级专政下的学校工作中的中心地位，而且指明了无产阶级政党意识形态教育的正确方向和前进道路，同时也对马克思主义意识形态教育的目标任务与主要内容作出了规约，为中国共产党在不同历史时期开设思政课提供了理论依据，为高校思政课铸魂育人奠定了理论基础。不同时期的高校思政课课程设置充分反映了党的理论创新成果，体现出马克思主义思想政治教育理论的新认识，彰显着时代变化对培养社会主义建设者和接班人的新要求。

二　属性：社会主义意识形态的理论表达课

　　高校思政课的本质属性是什么？在这一问题上，长期以来，研究者们的看法不尽相同，并且存在较大的认识分歧。代表性的观点主要有四种。第一种为"知识"本质观，即把思政课理解为一种知识，把课程定义为知识的组织形式和进程，是以学科知识和理论知识为基础建立起来的课程。第二种为"经验"本质观，即把思政课看成学生在学校接受的直接经验和间接经验的总和。第三种为"活动"本质观，即把思政课看作学生学习的过程，主张学生从活动中获得知识，从"做中学"。第四种为"德育"本质观，即把思政课看作直接以学科或理论形态通过课堂教育的方式对青年学生进行马克思主义理论与思想政治教育的课程，称"直接学科德育课程"。这些观点从不同的角度反映了思政课的基本特征，有助于人们加深对思政课的理解和把握，但尚未触及深层次的本质属性问题。

　　马克思主义认为，教育属于上层建筑范畴，其性质随着社会关系的变化而变化，一定的教育是根据一定阶级的需要向受教育者传播特定的思想意识，从而造就实现本阶级统治所需要的人，不同的教育造就不同类型的人，即所谓超政治的教育是不存在的。换言之，一定的教育应为一定的政治服务。对此，马克思恩格斯揭露了资产阶级宣扬教育可以脱离政治、为整个社会服务的伪善性，并一针见血地指出："你们的教育不也是由社会决定的吗？不也是由你们进行教育时所处的那种社会关系决定的吗？"[1] "资产者唯恐失去的那种教育，对绝大多数人来说是把人训练成机器。"[2] 列宁也指出"资产阶级虚伪立场的表现之一，就是硬说学校可以脱离政治"[3]，并强调"在任何资本主义社会中，重大的阶级斗争都首先是在经济和政治领域内进行的。把教育部门从这个领域分出来，首先，这是一种荒谬的空想，因为要学校（以及笼统的民族文化）脱离经济和政治是不行的"[4]。经典作家的这些论述无疑指明了社会关系对教育的决定作用。思政课作为我国高校一门独立的学科和课程，既是知识体系又是意识形态，其固然有"知识传授"的功能，但绝不能偏离"为党铸魂、为国育才"的使命定位，它承担的是对青年学生系统的马克思主义理论教育，具有鲜明的社会主义意识形态属性。

事实上，自 1949 年中华人民共和国成立以来，党和政府对高校思政课的本质属性的规定不仅是十分明确的而且是较为具体的。1949 年 9 月 29 日颁布的《中国人民政治协商会议共同纲领》就明确规定："中华人民共和国的文化教育为新民主主义的，即民族的、科学的、大众的文化教育。人民政府的文化教育工作，应以提高人民文化水平、培养国家建设人才、肃清封建的、买办的、法西斯主义的思想、发展为人民服务的思想为主要任务。"[5] 这一具有临时宪法性质的《中国人民政治协商会议共同纲领》指明了新生人民共和国的教育方针政策，标明新生人民政权的教育与旧政权的教育是性质上完全相反的东西，是势不两立的，强调新生人民政府的各级各类教育都必须服务于新生人民共和国的意识形态建设。

为了建立和巩固为人民服务的思想，首先就需要开展革命的政治教育。因而，高等学校必须废除政治上的反动课程，开设新民主主义的革命政治课程，提倡和鼓励马克思列宁主义世界观和毛泽东思想的学习。为此，1950年 7 月 28 日，政务院第四十三次政务会议通过的《教育部关于实施高等学

---

[1]　《马克思恩格斯文集》第 2 卷，人民出版社，2009，第 49 页。

[2]　《马克思恩格斯文集》第 2 卷，人民出版社，2009，第 48 页。

[3]　《列宁全集》第 35 卷，人民出版社，2017，第 421 页。

[4]　《列宁全集》第 24 卷，人民出版社，2017，第 139 页。

[5]　中共中央文献研究室编《建国以来重要文献选编》第 1 册，中央文献出版社，1992，第 10—11 页。

校课程改革的决定》指明："全国高等学校应根据共同纲领第 41 条和 47 条的规定废除政治的反动课程，借以肃清封建的、买办的、法西斯主义的思想发展为人民服务的思想。"① 正是在这一思想的指导下，1950 年 10 月 4 日，教育部发布了《关于全国高等学校暑期政治课教学讨论会情况及下学期政治课应注意事项的通报》，进一步明确了高等学校政治理论教育的方针和任务，即首要的是反对封建的、买办的、法西斯主义的思想，并提出"高等学校进行政治思想教育，不要采取思想总结、思想检查、整风、坦白反省及斗争大会的方式，必须着重用系统的理论知识联系思想实际，系统地和实事求是地正确解决问题，借以提高学生的思想政治水平"②。这不仅揭示了高校思政课的本质属性是社会主义意识形态的理论表达课，意味着其主要任务是通过对青年学生进行政治理论教育肃清封建的、买办的、法西斯主义的思想，批判资产阶级思想，树立工人阶级思想，而且明确其主要方式是用理论知识改造青年学生的思想，提高他们的社会主义觉悟。

从 1953 年开始，中央人民政府高等教育部决定在各高校开设"中国革命史"作为高校思政课的主干课程之一，强调其教学目的在于通过五四运动以来的基本史实阐明马克思列宁主义、毛泽东思想的基础知识，提出在该课程的讲授过程中必须着重正面的系统理论的讲授，同时结合学生认知水平，解决学生的政治思想和思想方法上存在的问题，从而达到改造学生思想、提高学生社会主义觉悟的目的。这不仅再次强调了坚持高校思政课服务于新民主主义国家意识形态建设的基本方针，同时也进一步明确了包括"中国革命史"在内的高校思政课的社会主义意识形态的理论表达课的本质属性，表明高校思政课必须从思想理论教育的角度来说明（或阐述）马克思列宁主义、毛泽东思想。

粉碎"四人帮"以后，全国高等院校普遍恢复了正规化的马列主义理论教育，高校思政课作为社会主义意识形态理论表达课的本质属性进一步得到体现。1978 年 4 月，教育部办公厅下发的《关于加强高等学校马列主义理论教育的意见》指出："开设马列主义理论课，是新中国大学区别于旧

---

① 何东昌主编《中华人民共和国重要教育文献》（1949～1975），海南出版社，1998，第 48 页。
② 何东昌主编《中华人民共和国重要教育文献》（1949～1975），海南出版社，1998，第 60 页。

中国大学，社会主义高等学校区别于资本主义高等学校的一个重要标志。"①
1980 年 7 月 7 日，教育部印发的《关于改进和加强高等学校马列主义课的试行办法的通知》指出，"高等学校马列主义课的任务，是对学生进行马列主义、毛泽东思想的基本理论教育，帮助学生完整地、准确地理解马列主义、毛泽东思想的科学体系"②，并明确地提出高等学校马列主义课是体现社会主义性质的意识形态课程。1995 年 10 月 24 日，国家教育委员会印发的《关于高校马克思主义理论课和思想品德课教学改革的若干意见》指出，"对青年学生系统进行马克思主义基本理论教育和思想品德教育，是社会主义大学的本质特征之一"③，强调"'两课'教学要以邓小平同志建设有中国特色社会主义理论为中心内容，进一步加强马克思主义理论教育"④。从而进一步强调了高校思政课的社会主义意识形态的理论表达课的本质属性。

进入新世纪新阶段，党和国家在新的历史条件下进一步强调高校思政课的社会主义意识形态的理论表达课的本质属性，体现了社会主义大学的本质要求。2005 年 2 月 7 日，由中共中央宣传部、教育部共同制发的《关于进一步加强和改进高等学校思想政治理论课的意见》强调指出，高等学校思政课承担着对大学生进行系统的马克思主义理论教育的任务，是对大学生进行思想政治教育的主渠道，"用马克思列宁主义、毛泽东思想、邓小平理论和'三个代表'重要思想武装当代大学生，是党的教育方针的具体体现，是社会主义大学的本质特征"⑤。2005 年 3 月 29 日，教育部办公厅《关于印发〈高校思想政治理论课管理工作会议纪要〉的通知》再次重申了思政课体现了社会主义大学的本质要求这一基本属性。

---

① 教育部社会科学司组编《普通高校思想政治理论课文献选编（1949—2006）》，中国人民大学出版社，2007，第 70 页。
② 教育部社会科学司组编《普通高校思想政治理论课文献选编（1949—2006）》，中国人民大学出版社，2007，第 86 页。
③ 教育部社会科学司组编《普通高校思想政治理论课文献选编（1949—2006）》，中国人民大学出版社，2007，第 157 页。
④ 教育部社会科学司组编《普通高校思想政治理论课文献选编（1949—2006）》，中国人民大学出版社，2007，第 158 页。
⑤ 教育部社会科学司组编《普通高校思想政治理论课文献选编（1949—2006）》，中国人民大学出版社，2007，第 213 页。

党的十八大以来，以习近平同志为核心的党中央进一步深刻阐明高校思政课的社会主义意识形态的理论表达课的本质属性，强调"政治引导是思政课的基本功能"①。2018 年 4 月 12 日，教育部在印发的《新时代高校思想政治理论课教学工作基本要求》中明确提出："思想政治理论课承担着对大学生进行系统的马克思主义理论教育的任务，是巩固马克思主义在高校意识形态领域指导地位、坚持社会主义办学方向的重要阵地。"② 因而要坚持不懈传播马克思主义科学理论，全面推动习近平新时代中国特色社会主义思想进教材、进课堂、进学生头脑。2019 年 3 月 18 日，习近平总书记在学校思想政治理论课教师座谈会上明确提出"八个相统一"的重要论断，强调思政课要把政治性摆在首位，坚持以政治性为灵魂，以科学的政治理论为指导。为此，习近平总书记还明确提出了思政课教师"政治要强"这一首要的基本素质，强调要更自觉地坚持马克思主义、社会主义的政治立场、政治观点和政治方向。

通过对新中国成立以来党和国家有关思政课的文献回顾，我们可以清晰地看到，高校思政课是一门具有鲜明政治色彩和意识形态性质的课程，其关键词是"政治"，"思想"是"政治思想"，"理论"是"政治理论"，遵循政治—政治思想—政治理论的内在逻辑。开设思政课是社会主义大学的显著标志，事关中国大学的"底色"，它承担着对青年学生进行系统的马克思主义理论教育的重大政治任务，体现我国社会主义意识形态性质，其本质属性是社会主义意识形态的理论表达课。

三 地位：铸魂育人的第一课程、关键课程

人无魂不立，国无魂不兴。铸魂育人之于个人的成长成才和中华民族的伟大复兴都有着基础性意义。在我国高等教育中，思政课无疑处于"第一课程""关键课程"的核心地位。这既是由社会主义大学的性质和马克思主义在我国意识形态领域的指导地位决定的，也与思政课是铸魂育人的主

---

① 习近平：《思政课是落实立德树人根本任务的关键课程》，《求是》2020 年第 17 期。
② 《中华人民共和国学校思想政治理论课重要文献选编》下册，人民出版社，2022，第 1483 页。

渠道地位和作用密不可分。列宁指出："在分析任何一个社会问题时，马克思主义理论的绝对要求，就是要把问题提到一定的历史范围之内。"① 换言之，只有从唯物史观所揭示的社会发展规律出发，把问题置于特定的历史范围中，才能搞清楚为什么、怎么做的问题。也只有把高校思政课放置于具体的历史环境中加以考量，其铸魂育人的重要意义和价值功能才能看得更清楚。党的十八大以来，以习近平同志为核心的党中央多次指出，思政课是落实立德树人根本任务的"关键课程"，强调要将其放在世界百年未有之大变局、党和国家事业发展全局中来看待，要从建设社会主义现代化国家、实现中华民族伟大复兴的高度来对待，要从维护国家意识形态安全的高度来抓实抓好。毫无疑问，高校思政课的意识形态属性和意识形态功能，决定了它在世界百年未有之大变局、中华民族伟大复兴战略全局中承担着维护国家意识形态安全的重要使命。

站在人类社会大变化大发展的历史视野看，当今世界正处于百年未有之大变局，国家之间、不同社会制度之间意识形态领域的斗争日趋激烈，当前国际意识形态的矛盾呈现为世界上绝大多数发展中国家与极少数西方霸权国家之间的矛盾，以及以中国为代表的社会主义国家与以美国为代表的发达资本主义国家之间的矛盾。意识形态问题作为一个复合型议题，不但是我们理解中西方民主制度、治理体系等系列重大问题的一把关键钥匙，日益为中外各界所瞩目，而且在当今世界处于百年未有之大变局的背景下进入新的热议高峰。

从西方国家视角来看，作为西方主流意识形态的自由民主主义式微不仅具有事件性，而且具有趋势性。西方资本主义发展随着 2008 年金融危机爆发，就一直陷于长期低迷的状态。欧洲国家的债务危机，中东、中亚地区国家的颜色革命与动乱等，都暴露了西方资本主义现代化模式的弊端和不可持续。面对西方自由民主主义呈现出的颓势，长期习惯以民主的产权拥有者和传教士般的教师爷自居的西方精英们开始慌乱了。他们不仅意识到西方资本主义制度存在很多问题，如经济萎靡不振、疫情严重失控、种

---

① 《列宁全集》第 25 卷，人民出版社，2017，第 232 页。

族歧视恶化、社会持续动荡、贫富日益分化等，同时也看到了社会主义中国发展速度极快、社会稳定、欣欣向荣的景象。而且面对突如其来的新冠疫情，中国共产党以人民为中心的政治理念迅速转化成抗击疫情的巨大成果。他们非常担心，这样下去他们的民主叙事将显现出根本性缺陷，对他们政治制度"不行"的认知将在整个国家乃至全世界发酵、扩散开来。为了掩盖自身的诸多问题和缺陷，西方国家近年来近似疯狂地开足马力对中国政治和社会制度进行各种攻击和抹黑，并掀起了一场又一场来势凶猛的对华意识形态"战争"。从近年来一些西方国家政客不断对中国抗击疫情的努力进行"污名化"，甚至联合多国炒作对华"索赔"疫情损失等事件中便可窥见一斑，这也揭开了西方"普世价值"的虚假"面纱"。西方敌对势力从维护其制度模式和意识形态霸权的目的出发，制定对华意识形态围堵战略，直接威胁我国意识形态安全乃至国家整体安全，我们必须提高警惕，加以防范。

从中国国家视角来看，中国在较短时间内的发展壮大无疑是人类历史上的巨大奇迹。改革开放40多年来，中华民族迎来了从站起来、富起来到强起来的伟大飞跃，中国特色社会主义迎来了从创立、发展到完善的伟大飞跃，中国人民迎来了从贫困到温饱不足再到小康富裕的伟大飞跃，如今中华民族正以崭新姿态屹立于世界的东方，"一带一路"倡议的实施、亚投行的创办、人民币"入篮"SDR，成立丝路基金，提出人类命运共同体理念、人类共同价值等，无不彰显着中国越来越高的国际地位和越来越强大的国际影响力，中国特色社会主义呈现出前所未有的吸引力。当前中华民族正前所未有地接近伟大复兴目标、中国正前所未有地走近世界舞台中央，中国的方案日益成为国际共识，中国的话语日益成为世界的话语，中国的力量日益成为文明进步的动力。但与此同时，随着资本全球化和文化多样化的程度加深，互联网、自媒体和文化工业的快速发展，我国也面临更为严峻复杂的意识形态安全形势。一方面，外部压力前所未有，来自敌对势力的各种渗透、破坏、颠覆、分裂活动时有发生；另一方面，各种错误社会思潮此起彼伏，消解人们对中国特色社会主义的认同。可以说，中国特色社会主义取得的成就从未像今天这样耀眼璀璨，但面临的意识形态领域斗争和较量也从未像今天这样复杂尖锐。

我国高校作为中国共产党领导下的社会主义大学，不仅肩负着人才培养、科学研究、社会服务的重要任务，而且是对外思想文化交流的重要场域，是意识形态斗争的前沿阵地，是不同意识形态交融交锋的关键领域，青年学生更是成为各种意识形态争夺的主要对象。西方一些发达国家凭借其在经济、文化、科技等方面的优势地位，输出其政治信仰、价值观念、伦理道德、生活方式和行为准则，推行文化殖民主义和霸权主义。这种"文化势差"，使得新自由主义、"普世价值论"等错误思潮对我国一些青年学生产生不良影响，使其在一定程度上出现价值观念上的混乱和思想认知上的迷茫。更有甚者，西方某些"反马、反共"的政客和媒体把他们所谓的"普世价值观"作为推行其"软权力"实现其战略意图的工具，甚至直接用意识形态的渗透培养"第五纵队"，其最终目的是妄图使中国青年一代动摇对马克思主义、对社会主义的理想信念，放弃走中国特色社会主义道路，进而成为西方的附庸。正如习近平总书记一针见血指出的："国内外各种敌对势力，总是企图让我们党改旗易帜、改名换姓，其要害就是企图让我们丢掉对马克思主义的信仰，丢掉对社会主义、共产主义的信念。"[①] 如果丧失了这方面的警惕性，跟在西方价值观后面捣鼓起哄，其必然结果就是"不知不觉成了西方资本主义意识形态的吹鼓手"[②]。

历史与现实告诉我们，世界上只有两种强大的力量，即刀枪和思想，而从长远来看，刀枪总是被思想战胜。"如果从观念上来考察，那么一定的意识形式的解体足以使整个时代覆灭。"[③] 忽视了意识形态的力量，便难以实现国家的独立和富强。因而，一个政权能否行稳致远，一个国家能否长治久安，一个社会能否和谐稳定，既取决于国家的硬实力，如经济实力、军事实力、科技实力的强弱，同时也取决于意识形态的吸引力和整合力等国家的文化软实力的强弱。正如美国著名学者约瑟夫·奈所论证指出的那

---

① 《习近平谈治国理政》第 2 卷，外文出版社，2017，第 327 页。

② 中共中央文献研究室编《习近平关于社会主义政治建设论述摘编》，中央文献出版社，2017，第 20 页。

③ 《马克思恩格斯文集》第 8 卷，人民出版社，2009，第 170 页。

样，世界上正在发生硬实力的广泛分散，主要国家"已不能像过去那样运用它们的传统实力资源来达到其目的"。因而，约瑟夫·奈认为，如果一个国家的"文化和意识形态具有吸引力，其他国家会更愿意追随"其领导，"但在信息时代，软实力正变得比以往更为突出"。① 正因为如此，古往今来的各国执政者、政治家及有识之士都极为关注意识形态建设，高度重视维护国家意识形态安全，把捍卫国家意识形态安全作为维护国家安全的重要议题。而主流意识形态作为一个国家、一个民族的灵魂，不仅引领着全国各族人民的思想政治社会行为，而且关乎国家前途、民族命运、人民幸福。种种迹象表明，放弃意识形态领域的斗争就意味着自动解除武装，势必危及国家政权安全。

在这方面，社会主义苏联的解体、苏共的轰然垮台教训极为深刻，殷鉴不远。从国际共产主义运动史来看，社会主义苏联曾经先后粉碎了14个帝国主义国家的武装干涉，经历了异常严酷的卫国战争，取得了社会主义革命和建设的胜利，使得共产主义在20世纪50年代和60年代吸引了世界各地人民的注意。然而到了90年代初，社会主义苏联这座擎天大厦却在一夜之间轰然倾塌。何以如此？一个始终无法略去的重要原因就是忽视了意识形态建设，放弃了意识形态领域的斗争。正如习近平总书记深刻指出的："苏联为什么解体？苏共为什么垮台？一个重要原因就是意识形态领域的斗争十分激烈"②，思想搞乱了的后果就是党和国家分崩离析。针对中西方因"文化势差"而日趋激烈的意识形态斗争，习近平总书记反复强调，"青年是整个社会力量中最积极、最有生气的力量，国家的希望在青年，民族的未来在青年"③，因而，要高度重视对青年一代的思想政治教育，"坚持不懈传播马克思主义科学理论，抓好马克思主义理论教育，为学生一生成长奠定科学的思想基础"④。

古语有云："先谋于局，后谋于略，略从局出。"意思是说，面临怎样

---

① Joseph Nye, "The Redefinetion of National Interest," *Foreign Affairs*, 1999 (July-August).
② 中共中央文献研究室编《十八大以来重要文献选编》上，中央文献出版社，2014，第113页。
③ 《习近平谈治国理政》第3卷，外文出版社，2020，第333页。
④ 《习近平谈治国理政》第2卷，外文出版社，2017，第377页。

的"局"决定着采取怎样的"略","谋局"是"谋略"的前提，"局"谋清楚了，"略"也就容易制定了。在当前国际国内形势、中国与世界的关系正在发生历史性变化的关键当口，作为社会主义意识形态的理论表达课、社会主义国家意识形态安全的一道重要防线，高校思政课尤其需要在全面把握世界百年未有之大变局和中华民族伟大复兴战略全局中守防线、开新局，教育引导青年学生正确认识"世界和中国发展大势""中国特色和国际比较""时代责任和历史使命"，教育引导青年学生形成正确的世界观、人生观、价值观，增强"四个意识"、坚定"四个自信"、做到"两个维护"，确保青年一代成为社会主义合格建设者和可靠接班人。

四　树标：着眼于社会主义事业后继有人

"夫善国者，莫先育才。"思政课之所以不可替代，是因为它始终肩负着培养社会主义合格建设者和可靠接班人的重大政治任务。换言之，思政课是"国之大者"，是直接关系到"培养什么人""怎样培养人""为谁培养人"这一根本问题的铸魂工程，关乎人才培养的正确政治方向、关乎能否实现中国共产党的千秋伟业，其根本目标在于社会主义事业后继有人，这也是社会主义大学人才培养需要解决好的首要问题。在这一点上，党和国家始终在全局上牢牢把控方向，并且对思政课的根本目标和任务有着明确而又具体的规定。

1949 年新中国成立初期，高等学校承担着为新政权培养建设人才的重任。教育不能脱离政治，新教育区别于旧教育的重要体现就是要为新民主主义国家服务。1950 年 10 月 3 日，刘少奇在中国人民大学开学典礼上的讲话中指出："人民的国家是以工人阶级为领导、工农联盟为基础而建立起来的，是以为工农服务为目的的。我们的国家的教育也应该是为这一目的而服务的。我们的大学要教育出为人民服务的干部。"[①] 这就必然要求以马克思列宁主义、毛泽东思想对青年学生进行思想政治教育，并把他们培养成

---

① 中共中央文献研究室刘少奇研究组、中央教育科学研究所编《刘少奇论教育》，教育科学出版社，1998，第 92 页。

有高度政治素养的新型人才。为此，1953 年 9 月 10 日，中央人民政府高等教育部发布了《关于综合大学的方针和任务的报告》，明确提出了综合大学的基本方针和培养目标，即有计划地培养适合国家建设需要、具有马克思列宁主义世界观、全心全意忠实于祖国和人民事业、掌握先进科学和技术的各种专门人才。也就是说，在各个高等学校里，必须将马克思列宁主义作为一切学科和课程的基础。

在上述基础上，1955 年 4 月 25 日，高等教育部提出了高等教育在新民主主义向社会主义过渡时期的重要任务："把学生培养成为懂得马克思列宁主义理论基础，掌握现代最新的科学技术知识，身体健康，并全心全意为社会主义建设事业服务的各种高级专门建设人才。"[1] 这意味着我国的高等教育要向广大青年学生进行革命的政治教育，使他们能够坚持社会主义的立场和观点，这是培养社会主义建设人才的需要。继而，1955 年 8 月 5 日召开的国务院全体会议第十七次会议批准了高等教育部《1954 年的工作总结和 1955 年的工作要点》并郑重指出，思想政治教育的重要任务之一就是"提高学生的爱国主义和国际主义思想觉悟。培养忠实于社会主义建设的人才"[2]，即培养造就又红又专的人才。这里的"红"指的就是政治立场坚定，对于高等学校的青年学生而言，"红"的初步要求，就是拥护共产党的领导，拥护社会主义，愿意为社会主义事业服务。

此后，为了顺利地实现无产阶级专政的目的，1964 年 9 月 14 日，中共中央宣传部、高等教育部党组、教育部临时党组联合发布《关于改进高等学校、中等学校政治理论课的意见》，明确指出，"高等学校、中等学校政治理论课的根本任务，是用马克思列宁主义、毛泽东思想武装青年，向他们进行无产阶级的阶级教育，培养坚定的革命接班人"[3]，强调政治理论课教师应当"为培养革命接班人服务"。显然，"培养坚定的革命接班人""为培养革命接班人服务"指明了高校思政课的根本目标和任务，意味着高校

---

① 教育部社会科学司组编《普通高校思想政治理论课文献选编（1949—2006）》，中国人民大学出版社，2007，第 20 页。

② 《中华人民共和国学校思想政治理论课重要文献选编》上册，人民出版社，2022，第 256 页。

③ 教育部社会科学司组编《普通高校思想政治理论课文献选编（1949—2006）》，中国人民大学出版社，2007，第 50 页。

思政课要用马克思列宁主义、毛泽东思想把广大青年学生培养成无产阶级革命事业的建设者和接班人。

党的十一届三中全会召开以后，党和国家的工作中心发生了历史性转移，但是高校思政课着眼于社会主义事业后继有人这一根本目标和任务始终没变。邓小平指出，搞改革开放和社会主义现代化建设没有人才不行，没有知识不行，因而我们在建设社会主义现代化的过程中"需要建立一支坚持社会主义道路的、具有专业知识和能力"① 的人才队伍。为此，1979 年 5 月 20 日，教育部政治理论教育司明确提出："高校政治理论课的任务就是，使学生逐步完整地准确地学习和掌握马列主义毛泽东思想的基本原理，树立无产阶级的科学的世界观和方法论，提高用马列主义毛泽东思想的基本原理研究新情况，解决新问题的能力。所以在政治理论课是我们社会主义高等教育的重要标志，是培养又红又专人才的重要保证。"② 在这里，"培养又红又专人才"首次点明了改革开放和社会主义现代化建设新时期高校思政课的根本任务问题。

为此，1980 年 4 月，教育部、共青团中央联合印发的《关于加强高等学校学生思想政治工作的意见》进一步强调："社会主义大学与资本主义大学的本质区别，就在于它培养出来的学生具有社会主义觉悟，拥护共产党的领导，热爱社会主义祖国，努力为人民服务，刻苦钻研业务，立志为建设社会主义现代化强国而奋斗。"③ 今天的青年学生将是明天各条战线的骨干，是党的干部队伍的后备力量。他们的政治素养如何，是直接关系到改革开放和社会主义现代化建设成败得失的重大问题。因此，高校思政课要将广大青年学生培养成具有社会主义觉悟，拥护中国共产党的领导，热爱社会主义祖国，努力为人民服务，立志为建设社会主义现代化国家而奋斗的人。正因为如此，"高等学校马列主义课的任务，是对学生进行马列主

---

① 中华人民共和国教育部、中共中央文献研究室编《毛泽东邓小平江泽民论教育》，中央文献出版社、人民教育出版社、北京师范大学出版社，2002，第 155 页。

② 教育部社会科学司组编《普通高校思想政治理论课文献选编（1949—2006）》，中国人民大学出版社，2007，第 76 页。

③ 教育部思想政治工作司组编《加强和改进大学生思想政治教育重要文献选编（1978—2014）》，知识产权出版社，2015，第 4 页。

义、毛泽东思想的基本理论教育，帮助学生完整地、准确地理解马列主义、毛泽东思想的科学体系，提高社会主义觉悟，逐步树立无产阶级的世界观，掌握科学的方法论，初步具有运用马列主义的立场、观点和方法分析实际问题的能力，自觉地为社会主义现代化建设服务，为人民服务"①。质言之，高校思政课要造就具有社会主义觉悟、忠于社会主义事业的一代新人。而"我们能否把学生培养成具有社会主义觉悟的一代新人，关系到国家的前途命运。如果我们学校培养出来的学生不拥护共产党的领导，不愿意为社会主义事业服务，那岂不是我们教育事业的失败"②。

中国特色社会主义进入新时代，以习近平同志为核心的党中央围绕"培养什么人""怎样培养人""为谁培养人"这一根本问题，全面加强党对思政课的领导，鲜明提出要从维护国家意识形态安全、培养社会主义建设者和接班人的高度来对待思政课，强调"培养什么人"是教育的首要问题。2015 年 7 月 27 日，中共中央宣传部、教育部印发的《普通高校思想政治理论课建设体系创新计划》明确指出："高校肩负着学习研究宣传马克思主义、培养中国特色社会主义事业建设者和接班人的重大任务。"思政课是巩固马克思主义在高校意识形态领域指导地位，坚持社会主义办学方向的重要阵地，培养社会主义合格建设者和可靠接班人的主渠道，提出"办好思政课，事关意识形态工作大局，事关中国特色社会主义事业后继有人"③。

2019 年 3 月 18 日，在学校思想政治理论课教师座谈会上，习近平总书记强调："我们党立志于中华民族千秋伟业，必须培养一代又一代拥护中国共产党领导和我国社会主义制度、立志为中国特色社会主义事业奋斗终身的有用人才"④，也就是培养能够担当民族复兴大任的时代新人。我国是中国共产党领导的社会主义国家，这就决定了我们的教育必须把培养社会主义建设者和接班人作为根本任务，即"培养一代又一代拥护中国共产党领

① 教育部社会科学司组编《普通高校思想政治理论课文献选编（1949—2006）》，中国人民大学出版社，2007，第 86 页。
② 《中华人民共和国学校思想政治理论课重要文献选编》上册，人民出版社，2022，第 535 页。
③ 《中华人民共和国学校思想政治理论课重要文献选编》下册，人民出版社，2022，第 1384 页。
④ 习近平：《思政课是落实立德树人根本任务的关键课程》，《求是》2020 年第 17 期。

导和我国社会主义制度、立志为中国特色社会主义事业奋斗终身的有用人才"。思政课就是要坚守"为党铸魂、为国育才"的立场，培养担当民族复兴大任的社会主义建设者和接班人。2019 年 8 月中共中央办公厅、国务院办公厅印发的《关于深化新时代学校思想政治理论课改革创新的若干意见》首次提出了在大中小学循序渐进、螺旋上升地开设思政课的新要求新任务，强调"大学阶段重在增强使命担当，引导学生矢志不渝听党话跟党走，争做社会主义合格建设者和可靠接班人"①。强调"争做社会主义合格建设者和可靠接班人"，这既是思政课的根本任务，也是思政课的方向目标。

总之，青年兴则国兴，青年强则国强。中国共产党立志于中华民族的千秋伟业，必须培养一代又一代拥护中国共产党领导和我国社会主义制度、立志为中国特色社会主义事业奋斗终身的有用人才。而高校思政课所面对的，便是与祖国和民族未来紧紧联系在一起的亿万青年学生，是充满生机、蓄势待发同时也需要悉心呵护、培育涵养的希望，其集聚的育人目标和本质上的意识形态目标正是为党为国育人，其承载的并非一项局部性的教育工作，不是局限在自身的"小我"，而是着眼于党和国家之"大我"，它是确保中国特色社会主义事业后继有人的铸魂育人工程，其所担负的使命就是在"培养什么人""怎样培养人""为谁培养人"这个根本问题上作出漂亮解答。

五　释惑：科学回应与解答"五个之问"

毫无疑问，政治性是思政课最本质的特征，政治引导是其最基本的功能。当然，强调思政课的政治性和政治引导功能，绝不是要将其搞成简单的政治宣传，而是要以透彻的学理分析回应青年学生，以彻底的思想理论说服青年学生，用真理的强大力量引导青年学生。对此，马克思曾经指出："理论只要说服人［ad hominem］，就能掌握群众；而理论只要彻底，就能说服人［ad hominem］。"② 2022 年 4 月 25 日，习近平总书记在中国人民大

---

① 《中华人民共和国学校思想政治理论课重要文献选编》下册，人民出版社，2022，第 1350 页。
② 《马克思恩格斯文集》第 1 卷，人民出版社，2009，第 11 页。

学考察时也明确提出："思政课的本质是讲道理，要注重方式方法，把道理讲深、讲透、讲活，老师要用心教，学生要用心悟，达到沟通心灵、启智润心、激扬斗志。"① 因而，思政课所传授的理论、观点、结论，所传播的科学社会主义，要经得起青年学生各种"为什么"的追问，这样才能化解青年学生的思想困惑，才能科学地回应和解答好"世界之问""中国之问""人民之问""时代之问""青春之问"。

事实上，在社会主义发展史上，苏东剧变发生前，世界社会主义由一国实践发展到多国实践、由一种模式发展到多种模式，世界上一度出现两种制度并存、社会主义和资本主义对立的格局。然而，自 20 世纪 80 年代末和 90 年代初东欧、苏联等社会主义国家的相继解体及全球性资本主义的扩张以来，世界社会主义发展陷入低谷，引发了人们对社会主义的多方质疑，反社会主义思潮成为一股暗流，西方一些人甚至宣称社会主义的历史已经终结。一方面，在苏东剧变和波黑战争之后，美国学者弗兰西斯·福山（Francis Fukuyama）提出了"社会主义终结论"，认为马克思主义提出的对资本主义的超越是不可能的，马克思主义在当代已失去了适用性，当代发达资本主义社会则是不可超越的永恒阶段，并满怀豪情地宣布："自由民主可能形成'人类意识形态进步的终点'与'人类统治的最后形态'，也构成'历史的终结'。"② 随着"社会主义终结论"的提出，更有关于马克思主义的"限界论""过时论""学派论""枯竭论""失败论"等谬论出现，歪曲和否定马克思主义、社会主义，断言马克思主义、社会主义的思想营养已经枯竭，社会主义是 20 世纪的产物，也将在 20 世纪内走向灭亡，妄图动摇马克思主义者的信念，消灭马克思主义，进而颠覆社会主义国家。另一方面，随着资本全球化和文化多样化潮水涌向世界各地，西方资本主义错误思潮对马克思主义、社会主义意识形态也形成了强烈的对冲，诸如西方"个人主义""自由主义""新自由主义""新保守主义""第三道路""民主社会主义"等反马克思主义、反社会主义错误思潮十分盛行。

---

① 《习近平在中国人民大学考察时强调 坚持党的领导传承红色基因扎根中国大地 走出一条建设中国特色世界一流大学新路 王沪宁陪同考察》，《人民日报》2022 年 4 月 26 日。

② 〔美〕弗兰西斯·福山：《历史的终结》，本书翻译组译，远方出版社，1998，第 1 页。

在我国，西方这股反马克思主义、反社会主义错误思潮已经引起了某种回响，"一些敌对分子按照国外敌对势力的意图，打着各种旗号，利用各种社会矛盾煽风点火，引起社会动乱，引发社会的不稳定"①。在一段时期内，各种错误政治观点和错误社会思潮大行其道。有的人以批评、嘲讽和反对马克思主义为时尚、为噱头，而在意识形态斗争中敢于亮剑的同志却屡屡遭受围攻甚至打压。甚至有人奉行"新自由主义"，主张"西方模式"，倡导完全市场化，反对国家对市场经济的宏观调控，还极力攻击我国国有企业，企图打着混合所有制改革的旗号搞私有化，瓦解党执政的经济基础，引导中国走上邪路。还有人不遗余力地为"西方多党制"摇旗呐喊，鼓吹多党制是体现"普世价值"的民主政治制度，只有多党轮流执政才是真正的民主，才是真正的维护公民利益，否则就是专制，就是为统治者谋利益。

这些错误社会思潮无疑与我国社会主义意识形态根本对立，消解人们对中国特色社会主义的认同，威胁着我国主流意识形态安全。并且因西方错误社会思潮所标榜的"科学性""工具性"以及时髦的话语体系、理论范式、多样的分析方法而使其在青年学生群体中很有吸引力。由于青年学生正处于人生发展阶段的"拔节孕穗期"，其知识体系还未健全、价值观还未稳定、心智还未成熟、意志略显薄弱，极易受到外部环境的影响。"有的学生只见到'普世价值'等言论看似合理的包装，却没有察觉到其片面强调事物普遍性而故意忽视特殊性的错误本质，以及背后通过宣扬西方那一套价值体系来淡化甚至替代社会主义核心价值体系的险恶用心；有的学生只见到'民主''人权'等论调看似华丽的外衣，却没有察觉其霸权主义另一种表达方式的荒唐本质，以及背后靠标榜'民主''人权'之名行干涉我国主权内政之实的险恶用心。"② 与此同时，马克思主义因受制于对现实问题的解释张力而遭受冷遇，而作为社会主义意识形态理论表达课的思政课则囿于传统的灌输和说教、浮于抽象的概念和口号而无法真正起到引导青年学生的作用，使得部分青年学生对马克思主义理论的热情淡化，对社会主

---

① 吴琦等：《意识形态与国家安全》，华中师范大学出版社，2011，第 74 页。
② 冯刚主编《理直气壮开好思政课——把握新时代思政课建设规律》，人民出版社，2019，第 58 页。

义感到迷茫、困惑甚至疏离。

针对上述现象，习近平总书记明确指出："思政课的任务是传导主流意识形态，建设性是其根本"①，突出强调"思政课要在传播马克思主义立场、观点、方法的基础上用好批判的武器，直面各种错误观点和思潮，旗帜鲜明进行剖析和批判"②。也就是说，思政课要坚持意识形态工作中的"立"与"破"的辩证统一，按照立破并举的原则，破除错误社会思潮造成的思想迷雾、破除国际舆论对中国特色社会主义的误判误读和对中国共产党的恶意抹黑，来建设具有强大凝聚力和吸引力的马克思主义意识形态。一方面，要在教学中通过正面教育积极传导主流意识形态，唱响主旋律，传播正能量，传播好马克思主义科学理论，讲好和传播好中国特色社会主义的中国故事和中国声音，向青年学生生动展示最全面、真实、立体的当代中国，在旗帜鲜明和潜移默化中引导青年学生增强中国特色社会主义道路自信、理论自信、制度自信、文化自信。另一方面，要在教学中深入研究新自由主义、西方宪政民主、历史虚无主义、普世价值论等错误思潮的实质、表现和危害，以及其对青年学生思想影响的重点、疑点，在与青年学生的交流对话中，运用马克思主义的立场、观点和方法驳斥错误社会思潮，揭示其产生的社会根源和历史条件、反映的利益诉求和社会心理，使青年学生清醒地认识到，西方错误社会思潮背后隐藏的图谋，不断增强青年学生的政治鉴别力，培育青年学生抵御"意识形态多元化""非意识形态化""去意识形态化"等错误思潮的"免疫力"。

如今世界正加速进入动荡变革期，这给全人类带来了一系列新的全球性挑战和世界性难题。逆全球化的历史潮流、动荡不安的地区局势、零和博弈的对抗思维、加速演变的国际格局，都使当今世界面临的治理赤字、信任赤字、和平赤字、发展赤字"四大赤字"持续拉大。面对日益增多的不稳定性不确定性，国际社会面临"世界向何处去？和平还是战争？发展还是衰退？开放还是封闭？合作还是对抗？"等摆在人类面前的"世界之问"。从国内情况看，中国特色社会主义进入新时代后，我国社会的主要矛

---

① 习近平：《思政课是落实立德树人根本任务的关键课程》，《求是》2020 年第 17 期。
② 习近平：《思政课是落实立德树人根本任务的关键课程》，《求是》2020 年第 17 期。

盾已经从"人民日益增长的物质文化需要同落后的社会生产之间的矛盾"转变为"人民日益增长的美好生活需要和不平衡不充分的发展之间的矛盾",这一重大转变表明,人民群众当下的需求已经从单纯的物质文化层面拓展到了包括民主、法治、公平、正义、安全、环境、教育、医疗、养老等一系列多样化、高层次的需求领域。如今我国还面临由"不平衡不充分的发展"所导致的诸如城乡区域发展和收入分配差距较大等一系列问题,如何关切和回应人民新的需求,克服制约人民美好生活的阻力,在高质量发展中实现共同富裕,成了新时代的"人民之问"。中国共产党怎样带领人民继续进行伟大社会革命?中国共产党如何实现自我革命?怎样为人类和平与发展书写中国篇章?——这是摆在中国面前的"时代之问"。与此同时,作为同新时代共同前进的当代青年学生,在实现中华民族伟大复兴中承载着伟大时代使命,然而新时代新征程上中华民族伟大复兴又绝不是轻轻松松、敲锣打鼓就能实现的,需要一代又一代人接续奋斗,("青春应该在哪里用力、对谁用情、如何用心")——这是摆在青年学生面前的"青春之问"。[1]

科学回应与解答这些问题,就需要思政课来教育和引导青年学生全面客观认识当代中国、看待外部世界,以世界眼光关注人类前途命运,从人类发展大潮流、世界变化大格局、中国发展大历史出发深入明辨中国之治的显著优势,深刻认识中国共产党是胸怀天下,为人类谋进步、为世界谋大同的大党,深刻理解中国共产党领导的中国之治必将为解决"世界之问"、推动人类文明进步贡献智慧和力量,必将推动历史车轮向着光明的目标前进,建设更加美好的世界;教育和引导青年学生更好地认识自我、读懂中国、把握未来,深刻理解中国梦和个人梦的辩证关系,厚植对党的信赖、对中国道路的信念、对民族复兴的信心,勇做新时代的弄潮儿,自觉听从党和人民召唤,争做堪当民族复兴重任的时代新人,到新时代新天地中去施展抱负、建功立业。[2]

---

[1]　参见习近平《论党的青年工作》,中央文献出版社,2022,第241页。

[2]　张智:《"思政课的本质是讲道理"的意蕴》,《教学与研究》2022年第11期。

小　结

总而言之，高校思政课内容涉及范围之广，不亚于任何一门哲学社会科学。对此，习近平总书记直言："思政课教学涉及马克思主义哲学、政治经济学、科学社会主义，涉及经济、政治、文化、社会、生态文明和党的建设，涉及改革发展稳定、内政外交国防、治党治国治军，涉及党史、国史、改革开放史、社会主义发展史，涉及世界史、国际共运史，涉及世情、国情、党情、民情，等等。"①

在这里，第一个涉及指的是高校思政课要传播整体性的马克思主义理论。每一门高校思政课都要涉及马克思主义理论的内容。其中，每一门高校思政课都要涉及马克思主义哲学，要运用马克思主义哲学方法论分析问题。例如，运用辩证唯物主义，在矛盾、联系、运动、发展的观点中把握问题和阐释现象；运用历史唯物主义，在历史的视野中整体性评价和把握事件。政治经济学更是不同高校思政课求真的科学性体现。无论是"马克思主义基本原理概论"还是"中国近现代史纲要"，抑或是其他课程，在对理论建构、事件把握、问题分析、现象阐释上的追根问底，都要运用到政治经济学的分析。科学社会主义的内容，也贯穿于不同高校思政课始终，是高校思政课内容展开的深层逻辑。所有高校思政课内容的最终指向就是论证清楚"两个必然"与"两个决不会"，论证清楚中国特色社会主义的合规律性与合目的性。

第二个涉及指的是高校思政课内容要涵盖人们生产生活的方方面面，要包括人们实践活动的各个领域。在经济领域，高校思政课要从理论的高度，论述清楚人们日常经济生产生活中的现象和一系列问题，包括价值与价格、生产力与生产关系，以及社会主义市场经济制度等。在政治领域，高校思政课的重要内容就是要从学理上说清楚中国政治制度形成的来龙去脉，包括全过程人民民主、人民代表大会制度、中国的纪检监察制度等。

---

① 习近平：《思政课是落实立德树人根本任务的关键课程》，《求是》2020 年第 17 期。

在文化领域，高校思政课需要介绍和论证清楚中国特色社会主义文化、社会主义核心价值观、中华优秀传统文化的创造性转化与创新性发展等。在社会领域，高校思政课需要阐释清楚人们日常生活中遇到的民生问题，例如教育、医疗、住房等。在生态文明领域，高校思政课需要说明中国的"两山理论"、生态环境保护、绿色发展等。在党的建设领域，高校思政课需要说明党的政治建设、思想建设、组织建设、纪律建设、制度建设以及反腐败斗争等一系列措施，从机制、做法、效果等方面阐释清楚中国共产党全面从严治党的理论与实践。

第三个涉及指的是高校思政课内容要包括国家治理体系和治理能力现代化的各个方面。高校思政课需要从逻辑和历史的统一中，阐明国家实行改革开放的必要性、合理性，需要通过理论向青年学生阐释清楚全面深化改革的历史意义。不仅如此，高校思政课还要涉及内政外交国防、治党治国治军的内容。在高校思政课教育教学中，要向青年学生介绍国家治理有哪些措施，取得了什么成就，以及还存在哪些进步空间；要向青年学生介绍国家国防政策和取得了什么样的成就，让青年学生提高安全保密意识；要向青年学生介绍国家当前外交局面，以及相对应的外交政策和取得的外交成就；等等。

第四个、第五个涉及指的是高校思政课内容要包含中国的历史发展。第四个涉及的历史观是中国国内的党史、新中国史、改革开放史、社会主义发展史。高校思政课需要向青年学生介绍中国共产党 100 余年的奋斗历史，70 多年的新中国史，以及 40 多年的改革开放史和 500 多年的社会主义发展史。通过历史的梳理和把握，让青年学生形成整体的大历史观，在大历史观的厚重感中理解中国现实的具体问题。第五个涉及的历史观是国际上的世界史、国际共运史。高校思政课需要让青年学生了解世界历史的发展，从而使其能在整体的高度上把握中国在世界格局中的地位，能从历史发展的视野中把握现代化。让青年学生了解国际共运史，有利于其把握国际共产主义运动的历史感，从而在发展史的视野中把握中国特色社会主义的历史地位。

第六个涉及指的是高校思政课是青年学生理解现实的重要窗口。高校思政课需要向青年学生介绍世情、国情、党情、民情，让他们了解现实。世情是指高校思政课要向青年学生介绍当今世界的具体情况，让青年学生了解当今世界国际政治格局、经济格局、世界地理、国与国之间的历史关系、科学技术的发展进度等。国情则是指高校思政课需要向青年学生讲授国家的具体情况，包括国家的经济、政治、文化、社会、生态文明、党建、历史等，让青年学生整体性地理解和把握中国当前的历史方位和全景式社会面貌。党情是指高校思政课不同课程都要以中国共产党为抓手，从各个方面整体性地介绍中国共产党，让青年学生了解中国共产党的性质、组织架构、奋斗历史。民情则是指高校思政课要让青年学生了解中国民生事项的各个方面，让青年学生了解民生中的医疗、教育、住房的状况等。

由于高校思政课面对的是处于人生成长关键期的关键群体——青年学生，培养的正是青年学生的"核心素质"，即思想政治素质。在人的诸多素质中，思想政治素质是最重要的素质。正如江泽民指出的："要说素质，思想政治素质是最重要的素质。不断增强学生和群众的爱国主义、集体主义、社会主义思想，是素质教育的灵魂。"[①] 因此，就意识形态功能来说，高校思政课就是传道释惑的，中国特色社会主义的时代感召力在很大程度上来自思政课的思想深度和理论厚度，来自思政课对中国之问、世界之问、人民之问、时代之问、青春之问的科学回应与解答。思政课讲的道理之所以可信可学可用，就在于其能彻底地分析问题、科学地回答问题。正如习近平总书记指出的："马克思主义理论就是彻底的理论。思政课教师所讲的理论、观点、结论要经得起学生各种'为什么'的追问。"[②] 只有这样科学社会主义才能牢牢占据真理的制高点，彰显其穿越时空的影响力和时代感召力。

---

① 中共中央文献研究室编《十五大以来重要文献选编》中，中央文献出版社，2001，第 879 页。
② 习近平：《思政课是落实立德树人根本任务的关键课程》，《求是》2020 年第 17 期。

第二章　新中国高校思政课铸魂育人的奠基性探索

　　"凡是要推翻一个政权，总要先造成舆论，总要先搞意识形态方面的工作。无论革命也好，反革命也好。"① 新中国成立初期的意识形态工作是极其深刻复杂的，随着新生人民政权在全国范围内建立，帝国主义、封建主义和官僚资本主义的主要势力基本肃清，整个社会出现了前所未有的安定局面。与此同时，反革命分子以及帝国主义等国内外敌对势力依然威胁着新生的人民政权，国家意识形态安全形势呈现十分尖锐和复杂的局面。这一时期高校思政课引领青年学生、培养青年学生十分艰辛。新中国成立后，马克思主义得以成为全国全民族的指导思想并占据意识形态的主导地位，中国共产党也积极通过对旧教育进行接管和改造，以马克思主义引领文化教育和高校政治理论课的发展。在《中国人民政治协商会议共同纲领》指导下制定的新民主主义文化教育方针，是指导我国开展文化教育工作的基本遵循，在这一过程中，"为人民服务"的发展方向转变为"为工农服务"，突出体现了意识形态的阶级性和革命化倾向。1951 年，中国共产党领导实施教师思想改造运动，以马克思列宁主义、毛泽东思想开展思想政治教育活动，促进了广大师生无产阶级世界观的形成。在社会主义改造阶段，政务院提出了"整顿巩固、重点发展、提高质量、稳步前进"的文化教育工作方针，教育部在此基础上制定了为社会主义事业服务的、全面发展的新

---

① 中共中央文献研究室编《毛泽东年谱（一九四九——一九七六）》第 5 卷，中央文献出版社，2013，第 153 页。

人的培养目标，实现了由"新民主主义的政治思想教育"向"以社会主义思想教育学生"的转变。此外，通过以唯物主义思想批判资产阶级唯心主义、实用主义的思想，实现了马克思列宁主义、毛泽东思想的社会化。

一 高校革命政治理论教育的"布新"与"除旧"

坚持马克思主义一元化指导思想，是中国共产党在长期的革命实践中探索出来的一条宝贵经验，是实现自身发展壮大和安身立命的根本保证，也是稳固政权的根本保证。马克思主义在意识形态领域确立其主导地位后，迅速占据文化教育领域主导地位，并指导着政治及思想教育的发展。新中国成立初期，高校政治理论教育的目标主要有两个：一是要肃清封建的、买办的、法西斯主义的思想，树立为人民服务的思想；二是结合土地改革等党的各项中心工作广泛开展马克思列宁主义、毛泽东思想的教育，特别是对旧高等教育下深受资产阶级影响的青年学生进行思想政治教育，提高他们的政治觉悟，为树立无产阶级的世界观人生观打下良好的基础。

（一）新生人民政权马列主义革命政治教育的实施

"一切事物总是新的代替旧的。在人类社会中，总是新兴的阶级代替腐朽的阶级。可是，不采取革命行动，新兴的阶级就不能代替腐朽的阶级。"① 随着新中国的成立，中国共产党的政治身份发生历史性转变，其在全国范围内的执政地位正式确立，由此马克思主义也需相应地从党的指导思想上升到国家的指导思想层面，并迅速占据国家和人民的思想领域，实现由"统治阶级的思想"到"占统治地位的思想"的转变。因此，无产阶级政权确立以后，以马克思主义意识形态取代非马克思主义意识形态，成为新生人民政权文化教育领域中迫切需要完成的课题。

1. 华北地区高校率先开设政治理论课

马克思主义作为党和国家的根本指导思想，其对文化教育领域意识形态的主导，不是自然而然的过程，而是通过对旧的教育的接管和改造来实

---

① 人民教育出版社教育室编《毛泽东周恩来刘少奇邓小平论教育》，人民教育出版社，2000，第40页。

现的。所谓旧的教育，指的是在国民党统治下所实行的半殖民地半封建的教育，这种教育带有封建主义的残余，体现着帝国主义的因素，是国民党奴化青年人群的重要手段，潜藏着代表资产阶级利益、维护官僚资本主义统治的目的。由于它与新民主主义教育存在根本性的区别，是"旧政治经济的一种反映和旧政治经济借以持续的一种工具"[1]，因此，只有将这些维护旧政治经济的旧教育进行清理和改造，才能让其适应新民主主义社会的文化教育要求，从而服务于新中国的广大人民和经济建设。换言之，为了使高等教育为新生人民政权服务，"人民政府应有计划有步骤地改革旧的教育制度、教育内容和教学法"[2]，必须用新的课程体系来取代旧的课程体系，用马克思列宁主义、毛泽东思想的政治教育来取代封建的、买办的和法西斯主义的思想在高等教育中的影响。

在高等学校开设革命的政治课，是我国改造旧大学、建设新大学的重要标志。实际上，早在新中国成立前，中国共产党就开启了对华北等老解放区的高等学校的接管和改造，并采取了有效的保护措施和谨慎、稳妥的方式来推进。这能够最大限度对愿意为人民服务的知识分子采取"争取、团结、改造"的政策，并尽可能地减少对知识分子利益的损害，最大限度保证文化教育领域接管和改造工作的顺利推进。新中国成立后，军事管制委员会作为开展接管工作的重要机构，通过采取"维持原校、逐步改善"的方针，对新解放区的旧学校进行接管。具体做法是：军事管制委员会派出代表或工作组到学校宣传新的教育政策，动员师生接受新政权的领导，通过召开全校师生大会宣布接管工作。完成接管的学校，在属性上归人民政府所有，但教职员工基本上暂时维持原职，一是为了保证接管的顺利开展，不至于出现大规模的动荡和抵触情绪；二是为了保证顺利开学复课，恢复正常的教学秩序。对华北地区高等教育的接管和改造，是在新民主主义理论指导下进行的，是马克思主义基本原理与中国教育和革命实际相结合的产物，与新民主主义各项原则相适应，是马克思列宁主

---

① 《中华人民共和国学校思想政治理论课重要文献选编》上册，人民出版社，2022，第44页。
② 中共中央文献研究室编《建国以来重要文献选编》第1册，中央文献出版社，1992，第11页。

义、毛泽东思想在教育领域的集中体现，是旧教育改造的参照对象，具有先进性和创造性，为新生人民政权对旧的高等教育进行接管和改造积累了重要经验。

根据上述经验，新中国成立后不久华北人民政府旋即开始对旧的高等学校进行大规模的接管和改造，通过废除政治上的反动课程，开设新民主主义的革命政治课程，改变旧的高等学校的半殖民地半封建性质，使之为新生人民政权服务、为人民群众服务、为社会经济发展服务，从而实现高等学校意识形态领域的马克思主义化，确立中国共产党在高等学校中的领导地位，使这些高等学校"驶入"新民主主义教育的轨道。1949 年 10 月，华北人民政府高等教育委员会颁布《华北专科以上学校一九四九年度公共必修课过渡时期实施暂行办法》，明确指出"当前课程改革的中心环节是加强政治课学习"，因而规定：专科以上学校在一、二、三、四各年级均必修"辩证唯物论与历史唯物论"（包括"社会发展史"）、"新民主主义论"（包括"近代中国革命运动史"），文、法、教育（或师范）院校毕业班学生还必修"政治经济学"。[①] 这就形成了新中国成立初期高等学校马克思列宁主义的革命政治理论课的基本雏形。

2. 全国高校政治理论课的普遍开设

在新中国成立初期，对于新生的人民政权来说，对民众进行思想上的改造是极其迫切的事情。中国的民众长期处在帝国主义、封建主义和官僚资本主义的统治之下，不可避免地受到这些封建腐朽思想的影响。因此，改造民众的主观思想、剔除封建腐朽思想、开展马克思列宁主义的革命政治教育，成为新中国教育解放事业发展的关键。

1949 年 9 月 29 日，由中国人民政治协商会议第一届全体会议通过的具有临时宪法性质的《中国人民政治协商会议共同纲领》第五章"文化教育政策"规定："人民政府的文化教育工作，应以提高人民文化水平、培养国家建设人才、肃清封建的、买办的、法西斯主义的思想、发展为人民服务

---

① 参见教育部社会科学司组编《普通高校思想政治理论课文献选编（1949—2008）》，中国人民大学出版社，2007，第 2 页。

的思想为主要任务。"① 而就我国高等学校来说，由于其基本性质是新民主主义的，还不是社会主义的，首先要反对买办的、封建的、法西斯主义的思想，建立为人民服务的思想，因此要有计划、有步骤地对青年学生进行政治及思想教育，即通过普遍开展马克思列宁主义和毛泽东思想的宣传教育，肃清帝国主义、封建主义等非马克思主义意识形态的流毒，从而消除这些旧思想对新中国新青年的不良影响。

根据上述精神，1950 年 6 月 1 日至 9 日，高等教育战线召开了第一次全国高等教育会议，教育部部长马叙伦在会上分别致开幕词和闭幕词，他指出："我们的高等学校既然是以培养高级的建设人才为目的，因此在我们的高等学校里就必须进行系统的并与实际相结合的科学理论教育……同时这种理论教育也决不能重蹈过去所'为学术而学术'的覆辙，忽视国家和人民的需要"②，"也要防止轻视理论学习的狭隘实用主义或经验主义的倾向"③。教育部副部长钱俊瑞进一步指出："我们学习理论，并不是因为理论好看、神圣、玄妙或神秘，或者把理论当作高尚于实践的东西，也并非'为学术而学术'，而是为了运用它来解决实际问题。……旧时所有浸透了阶级精神的学校，只能使资产阶级底儿女获得知识。这种学校里的每一句话，都无非是根据资产阶级利益捏造出来的。在这样的学校里，工农青年所受到的与其说是教育，不如说是为迎合资产阶级利益的奴化训练。教育这些青年的目的，就是要为资产阶级造成适用的奴仆，既能替主人创造利润，同时又不会惊扰主人的安宁与闲逸。"④

会上所提出的高等教育方针、原则，同新民主主义的文化教育思想是一致的，是新民主主义文化教育思想在新中国成立初期的体现和实践。这次会议是新中国成立后专门针对高等教育领域的全国性会议，不仅宣告了新中国高等教育的开始，而且"标志着我国从半殖民地半封建教育向新民

---

① 中共中央文献研究室编《建国以来重要文献选编》第 1 册，中央文献出版社，1992，第 11 页。
② 《中华人民共和国学校思想政治理论课重要文献选编》上册，人民出版社，2022，第 40 页。
③ 《中华人民共和国学校思想政治理论课重要文献选编》上册，人民出版社，2022，第 43 页。
④ 《中华人民共和国学校思想政治理论课重要文献选编》上册，人民出版社，2022，第 48—49 页。

主主义教育的根本转变"①，所提出的高等教育性质、高等教育方针、高等教育改造任务等奠定了新生人民政权高等教育发展的总基调，深刻影响着新中国成立初期高等学校政治理论课的"除旧"。

会后不久，政务院第四十三次政务会议审议通过了《教育部关于实施高等学校课程改革的决定》，同时批准了《高等学校暂行规程》，明确规定高等学校摆在第一位的具体任务是："进行革命的政治及思想教育，肃清封建的、买办的、法西斯主义的思想，树立正确的观点和方法，发扬为人民服务的思想。"② 同时规定全国高等学校应"废除政治上的反动课程，开设新民主主义的革命的政治课程，借以肃清封建的、买办的、法西斯主义的思想，发展为人民服务的思想"③。

针对政治课在高等学校开设中普遍存在的一些情况及问题，1950 年 10 月 4 日，教育部发布了《关于华北区各高等学校本学期政治课教学计划的几点指示》和《关于全国高等学校暑期政治课教学讨论会情况及下学期政治课应注意事项的通报》，明确了高等学校政治课教学方针、教学组织、教学方法和学习内容等，提出了高等学校"社会发展史""新民主主义论"两门政治课的内容重点。"社会发展史"的内容重点：引论——社会发展史学习的目的、内容和方法；劳动创造人类世界；五种生产方式——阶级斗争；国家与政治；社会思想意识。"新民主主义论"的内容重点：中国革命的历史特点；中国新民主主义革命史；中国革命的主要经验；新民主主义的政治；新民主主义的经济；新民主主义的文化；中国革命的前途。④ 在此基础上，教育部根据当时的国际形势和国内发展情况，明确了高等学校开展政治思想教育的"三个重点"和"三项规定"，要求在政治思想教育中主要进行反对美帝侵略及批判对美帝存在幻想的教育、贯彻土改教育以及发扬"五爱"教育。

1951 年 7 月 24 日，教育部发布《对各大行政区分别召开暑期高等学校

---

① 方晓东、李玉非、毕诚等：《中华人民共和国教育史纲》，海南出版社，2002，第 26 页。
② 《中华人民共和国学校思想政治理论课重要文献选编》上册，人民出版社，2022，第 63 页。
③ 《中华人民共和国学校思想政治理论课重要文献选编》上册，人民出版社，2022，第 68 页。
④ 《中华人民共和国学校思想政治理论课重要文献选编》上册，人民出版社，2022，第 73—74 页。

政治课讨论会的指示》，指明高等学校政治课"以肃清封建、买办、法西斯主义思想，加强爱国思想为首要任务，并用民主批评的方法适当地改造民族资产阶级和小资产阶级的思想，培养学生全心全意为人民服务的革命的人生观"，并进一步明确高等学校政治课下学年上下两学期的教学内容仍为"社会发展史"及"新民主主义论"，在讲授"社会发展史"时可酌加"辩证唯物主义"，其主要教材为斯大林著《辩证唯物主义与历史唯物主义》和毛泽东著《实践论》，强调在进行教学时将政治课作为业务课之一，着重讲授系统的理论知识，集中解决学生的主要思想问题。[①]

1951年9月10日，教育部发出《关于华北区各高等学校1951年度上学期进行"辩证唯物论与历史唯物论"等课教学工作的指示》，肯定了两年来华北区各高等学校"社会发展史"、"新民主主义论"和"政治经济学"三门政治课教学工作取得的效果，并且要求"今后仍须对学生加强马克思列宁主义、毛泽东思想的教育"，"应着重于讲授系统的马克思列宁主义、毛泽东思想"。[②] 为此，该指示要求对现有的政治教学委员会（或大课委员会）进行细化，按照具体科目改为对应的教学研究指导组，如"辩证唯物论与历史唯物论教学研究指导组"、"新民主主义论教学研究指导组"和"政治经济学教学研究指导组"，作为三门政治课的基本教学组织。这就从组织层面确定了各个具体政治课科目的基本教学组织，形成了有针对性、有计划性的指导，为开展对青年学生的政治及思想教育提供了基本方式。同时，还要求学校层面的教务长对各课目的教学研究指导组负起计划、组织、督导检查的职责，各教学研究指导组所拟教学大纲及教学与研究工作的计划均应报请教务长批准后实施，通过这些措施的推行，"以贯彻教学方针，提高教学的效果"[③]。

此外，教育部还通过在中国人民大学、各大行政区创设马克思列宁主

---

① 参见《中华人民共和国学校思想政治理论课重要文献选编》上册，人民出版社，2022，第109页。

② 教育部社会科学司组编《普通高校思想政治理论课文献选编（1949—2008）》，中国人民大学出版社，2007，第9页。

③ 教育部社会科学司组编《普通高校思想政治理论课文献选编（1949—2008）》，中国人民大学出版社，2007，第9—10页。

义研究班等方式，培养高等学校的公共政治理论课师资，同时大力动员党委、政府、群众团体中政治理论水平较高的干部到高等学校兼课，或设专题讲座，帮助政治理论课教师备课。这些举措对于建立和巩固马克思列宁主义、毛泽东思想在高等教育领域的指导地位起到了推动作用，引导着高校政治理论课的"布新"与"除旧"。在这方面，中国人民大学堪为典范，其政治理论课教学经验在 1954 年举办的教学经验讨论会上受到参会高校的广泛关注，并成了全国高校学习的榜样："中国人民大学不但在教学计划中参照苏联经验予政治理论课以重要的位置，一切课程均以马克思列宁主义为基础进行教学，而且一切工作也都是以马克思列宁主义为指导思想来进行的。"[1] 例如，在教学计划中，中国人民大学建校伊始就规定，马克思列宁主义、政治经济学、中国革命史为各系共同的课程。在其本科、专修科开设的各门课程中，政治理论课分别占到了 20%—25%、37%。[2]

值得注意的是，新中国成立初期马克思主义指导地位的确立及其对高校政治理论课的指导，建立在对各种非马克思主义思想的批判之上。一方面，对于封建的、买办的和法西斯主义的思想这种历史遗留的腐朽的思想残余，对新生人民政权和人民利益产生消极负面的影响，必须采取坚决肃清、消除的方式。另一方面，对于资产阶级和小资产阶级中不正确的思想，则是采取民主的批评与改造，将其转变为对新生人民政权有利的、为人民服务的思想。

例如，在对教会学校进行改造及开设政治课时实行公私兼顾的方针，着重进行革命的爱国主义的教育，反对帝国主义的侵略，克服仰承帝国主义的买办思想；而在教会学校开设政治课程时，着重防止刺激宗教的感情，以便全体师生团结合作，为保卫祖国、建设新中国服务。在政治思想教育方式方面，不采取思想总结、思想检查、整风、坦白反省及斗争大会的方式，注重用系统的理论知识联系思想实际，系统地和实事求是地正确解决

---

① 陈大白主编《北京高等教育文献资料选编 1949 年~1976 年》，首都师范大学出版社，2002，第 179 页。

② 参见中国人民大学校史研究丛书编委会《中国人民大学纪事（1937—2007）》，中国人民大学出版社，2007，第 106 页。

问题，借以提高青年学生的思想政治水平。这种批判思路同当时正在进行的改造政策相一致，体现了马克思主义意识形态教育的发展方向。

这些措施对高等学校中封建的、买办的、法西斯主义的思想造成严重打击，腐朽的资产阶级思想得以肃清，青年学生的阶级意识和阶级观念增强。例如，学习过政治经济学后，一些高校青年学生比较深刻地认识到剥削制度和剥削阶级的实质，对于资本主义制度和资产阶级有了"仇恨"。浙江医学院华侨学生陈钦赐说："以前我受资产阶级所说的'节俭起家'的思想影响很深，在南洋时看到印尼人个个很穷，我认为是印尼人笨和懒惰所致，现在明白这是由于荷属殖民者残暴掠夺的结果，我的家庭也是靠剥削而活的，我并不是由父亲培养长大的，而是工人的血汗养大的，我必须好好学习，坚决与资产阶级划清界限，献身于无产阶级事业。"[1]

（二）新民主主义教育方针下政治理论教育革命化

受到革命环境和革命思维的影响，阶级斗争思想曾长期贯穿新中国成立后党的文化教育领域。新民主主义文化教育在此影响下，逐渐实现由"为人民服务"到"为工农服务"的办学方向转变。与此同时，"革命的人生观"作为这一时期政治思想教育的基本点，深刻影响着政治理论教育的开展，进而形成了马克思主义理论教育的革命化倾向。

1. 工农办学方向的转变

新中国成立后，中国首先进入新民主主义社会这一过渡时期，新民主主义社会深刻影响着社会的各个方面。在新民主主义理论的指导下，我国的文化教育也体现出鲜明的新民主主义特点。《中国人民政治协商会议共同纲领》第五章"文化教育政策"对我国教育的性质、任务、方法、发展重点等都作出了明确规定，提出新中国成立后我国文化教育的主要任务是："提高人民文化水平、培养国家建设人才、肃清封建的、买办的、法西斯主义的思想、发展为人民服务的思想。"[2] 这就从总体上规定了新中国文化教育的性质、目的和总任务，为之后文化教育事业的发展奠定了基本方向。

---

[1]　转引自贺平《新中国初期高校思想政治理论课研究》，郑州大学出版社，2018，第166页。

[2]　中共中央文献研究室编《建国以来重要文献选编》第1册，中央文献出版社，1992，第11页。

《中国人民政治协商会议共同纲领》中确立的"新民主主义文化"与我国当时的国家性质和政治基础是一致的，决定了其具有两个方面的任务或使命，一是配合完成民主革命遗留任务，巩固人民民主专政所主张的"肃清封建的、买办的、法西斯主义的思想、发展为人民服务的思想"；二是配合国民经济恢复和建设所主张的建设工作需要。

1950 年 6 月 1 日至 9 日召开的第一次全国高等教育会议立足我国社会情况、阶级基础和政权性质，旗帜鲜明地提出新民主主义文化教育的中心方针是"为工农服务，为生产建设服务"①。这一表述深刻阐明了教育方针的服务对象和发展任务，是党的政治路线和阶级立场在文化教育领域的具体运用。将《中国人民政治协商会议共同纲领》中关于文化教育的"人民"范畴缩小到"工农"的阶级范围，这一改变是我国的国家性质和文化状况所决定的。在当时的中国，工人、农民、城市小资产阶级和民族资产阶级构成了人民民主专政的基本阶级成分，而在这四个阶级中，工农联盟作为人民民主专政的基础，构成了整个国家政权的主体部分。

就当时的高等教育情况来看，全国除台湾外，共有高等学校 227 所（各地人民革命大学一类性质的学校和各地军政大学不在内），学生共约 134000 人，其中公立学校 138 所，约占全国高等学校总数的 61%，中国私人创办的私立学校 65 所，约占总数的 29%，教会设立的学校 24 所，约占总数的 10%。② 由此可见，这些高等学校中绝大多数的青年学生是中农和城市小资产阶级以上的子女，占全国人口 80% 以上的工农大众及其子女基本上还被关在高等学校门外。这种国家政权性质与高等教育情况形成了鲜明的反差和不对称性。

为了使以工农联盟为基础的统治阶级在文化教育领域也占据统治地位，保障工农的文化教育权利，提高工农及其子女的文化知识水平和政治素养，从而为人民民主专政服务，1950 年 6 月 8 日，周恩来在第一次全国高等教

① 何东昌主编《中华人民共和国重要教育文献》（1949～1975），海南出版社，1998，第 17 页。

② 参见《中华人民共和国学校思想政治理论课重要文献选编》上册，人民出版社，2022，第 38 页。

育会议上的讲话中明确指出："我们的新民主主义教育同整个新民主主义的纲领是一致的"①，"我们的教育是大众的，是为人民服务的，这是我们教育的方向"②。1950 年 6 月 9 日，马叙伦在第一次全国高等教育会议上的闭幕词中进一步提出高等学校要"为工农开门"，全体从事高等教育工作的同志"应该以教育工农青年与工农干部视为自己光荣的职责，应该用力克服轻视工农、脱离工农的不正确思想"③。

为此，1950 年 7 月 17 日发布的第一次全国高等教育会议的报告再次强调指出："应该准备和开始吸收工农干部和工农青年进高等学校，以培养工农出身的新型知识分子。"④ 1950 年 10 月，刘少奇在中国人民大学开学典礼上的讲话中也突出强调："大家要团结在为人民服务的马列主义基本观点上，不要自私自利，不要违反人民利益，不要背叛人民，要大公无私，要为人民的利益去服务，要改造中国，要走向社会主义。"⑤

因此，为人民服务的要求必然体现在作为人民民主专政国家基础的工农阶级层面，高等教育应该首先"向工农开门"。在这一思想的指导下，文化教育政策迅速向工农阶级倾斜，使这一处于国家领导和基础地位的阶级能够获得相应的教育资源，实现教育的培养任务和发展目标。

2. 给青年学生以革命的政治教育

"学校一切工作，都是为了转变学生的思想，因此教育应当是中心……政治教育是中心之一环……阶级教育党的教育与工作必须大大加强"⑥，对青年学生进行"革命的政治教育"，是新中国成立后高等教育战线亟待开展的一项重要工作，这是肃清旧思想、改造旧思想的必要步骤，也是稳固新生人民政权的思想前提。《中国人民政治协商会议共同纲领》规定，新中国成立

① 《周恩来选集》下卷，人民出版社，1984，第 15 页。
② 《周恩来选集》下卷，人民出版社，1984，第 15—16 页。
③ 何东昌主编《中华人民共和国重要教育文献》（1949～1975），海南出版社，1998，第 26 页。
④ 《中华人民共和国学校思想政治理论课重要文献选编》上册，人民出版社，2022，第 60 页。
⑤ 中共中央文献研究室刘少奇研究组、中央教育科学研究所编《刘少奇论教育》，教育科学出版社，1998，第 97—98 页。
⑥ 中共中央文献研究室、中央档案馆编《建党以来重要文献选编（1921～1949）》第 16 册，中央文献出版社，2011，第 539 页。

后要"给青年知识分子和旧知识分子以革命的政治教育，以应革命工作和国家建设工作的广泛需要"①。这就从根本上决定了我国的文化教育改造方向，为之后对青年学生的政治与思想教育提供了基本遵循。

1949 年 12 月 23 日，马叙伦在第一次全国教育工作会议上指出，旧教育政治经济基础已被摧毁，新教育是反映新的政治经济、巩固与发展人民民主专政的斗争工具，要以其对旧教育进行"根本的改革"②。1949 年 12 月 30 日，教育部副部长钱俊瑞指出，在教师和青年学生中进行政治与思想教育的主要目的就是"逐步地建立革命的人生观"③，明确规定了政治与思想教育的基本功能和实现目标，并将"革命的人生观"当作进行思想改造和政治教育的基本点。这种"革命的人生观"教育目标内含着三个层面的要求：一是反对买办的、封建的、法西斯主义的思想；二是反对各种非无产阶级思想；三是建立为人民服务的思想。

"革命的人生观"教育体现在高校政治理论课教育教学上，主要表现为对中国共产党历史、近代中国革命运动史以及社会发展史的学习和教育。中国共产党历史是体现党领导人民开展革命、建设的奋斗事迹，阐释中国共产党的理想信念、性质宗旨、革命历程、奋斗目标等问题，学习中国共产党历史是站稳阶级立场、明确政治方向的重要途径。近代中国革命运动史是介绍近代以来中国革命的历程、性质、领导、主体、目标等问题，了解新民主主义社会的过渡性质，以及最终目标是要实现社会主义和共产主义。社会发展史是介绍唯物史观视域下社会发展规律的问题，社会形态是由低级形态向高级形态过渡的，阐明资本主义社会最终灭亡的本质，以及选择社会主义的必然性和必要性。

由于新中国成立初期全国高等学校开始废除政治上的反动课程，并探索开设"辩证唯物论与历史唯物论"（包括"社会发展史"）、"新民主主义论"（包括"近代中国革命运动史"）以及"政治经济学"等革命的政治课

---

① 中共中央文献研究室编《建国以来重要文献选编》第 1 册，中央文献出版社，1992，第 11 页。
② 参见教育部社会科学司组编《普通高校思想政治理论课文献选编（1949—2008）》，中国人民大学出版社，2007，第 3 页。
③ 何东昌主编《中华人民共和国重要教育文献》（1949~1975），海南出版社，1998，第 9 页。

程，在 1950 年 10 月召开的全国高等学校暑期政治课教学讨论会上，教育部明确将"社会发展史"和"新民主主义论"作为各高等学校的主干政治课程，并指明了各门主干政治课程的教学重点任务，那就是"肃清封建的、买办的、法西斯主义的思想"。1951 年 9 月，教育部进一步指出，"社会发展史""新民主主义论""政治经济学"这三门政治课程，"是改造学生的思想，树立科学的世界观、革命的人生观和全心全意为人民服务的最基本的课程"①。

在革命与战争环境的影响下，革命和阶级斗争的思想主导着党和国家的各项工作，也必然体现在教育领域，高校政治理论课在这一思想的指导下将"革命办法"融入教学。1951 年 9 月 11 日，钱俊瑞指出我国目前和今后一定时期还处于"革命战争的环境"，因而必须要"用革命办法办好人民教育"，"来壮大新文化新教育的力量，最好地为新政治新经济服务"。② 至于"革命办法"，主要体现在六个方面，即尊重事物发展规律、勇敢克服困难、人民利益至上、保持自我批评、具有高度的创造精神、密切联系革命与建设的总任务。③

在师资建设方面，为迅速补充政治理论课的师资力量，党和政府在高等学校的助教和高等学校高年级学生中选拔了一批优秀的党员、团员在本校担任政治理论课程的助教或助理，让他们系统学习马克思列宁主义、毛泽东思想，逐渐培养他们成为高等学校新的政治理论课师资。同时，各大行政区选择具备适当条件的高等学校，举办马克思列宁主义、毛泽东思想研究班，培养高等学校的政治理论课师资。

此外，重视发挥苏联专家的"传帮带"作用，苏联专家不但帮助各高等学校建立马克思列宁主义教研室，而且亲自给政治理论课教师授课，或发表文章介绍经验，或以巡回讲演等形式指导教师，成果显著。以中国人民大学为例，该校马克思列宁主义教研室自 1950 年 9 月起，在三年的时间

---

① 教育部社会科学司组编《普通高校思想政治理论课文献选编（1949—2008）》，中国人民大学出版社，2007，第 9 页。
② 何东昌主编《中华人民共和国重要教育文献》（1949～1975），海南出版社，1998，第 113 页。
③ 何东昌主编《中华人民共和国重要教育文献》（1949～1975），海南出版社，1998，第 113 页。

里，前后得到 5 位苏联专家的指导和帮助，共培养了 206 名马克思列宁主义教员，这些教员分布到五六十所高校，部分人已经成长为领导骨干。[①] 与此同时，党和政府派遣了大量的教师前往苏联进行政治理论学习，如深入学习马克思列宁主义基本理论，这些接受培训后的教师将苏联的革命观和阶级斗争思想传入国内，深刻影响着他们的教学工作。

在教材编写方面，我国组织国内专家大量翻译苏联的各种教材，并聘请苏联专家进行教材编写指导和审查工作。在人才培养的规定上，提出要"使我们的后一代成为伟大的毛泽东时代的毛泽东式的新人物，成为由马克思列宁主义和毛泽东思想武装起来的爱国主义的战士"[②]。

可见，在这种革命的人生观的价值导向下，我国高校的政治理论课教育成为新中国成立后新民主主义教育的发展基调，促使国家意识形态的塑造逐渐转向革命化的发展方向。

（三）教师思想改造与工人阶级思想领导地位的确立

"教师大军应该向自己提出巨大的教育任务，而且首先应该成为社会主义教育的主力军。应该使生活和知识摆脱对资本的从属，摆脱资产阶级的枷锁。不能把自己限制在狭窄的教师活动的圈子里，教师应该和一切战斗着的劳动群众打成一片。"[③] 高等学校教师作为开展青年学生思想政治教育的主力军，其思想水平和政治水平的高低直接影响对青年学生的思想政治教育效果，因此政治理论课铸魂育人的前提是教师自身的政治水平和理论水平得到提高。在新民主主义教育方针下，一些教师或头脑中存在反动思想的残余，或存在不同的政治倾向，或存在理论水平不高等情况，因而对教师进行思想改造是必要之举。对教师进行思想改造，用马克思列宁主义和毛泽东思想武装他们的头脑，促使工人阶级思想的领导地位在高等学校中初步树立起来。

1. 教师思想改造运动的兴起

教师的思想改造是属于意识形态领域的事。消灭旧思想旧观点必须经

---

① 云光：《感谢苏联专家对我们教研室的帮助》，《教学与研究》1953 年第 6 期。
② 何东昌主编《中华人民共和国重要教育文献》（1949～1975），海南出版社，1998，第 117 页。
③ 《列宁全集》第 34 卷，人民出版社，2017，第 392 页。

过长期的、复杂的、系统的斗争。新中国成立后不久，党和人民政府通过制定一系列政策文件，对旧教育进行了改造，又经过了土地改革、抗美援朝、镇压反革命，许多高等学校教师的政治思想已有不少进步。但是这种进步和改革却赶不上国家建设的需要，也落后于青年学生的要求。多数教师虽然在总的政治倾向上已能接受新民主主义的方针政策，但在教育思想、政治学习、工作作风等方面还或多或少地保留着旧思想意识的残余。不少高校教师由于出身和历史的原因，加之受到了封建主义和欧美资产阶级教育思想的影响，他们存在严重的个人主义观点和欧美资产阶级意识，以至于他们在一些原则性、重大政治性的问题上存在不同程度的模糊认识，对党和政府的政策和教育方针存在一些不理解，导致高等教育发展缓慢。

　　针对这一状况，党和政府迫切需要对他们开展思想上的清理、教育和改造工作，使其摒弃封建主义和资本主义的思想残余，帮助他们从思想上、政治上和作风上清除反动影响，提高政治思想觉悟，逐步成为具有社会主义远大理想的无产阶级知识分子，继而成为做思想政治工作、培养时代新人的主力军。因此，对高等学校教师群体进行思想改造工作，成为新中国成立后马克思主义政治理论教育的重要任务。

　　其实，早在《中国人民政治协商会议共同纲领》中就明确提出要"给青年知识分子和旧知识分子以革命的政治教育"①。1950 年 6 月，毛泽东在党的七届三中全会上指出，必须"有步骤地谨慎地进行旧有学校教育事业和旧有社会文化事业的改革工作，争取一切爱国的知识分子为人民服务"②。1951 年 9 月，钱俊瑞提出要"用革命办法办好人民教育"，以使教育为政治经济服务，并提出要使"新中国的每个教师必须成为马克思主义者，必须用马列主义和毛泽东思想武装起自己的头脑"③。1951 年 10 月 23 日，毛泽东在全国政协一届三次会议上的开幕词中指出，要对我国的文化教育战线和各种知识分子广泛开展自我教育和自我改造的运动，"思想改造，首

---

① 中共中央文献研究室编《建国以来重要文献选编》第 1 册，中央文献出版社，1992，第 11 页。
② 《毛泽东文集》第 6 卷，人民出版社，1999，第 71 页。
③ 何东昌主编《中华人民共和国重要教育文献》（1949～1975），海南出版社，1998，第 115 页。

先是各种知识分子的思想改造，是我国在各方面彻底实现民主改革和逐步实行工业化的重要条件之一"①。为此，党和政府在结合知识分子实际状况和我国现代化建设需要的基础上，确定了团结、教育、改造的方针，开始了对知识分子特别是高等学校教师的思想改造运动。

1951年9月下旬，来自北京、天津各高等学校的三千多名教师，在中央人民政府教育部的领导下，率先开展以改造教师思想、改革高等教育为目的的学习运动。参加这次学习运动的包括北京大学、清华大学、师范大学、燕京大学、北京农业大学、辅仁大学、北方交通大学、华北大学工学院、协和医学院、天津大学、南开大学、津沽大学、河北师范学院、河北医学院等二十余所高等院校，学习方式是通过听报告和阅读文件，联系本人思想和学校状况，开展批评与自我批评。为了统一领导北京、天津两市高等学校教师的学习运动，1951年10月教育部成立了京津高等学校教师学习委员会，并在天津成立了京津高等学校教师学习委员会天津总分会，各高校也纷纷成立了学习委员会分会，为正在开展的学习运动提供了统一的组织机构，在其组织和领导之下，有力地推动了京津等地高等学校政治学习运动的蓬勃开展。

为了使广大高等学校教师特别是政治教员对这次学习能有正确的认识，1951年9月29日，周恩来应邀参加了北京、天津高等学校教师学习会，并作了题为《关于知识分子的改造问题》的报告。周恩来结合自己的亲身经历，就知识分子如何坚定工人阶级立场、人民立场、阶级立场、民族立场、革命立场以及分清敌我态度、摒弃中间态度等问题作了深刻阐述，号召广大知识分子在学习和实践中不断改造思想、坚定立场、认清态度。通过周恩来的这个报告，许多校长和教师深受感染，并针对自己的思想进行了公开的自我批评，努力使自己成为高等教育战线的革命战士。

1951年11月2日，北京大学和清华大学分别向教育部学习委员会介绍了政治学习的经验和做法。1951年11月17日，中共中央下发《关于京津高等学校教师政治学习运动经验的通报》明确提出要求："全国各地

---

① 《毛泽东文集》第6卷，人民出版社，1999，第184页。

均应利用此种经验，在本学期或下学期在各专科以上学校领导同样的学习，以便为彻底改造高等教育及清理学校准备条件。"① 1951 年 11 月 25 日，教育部向全国发出《关于京、津高等学校教师思想改造学习运动进行情况和初步经验的通报》。1951 年 11 月 30 日，中共中央下发《关于在学校中进行思想改造和组织清理工作的指示的通知》明确指出："党和人民政府必须进行有系统的工作，以期从思想上、政治上和组织上清除学校中的反动遗迹，使全国学校都逐步掌握在党的领导之下，并逐步取得与保持其革命的纯洁性。"②

为此，京津地区高等学校在政治教员和青年学生中进行系统的马克思列宁主义和毛泽东思想教育。对广大政治教员进行为期一年或一年半的"中国革命史"教育，克服老教师的"黄昏思想"，对个别有反动思想的教师开展斗争，并在青年学生中进行马克思列宁主义教育，提高其阶级觉悟。截止到 1952 年秋，教师思想改造运动基本结束，参加这次思想改造运动的教师占全国高等学校教师总数的 91%，从而使绝大多数教师和广大青年学生在政治上、思想上得到一次深刻集中的清理，划清了敌我界限，划清了工人阶级和资产阶级的思想界限，反革命和资产阶级思想基本被肃清，牢固树立起了无产阶级思想，高等学校师生的政治觉悟和政治热情得到了普遍提高，巩固和扩大了高等学校中马克思列宁主义、毛泽东思想阵地。正如马叙伦在《五年来新中国的高等教育》中所指出的："经过这个运动以后，学校中封建、买办、法西斯主义反动思想受到严重的打击，腐朽的资产阶级思想受到严格的批判，全体教师的觉悟大大提高了一步，这就在高等教育中初步树立了工人阶级思想的领导地位。"③

2. 以马列主义革命教育巩固工人阶级思想的领导地位

通过思想改造，高等学校教师的思想觉悟和思想政治水平显著提升，教师对于学习政治理论的需求也普遍增长。他们迫切要求参与向社会主义

① 中央档案馆、中共中央文献研究室编《中共中央文件选集（一九四九年十月～一九六六年五月）》第 7 册，人民出版社，2013，第 231 页。
② 中央档案馆、中共中央文献研究室编《中共中央文件选集（一九四九年十月～一九六六年五月）》第 7 册，人民出版社，2013，第 285 页。
③ 《中华人民共和国学校思想政治理论课重要文献选编》上册，人民出版社，2022，第 228 页。

过渡的建设任务，在教育事业中发挥积极作用并作出贡献。因而，培养具有社会主义理论水平和理论素养的教育分子，为社会主义培养合格人才的任务迫在眉睫。这一时期，广大高等学校政治理论课教师在参加思想改造的同时，也积极地将思想改造成果运用于实际的政治课教学。1951 年 7 月 24 日，各大行政区教育部门分别召开暑期高等学校政治课讨论会，贯彻政治课的方针任务，交流教学经验，研讨教学内容与方法。教育部对此发出指示："目前思想政治教育以肃清封建、买办、法西斯主义思想，加强爱国思想为首要任务，并用民主批评的方法适当地改造民族资产阶级和小资产阶级的思想，培养学生全心全意为人民服务的革命的人生观。"[1]

　　1951 年 9 月 10 日，教育部下发《关于华北区各高等学校 1951 年度上学期进行"辩证唯物论与历史唯物论"等课教学工作的指示》，除了在原先开设的"社会发展史"课程中增加"辩证唯物论"部分，并将其改为"辩证唯物论与历史唯物论"外，进一步强调了高等学校的政治理论课"是改造学生的思想，树立科学的世界观、革命的人生观和全心全意为人民服务的最基本的课程"[2]。针对高等学校政治理论课程教学实际情况的发展和要求，以及为了加强和提高青年学生的系统理论教育，1952 年 10 月 7 日，教育部发出《关于全国高等学校开设马克思列宁主义、毛泽东思想课程的指示》，强调加强对马克思列宁主义、毛泽东思想的学习、宣传和推广，是"国家今后的政治任务"[3]。该指示对全国不同类型的高等学校学习"新民主主义论""政治经济学""辩证唯物论与历史唯物论"等课程的具体要求作出规定，例如，明确规定：综合性大学及财经艺术等学院应依照第一、二、三年级次序分别开设"新民主主义论""政治经济学"及"辩证唯物论与历史唯物论"，工、农、医等专门学院依照第一、二年级次序分别开设"新民主主义论"及"政治经济学"；三年的专科学校开设课程及先后次序与工、农、医等专门学院相同，二年的专科学校不修"政治经济学"，二年的专修

---

① 中央教育科学研究所编《中华人民共和国教育大事记 1949—1982》，教育科学出版社，1984，第 44 页。
② 教育部社会科学司组编《普通高校思想政治理论课文献选编（1949—2008）》，中国人民大学出版社，2007，第 9 页。
③ 《中华人民共和国学校思想政治理论课重要文献选编》上册，人民出版社，2022，第 165 页。

科第一年级及一年的专修科均修"新民主主义论"，二年以上财经性质的专科学校或专修科第一年级可同时开设"政治经济学"；各类型高等学校及专修科（一年的专修科除外）准备自 1953 年起开设"马列主义基础"，学习时数与"政治经济学"相同；"新民主主义论""政治经济学"及"辩证唯物论与历史唯物论"各为一学年的课程，在讲授"新民主主义论"前两周或三周应增加关于"新民主主义论教学目的"的学习，以端正学生的学习态度；高等师范学校各系科的政治课程，在本部师范教育司发给各地参考的《师范学院教学计划草案》（已发）及《师范专科学校教学计划草案》（即发）上已另有规定，各校如目前尚无条件试行，应根据前四条规定办理。① 并提出以上规定全国高等学校自 1952 年起开始实施。

1952 年 11 月 8 日，教育部对华北区高等学校 1952 年度暑期"新民主主义论"课程的教学讨论会情况进行了通报，并根据当时的国内外形势对"新民主主义论"课程的教学内容提出了七个讲授重点。一是通过"中国革命性质"的讲授，要使学生认识中国革命是反帝、反封建、反官僚资本主义的人民民主革命，明确帝国主义是中国人民的死敌；二是关于工人阶级领导权问题，要对学生具体地说明人民民主革命及社会主义革命都必须由工人阶级领导，没有工人阶级领导，革命就一定不能成功；三是革命工作路线问题，即是从 1927 年以后的工作重点，由乡村包围城市，取得了革命的胜利以后，又由城市来领导乡村，这里面包括了武装斗争与建立根据地问题；四是要使学生明确认识对资产阶级"又团结又斗争"的政策，这是中国革命胜利与失败的关键问题，是中国革命的主要经验之一；五是要使学生体会新民主主义制度的优越性，政治方面要说明我们人民民主专政制度的不断巩固是各项建设的保证，经济方面着重说明国营经济的领导，文化教育方面要着重说明工人阶级思想的领导，说明新民主主义文化教育的基本内容是民族的、科学的、大众的所以能够有着迅速的发展；六是要使学生认识新民主主义发展的前途，新民主主义社会是过渡的，树立学生社会主义、共产主义理想，并激发他们为实现这种理想而努力奋斗的决心；

---

① 参见《中华人民共和国学校思政政治理论课重要文献选编》上册，人民出版社，2022，第 165—166 页。

七是应着重讲明国际方面对于中国革命的援助，尤其是苏联的援助，这贯穿在毛泽东思想的各个部分，必须在讲授中贯穿下去，以加强学生的国际主义思想。

为达到上述教学目的，该通报特别提出，在"新民主主义论"课程的教学方法上，"要启发学生多考虑政治的问题，这是学生思想意识好转的基础，如果不这样做，致使学生不善于从政治上看问题，政治认识不能开扩，陷入个人主义思想意识的狭小范围，政治认识闭塞起来，造成的损失是很大的"①。为此，一些高等学校在"新民主主义论"课程教学时试行课堂讨论，并拟定辅导课堂讨论的计划与步骤。从试行的结果来看，学生的反映是较好的，"一般地都觉得这样先从理论上认识问题的实质，再来联系思想，分析是严正的，认识是深刻的，因之所接受的教育，就具有启发性，辅导员总结发言从客观实际出发，指出正误，就分外感到亲切，因而，提高了自己立场、观点与思想方法的锻炼"②。

在上述基础上，1953 年 6 月 17 日，高等教育部下发《关于改"新民主主义论"为"中国革命史"及"中国革命史"的教学目的和重点的通知》，提出将高等学校一年级开设的"新民主主义论"一律改为"中国革命史"，其讲授、课堂讨论和自学时数同"新民主主义论"课程原规定，指明"中国革命史"的教学目的在于，阐明马克思列宁主义在中国的胜利，系统地讲授毛泽东思想的基础知识，使学生认识中国政治的发展规律，了解中国革命的基本问题和中国共产党的总路线总政策，领会中国共产党和毛主席的光荣、伟大、正确，借以加强爱国主义与国际主义教育，从而提高其思想与政治水平，树立和巩固革命的人生观，为自觉地积极地参加祖国建设做好思想准备。③ 1953 年 7 月 1 日，中共中央下发《关于全国高等学校教师政治理论学习的指示》，要求采取"自愿选修"的原则，主要学习"中国革命史"（一年级必修）、"马列主义基础"、（二年级必修）、"政治经济学"、

① 《中华人民共和国学校思想政治理论课重要文献选编》上册，人民出版社，2022，第 171 页。
② 《中华人民共和国学校思想政治理论课重要文献选编》上册，人民出版社，2022，第 175 页。
③ 参见《中华人民共和国学校思想政治理论课重要文献选编》上册，人民出版社，2022，第 187 页。

（三年级必修）、"辩证唯物论与历史唯物论"（四年级必修）四门公共政治理论课。同时，鼓励有条件的地区或高等学校开设"社会主义经济建设"课程，并在此后三年内，每年增开一种新的课程。在理论学习的时间上，每周二至三小时，包括读文件、讨论、报告和讲授的时间在内。[①]

与此同时，为了加强对高校政治理论师资的培育，以进一步开展对青年学生的政治理论教育，在教育部的统一筹划下，在中国人民大学及部分高等学校创设马克思列宁主义研究班，用以培养高等学校的政治理论师资，并在高校选拔优秀的助教系统地学习马克思列宁主义理论，作为政治理论师资的后备军。在此基础上，全国高等学校还普遍建立了政治工作制度，设立了政治工作机构，以加强政治领导。这就为加强高等学校的马克思列宁主义、毛泽东思想教育，提高广大青年学生政治觉悟，促进他们形成无产阶级世界观提供了重要保证。"通过政治课及时事政策教育和参加各种社会改革运动的实际斗争的锻炼，学生们的思想有了显著的进步，确立了为人民服务的观点和为祖国建设需要而学习的态度。"[②]

二　社会主义人才培养目标的确立与政治理论课调整

1953 年 1 月，政务院文化教育委员会针对文化教育领域存在的重量轻质、贪多冒进、要求过急等问题，提出了"整顿巩固、重点发展、提高质量、稳步前进"的文化教育工作方针。在这一方针的指引下，高等教育确立了为社会主义事业服务的、全面发展的新人的培养目标，并将在坚持唯物主义思想的基础上批判资产阶级唯心主义、实用主义思想作为实现这一目标的重要途径。

（一）确立为社会主义事业服务的、全面发展的新人的培养目标

为了促进社会主义过渡时期教育事业的发展，贯彻过渡时期高等教育方针的要求，培养符合社会主义发展要求的人才成为重要任务。1954 年 1

---

① 参见中央档案馆、中共中央文献研究室编《中共中央文件选集（一九四九年十月～一九六六年五月）》第 13 册，人民出版社，2013，第 1—2 页。

② 《中华人民共和国学校思想政治理论课重要文献选编》上册，人民出版社，2022，第 228 页。

月，钱俊瑞指出，加强政治思想教育是"培养积极参加社会主义建设和保卫祖国的全面发展的新人的关键问题"①，虽然目前初步树立了工人阶级思想的领导地位，但资产阶级思想在极大范围内还占据优势地位，如还存在轻视劳动、不问政治等倾向。1954年3月，教育部提出"今后加强和改进思想政治教育，应增强社会主义思想，彻底批判教职员中的资产阶级思想"，"以加强爱国主义教育、劳动教育、集体主义教育和纪律教育为重点"。② 这就从根本上规定了思想政治教育的重点和社会主义的发展方向，即提高学生的社会主义觉悟，使之为国家的建设和发展奋斗。1954年8月，教育部再次提出"要以社会主义思想教育学生，使他们建立社会主义方向和辩证唯物论世界观的基础，并培养共产主义道德"③。在此基础上，1955年4月，高等教育部提出，政治思想工作要"不断提高学生的社会主义觉悟，培养学生的马克思列宁主义世界观和共产主义道德品质"，即是说"要把学生培养成为懂得马克思列宁主义理论基础，掌握现代最新的科学技术知识，身体健康，并全心全意为社会主义建设事业服务的各种高级专门建设人才"。④

上述情况表明，我国政治思想教育工作的指导思想已经发生了转变，由"新民主主义的政治思想教育"转变为"以社会主义思想教育学生"。

具体来看，在批判对象上，由《中华人民共和国政治协商会议共同纲领》所确定的"肃清封建的、买办的、法西斯主义的思想"转变为"批判教职员中的资产阶级思想"和继续肃清封建买办思想残余。在价值观培育上，由"培养学生全心全意为人民服务的革命的人生观"转变为"培养学生的马克思列宁主义世界观"。在服务对象上，由"为工农服务、为生产建设服务"转变为"为人民服务、为社会主义建设事业服务"。在培养目标上，由"提高人民文化水平，培养国家建设人才"转变为"培养成为懂得马克思列宁主义理论基础，掌握现代最新的科学技术知识，身体健康，并全心

---

① 何东昌主编《中华人民共和国重要教育文献》（1949～1975），海南出版社，1998，第288—289页。
② 何东昌主编《中华人民共和国重要教育文献》（1949～1975），海南出版社，1998，第299页。
③ 董纯才：《为培养社会主义全面发展的成员而努力》，《人民教育》1954年第8期。
④ 教育部社会科学司组编《普通高校思想政治理论课文献选编（1949—2006）》，中国人民大学出版社，2007，第20页。

全意为社会主义建设事业服务的各种高级专门建设人才"。在道德品质上，由
"提倡爱祖国、爱人民、爱劳动、爱科学、爱公共财物的国民公德"转变为
"培养学生的……共产主义道德品质"。培养学生的共产主义道德品质，就是
要"培养他们的爱国主义、国际主义和集体主义思想，培养他们独立创造、
勇敢顽强的精神，培养他们对待劳动与公共财物的共产主义态度和遵守纪律、
尊敬师长、忠诚老实、生活朴素整洁等优良品质以及高度的政治警惕性"[1]。

　　显然，共产主义道德品质比国民公德有着更广的内涵和更高的要求。
这就要求在过渡时期，国家的高等教育事业要向社会主义甚至共产主义迈
进，随之制定的人才培养目标也有了更高的标准和要求，只有这样，才能
培养出具有社会主义觉悟的、为社会主义事业服务的、全面发展的新人。

　　（二）以马克思主义批判资产阶级唯心主义思想

　　随着社会主义改造和社会主义建设事业的发展，国内的阶级斗争变得
复杂和尖锐，国内外阶级敌人采取种种方法来破坏我们的建设事业，其中
最主要的方法就是鼓吹资产阶级唯心主义思想，企图用资产阶级的腐朽思
想和生活方式，直接地、间接地影响、腐蚀和毒害青年学生。而在过去几
年中，高等学校政治理论课虽然配合了各种运动，促使工人阶级思想的领
导地位在高等学校中初步树立起来，对资产阶级思想进行了初步批判，取
得了较大成效，但在工作中对资产阶级思想批判的效果很差。"目前学校教
师学生政治思想情况如何呢？一般说工人阶级思想已承认为合法的领导思
想，但资产阶级思想在极大范围内还占着优势，如轻视劳动、不问政治、
个人名誉地位等思想还相当多。封建买办残余思想还有相当大的比重。"[2]
因此，在社会主义过渡时期进行思想斗争，不仅要进一步肃清封建买办残
余思想，而且要着重用工人阶级思想深刻地批判资产阶级思想，"对于青年
一代，应当好好地用社会主义的思想把他们的头脑武装起来，使他们能抵
制资产阶级思想的侵蚀"[3]。

---

① 教育部社会科学司组编《普通高校思想政治理论课文献选编（1949—2006）》，中国人民大
　　学出版社，2007，第20页。
② 《中华人民共和国学校思想政治理论课重要文献选编》上册，人民出版社，2022，第201页。
③ 《中华人民共和国学校思想政治理论课重要文献选编》上册，人民出版社，2022，第222页。

针对这种情况，1955 年 3 月 1 日，中共中央下发了《关于宣传唯物主义思想批判资产阶级唯心主义思想的指示》，指出"马克思列宁主义的理论基础是辩证唯物主义和历史唯物主义，而任何形式的资产阶级思想的核心就是唯心主义世界观。因此，党在思想工作中最根本的任务，就是宣传唯物主义的思想，反对唯心主义的思想"①。1955 年 4 月 25 日，高等教育部根据中央精神部署开展宣传唯物主义思想及批判资产阶级唯心主义思想的工作，指明"教师中对于社会主义事业敌对的资产阶级思想，首先对它的核心唯心主义的世界观，必须进行系统的批判"②，且明确提出，高等学校教师要系统地学习辩证唯物主义和历史唯物主义，并利用时事学习和结合政治理论课来宣传唯物主义，有效开展对资产阶级唯心主义思想的批判，逐步清除资产阶级唯心主义思想在高等教育领域的影响，树立马克思列宁主义的唯物主义思想。

在对资产阶级唯心主义思想进行批判的同时，高等教育领域进一步将矛头指向杜威、胡适等推崇的实用主义教育思想。1955 年 11 月 4 日，中共中央转发教育部党组印发的《〈关于实用主义思想在中国教育的影响和批判实用主义教育思想的初步计划〉的批示》，强调"在教育工作者中宣传唯物主义思想，批判资产阶级唯心主义的思想是进一步进行教师思想改造，是完成普通教育根本改革的核心问题"③。该计划揭示了实用主义教育思想在中国的发展演进、对于当时高等教育工作的影响、批判实用主义教育思想的初步计划等。

首先，由于实用主义反对唯物主义、反对客观真理、反对革命、反对事物的发展的观点等，它和马克思主义是根本不相容的。其次，实用主义对青年学生思想政治教育和共产主义道德的培养，采取漠不关心的态度，表现为忽视政治倾向、轻视文科、忽视教学目的等。再次，实用主义对我国当时采取的对教学计划、教学大纲、教学方法的严格组织，对师生的严格要

---

① 中共中央文献研究室编《建国以来重要文献选编》第 6 册，中央文献出版社，1993，第 64 页。
② 《中华人民共和国学校思想政治理论课重要文献选编》上册，人民出版社，2022，第 243 页。
③ 何东昌主编《中华人民共和国重要教育文献》（1949～1975），海南出版社，1998，第 534 页。

求等产生抵抗，片面强调教育无目的、自由散漫、儿童本位、教师占辅导地位等观点。① 这种观点与我国的马克思主义教育方针存在明显分歧，因而，教育部要求"教师应树立对学生'全面发展'负责的思想，在教学活动中贯彻政治思想教育，培养与加强学习纪律，把'教学'与'教养'结合起来"②。

为此，教育部计划在这今后的两年里，必须对实用主义进行批判，清除资产阶级教育思想体系的影响，更进一步建立和巩固马克思列宁主义教育思想体系。"不断加强马克思列宁主义教育是培养青年正确的世界观、提高社会主义觉悟、增强他们对资产阶级思想侵袭的抵抗力的根本方法。"③具体的措施是"破""立"并举，不仅要"破"，更主要的是"立"。要求用马克思列宁主义及其关于教育科学的观点，来批判我国存在的实用主义教育思想，并在批判的过程中结合对辩证唯物主义与历史唯物主义基本理论的学习，以马克思主义指引文化教育领域中的意识形态向着社会主义方向发展。

为了使青年学生具有鉴别唯物主义和唯心主义思想的能力，并在学成之后能够较为深入的批判唯心主义思想，更有效的宣传唯物主义思想，1957年4月22日，高等教育部下发《关于在若干有条件的高等学校试开"唯心主义派别的学说介绍与批判"课程或讲座的通知》，指明试开"唯心主义派别的学说介绍与批判"课程或讲座的目的和要求主要有以下三点。一是使学生了解与自己所学专业有关的重要唯心主义派别的学说的内容，教育学生能够正确地区别什么是唯物主义和什么是唯心主义学说；二是扩大学生的眼界，丰富学生的知识和思想，培养学生的独立思考能力和批判唯心主义的能力；三是教育学生懂得如何批判、改造、吸收唯心主义学说中某些可以用的资料，既要反对和防止对唯心主义的学术思想不加批判地接受或采用调和折中的态度，也要防止和纠正对待文化学术的狭隘观念和对唯心主义学说单纯简单否定一切的态度。④ 由此可见，讲授这些课程主要是要求

---

① 何东昌主编《中华人民共和国重要教育文献》（1949～1975），海南出版社，1998，第535页。
② 何东昌主编《中华人民共和国重要教育文献》（1949～1975），海南出版社，1998，第489页。
③ 何东昌主编《中华人民共和国重要教育文献》（1949～1975），海南出版社，1998，第489页。
④ 《中华人民共和国学校思想政治理论课重要文献选编》上册，人民出版社，2022，第271页。

高等学校的政治理论课教师能对某一学说作系统的全面的介绍，并用辩证唯物主义观点进行分析批判。而在实际的宣传和批判工作中，各高等学校政治理论课结合课程情况，逐步组织唯物主义宣传和学术批判的专题报告的讲演，如关于胡适、胡风、俞平伯及其他典型的资产阶级唯心主义思想批判的报告、讲演等，组织各教研组对教学内容和教学方法进行研究，并定期举办科学座谈会和报告会，开展自由讨论和批评，开展思想斗争，借以帮助青年学生逐步掌握马克思列宁主义的唯物主义思想。

（三）社会主义意识形态在高校政治理论课中的贯彻

经过新中国成立初期七八年的马克思列宁主义、毛泽东思想教育，有效地维护了新生人民政权的意识形态安全。但随着社会形势的发展变化，特别是 1956 年苏共二十大的召开，对社会制度、思想观念、意识形态方面造成了重大的冲击，意识形态安全问题再次凸显。

为此，中共中央提出要反对苏联现代修正主义的影响，坚决捍卫马克思主义在我国意识形态中的指导地位，反对各种歪曲和否定马克思列宁主义、社会主义的行为。社会主义改造完成后，为了适应马克思主义教育和社会主义建设的需要，培养"有社会主义觉悟的有文化的劳动者"，中共中央提出党的教育工作方针"是教育为无产阶级的政治服务，教育与生产劳动结合"。这一方针回答了社会主义教育"怎样培养人""为谁培养人"的问题，为高校政治理论课铸魂育人提供了基本遵循。

1. 社会主义教育方针的提出

社会主义革命时期，过度强调对知识分子的改造和教育的专门化，曾一度出现忽视政治思想教育与生产劳动教育的结合，以致出现淡漠政治、鄙视劳动的看法。在这种背景下，毛泽东在 1957 年 2 月 27 日发表的《关于正确处理人民内部矛盾的问题》中明确提出："我们的教育方针，应该使受教育者在德育、智育、体育几方面都得到发展，成为有社会主义觉悟的有文化的劳动者。"[①] 在党的教育方针中，毛泽东将德育、智育、体育看作一个相互联系的有机整体，并且把德育放在这几个方面的首要位置，彰显了

---

① 《毛泽东文集》第 7 卷，人民出版社，1999，第 226 页。

党的教育方针的价值立场和原则方向。所谓德育，就是"发展共产主义的情操、风格和集体英雄主义的气概，就是我们时代的德育"①。

之所以强调重视德育，是因为相较于教育工作对智育、体育等方面的关注，对德育的关注稍显不足，进而产生"培养什么人"的问题，出现了对马克思主义信仰不坚定和淡漠政治的倾向。"在一些人的眼中，好像什么政治，什么祖国的前途、人类的理想，都没有关心的必要。好像马克思主义行时了一阵，现在就不那么行时了。"② 与此同时，"不少青年人由于缺少政治经验和社会生活经验，不善于把旧中国和新中国加以比较，不容易深切了解我国人民曾经怎样经历千辛万苦的斗争才摆脱了帝国主义和国民党反动派的压迫，而建立一个美好的社会主义社会要经过怎样的长时间的艰苦劳动"③。

因此，在这种情况下，中共中央和毛泽东认为必须要在青年学生中进行生动的、切实的政治教育，明确"培养什么人"这个原则性问题，树立正确的政治观点。"在思想上要有所进步，政治上也要有所进步，这就需要学习马克思主义，学习时事政治。"④ 通过学习马克思主义和时事政治来改造青年学生的思想，发挥党组织、青年团、政府主管部门和学校的校长、教师的作用来抓这项工作，共同承担起思想政治工作的任务。

党的教育方针还明确提出教育的目标，就是要将受教育者培养成为"有社会主义觉悟的有文化的劳动者"，这是毛泽东对马克思主义关于未来社会里"全面发展的人"的思想与我国社会主义建设实际相结合的体现。恩格斯认为："根据共产主义原则组织起来的社会，将使自己的成员能够全面发挥他们的得到全面发展的才能。"⑤ 马克思恩格斯设想人的自由而全面的发展、每个成员得以全面发挥其才能，只有在共产主义这个共同体中才能实现。在社会主义改造完成后，我国建立了社会主义制度，大多数知识分子认同并拥护这个制度。然而，一些教育工作者和知识分子出现"教育

---

① 《毛泽东文集》第 7 卷，人民出版社，1999，第 398—399 页。
② 《毛泽东文集》第 7 卷，人民出版社，1999，第 226 页。
③ 《毛泽东文集》第 7 卷，人民出版社，1999，第 236 页。
④ 《毛泽东文集》第 7 卷，人民出版社，1999，第 226 页。
⑤ 《马克思恩格斯文集》第 1 卷，人民出版社，2009，第 689 页。

脱离生产劳动、脱离实际，并且在一定程度上忽视政治、忽视党的领导的错误"①。为了克服教育工作中的右倾思想，更好地发展社会主义的教育事业，必须要强调劳动是实现向共产主义过渡的前提，社会主义不用劳动的想法是不切实际的幻想。

为此，1958 年 9 月 19 日，中共中央和国务院根据全国教育工作会议的精神，颁布《关于教育工作的指示》。该指示明确宣布："党的教育工作方针，是教育为无产阶级的政治服务，教育与生产劳动结合。"② 这既是中国共产党的教育工作方针，也是我们国家的教育工作方针。如果说 1957 年毛泽东在《关于正确处理人民内部矛盾的问题》中指出的教育工作方针是为了回答"培养什么人"的问题，那么 1958 年《关于教育工作的指示》则是为了回答"怎样培养人"和"为谁培养人"的问题，首次旗帜鲜明地提出党的教育方针就是"为无产阶级的政治服务"，即为无产阶级政治培养人的问题。

在社会主义社会实行教育与生产劳动结合的方针，是将青年学生同劳动群众结合在一起的重要方式，也是符合我国社会主义社会"工农群众知识化，知识分子工农化"特征，逐步克服"劳心与劳力的分离"，实现"脑力劳动与体力劳动的结合"的教育方针。也只有这样，才能使新教育培养出来的劳动者，既懂政治又懂文化，既能动手又能动脑，只有走与劳动人民相结合的道路，才能培养出"又红又专的工人阶级知识分子"，即"有社会主义觉悟的有文化的劳动者"。

2. 在高校开设"社会主义教育"课程

社会主义改造完成后，我国进入大规模的社会主义建设阶段，为了培养符合社会主义建设需求的人才，培养拥护社会主义制度的"又红又专的工人阶级知识分子"，1957 年 12 月 10 日，高等教育部和教育部共同下发《关于在全国高等学校开设社会主义教育课程的指示》，决定在全国高等学

---

① 教育部社会科学司组编《普通高校思想政治理论课文献选编（1949—2006）》，中国人民大学出版社，2007，第 37 页。

② 中共中央文献研究室编《建国以来重要文献选编》第 11 册，中央文献出版社，1995，第 490 页。

校各年级普遍开设"社会主义教育"课程，以适应正在开展的大规模的社会主义建设。作为这一时期新开设的一门政治理论课，"社会主义教育"课程的鲜明特征主要表现为如下三个方面。

一是课程开设的普遍性。根据高等教育部和教育部的指示，"在全国高等学校各年级普遍开设'社会主义教育'课程，全体学生和研究生必须无例外地参加学习"①。同时，为了配合该课程的开设，各学校和班级在学习期间，原应开设的四门政治课一律停开。

二是课程开设的针对性。该指示指出，"社会主义教育"课程的开设就是为了解决"大鸣大放期间和反右派斗争中暴露出来的政治思想问题"，希望通过对这一课程的学习，"能够达到改造思想、提高社会主义觉悟的目的"。② 该指示要求在开展教学的过程中，"必须密切联系学生思想实际，用工人阶级思想批判资产阶级思想、小资产阶级思想，用马列主义的立场、观点、方法克服非马列主义的立场、观点、方法"③。

三是课程开设的计划性。针对"社会主义教育"课程的学习，高等教育部和教育部给予了高度重视和系统规划，要求各地"必须在省（市）、自治区党委与学校党委的统一领导下进行，各院校的院校长和其他主要领导干部，应亲自负责认真领导和具体帮助这一课程的教学工作"④。

此外，该指示还明确规定在课程开设之前，必须做好教师、辅导员和学生的动员和准备工作，明确学习的意义与目的，"教师和辅导员并要走前一步，首先组织自己学习，掌握文件的内容与精神，在教学过程中，要深入群众，与学生密切联系，了解学生思想情况，结合学生思想进行教学工作"⑤。

---

① 教育部社会科学司组编《普通高校思想政治理论课文献选编（1949—2006）》，中国人民大学出版社，2007，第 31 页。

② 教育部社会科学司组编《普通高校思想政治理论课文献选编（1949—2006）》，中国人民大学出版社，2007，第 31 页。

③ 教育部社会科学司组编《普通高校思想政治理论课文献选编（1949—2006）》，中国人民大学出版社，2007，第 31 页。

④ 教育部社会科学司组编《普通高校思想政治理论课文献选编（1949—2006）》，中国人民大学出版社，2007，第 32 页。

⑤ 教育部社会科学司组编《普通高校思想政治理论课文献选编（1949—2006）》，中国人民大学出版社，2007，第 32 页。

1958 年 2 月 24 日至 3 月 4 日，教育部召开北京、上海、天津、江苏、辽宁等省、市"社会主义教育"课程汇报会，认为"社会主义教育"课程的开设，"克服了过去学校政治思想教育中存在的脱离革命实际和脱离学生思想实际的缺点"，它"既是社会主义革命和社会主义建设的基础知识课，又是兴无产阶级思想、灭资产阶级思想的思想教育课"。[①]

通过"社会主义教育"课程的开设，我国高校的政治理论课取得了较为显著的成绩，在师生中广泛进行了思想改造的工作，使青年学生受到一次实际的阶级教育，提高了他们的社会主义思想觉悟，有力地掀起了反对资产阶级右派的斗争，为社会主义建设培养了大量的有用人才，为社会主义现代化建设和意识形态建设作出了贡献。

三 "教育革命"与政治理论教育的强化

随着社会主义现代化建设"大跃进"在全国轰轰烈烈的展开，教育领域也掀起了"跃进"的高潮，这在教育发展史上称为"教育革命"，与之相伴随的是我国高等学校政治理论教育的强化。

（一）"教育革命"的兴起与政治理论课的改进

1958 年 2 月 1 日至 11 日，全国人大一届五次会议在北京召开。会议号召全国各族人民鼓足干劲，力争上游，为争取 1958 年国民经济新的跃进和第二个五年计划创造一个良好的开端而奋斗。在会议上，周恩来提出思想教育战线上存在两种斗争，一是"两条道路"的斗争，二是"多快好省"和"少慢差费"的斗争，必须用更好、更快的方法，"使落后的赶上先进，先进的更先进，把教育工作大大推向前进"[②]。

1958 年 4 月 15 日至 24 日和 6 月 10 日至 28 日，中共中央分两个时间在北京召开教育工作会议，会议传达了刘少奇关于教育工作的指示，指出我

---

① 中央教育科学研究所编《中华人民共和国教育大事记 1949—1982》，教育科学出版社，1984，第 215—216 页。

② 中央教育科学研究所编《中华人民共和国教育大事记 1949—1982》，教育科学出版社，1984，第 214 页。

国的教育内容是"社会主义、共产主义",我们的学校是"共产主义的学校",因此"要用阶级观点、群众观点、劳动观点(生产观点)、唯物观点和辩证观点、集体观点教育学生"①。这是我国在建立社会主义制度后,中共中央为探索社会主义教育发展道路而召开的一次重要会议,对教育性质、教育方针以及教育内容等方面进行了明确规定,为我国社会主义教育事业的发展起步定调。

1958年5月5日,在中共八大二次会议上,刘少奇在向代表作工作报告时指出,根据社会主义建设总路线的要求,经济战线、政治战线和思想战线上的社会主义革命已经基本上获得胜利,中共中央现在提出新的革命任务,即积极进行"技术革命以及同技术革命相辅而行的文化革命"②。会后,全国各级各类学校深入学习、贯彻社会主义建设总路线,向文化技术革命进军,掀起了"教育大跃进"和"教育大革命"运动。

1958年9月19日,中共中央、国务院发布《关于教育工作的指示》,充分肯定了自新中国成立以来我国教育工作在党的领导之下取得的巨大成绩,也指出了在一定时期内出现的脱离生产劳动、脱离实际和一定程度上忽视政治、忽视党的领导的错误。该指示明确了在贯彻社会主义建设总路线中开展党的教育革命,并提出了党的教育工作的历史任务,就是要"坚持党的教育工作的方针,反对右倾思想和教条主义……培养出一支数以千万计的又红又专的工人阶级知识分子的队伍"③。为此,该指示规定:"在一切学校中,必须进行马克思列宁主义的政治教育和思想教育,培养教师和学生的工人阶级的阶级观点(同资产阶级进行斗争),群众观点和集体观点(同个人主义观点进行斗争),劳动观点即脑力劳动与体力劳动结合的观点(同轻视体力劳动和体力劳动者、主张劳心劳力分离的观点进行斗争),辩证唯物主义的观点(同唯心主义和形而上学的观点进行斗争)。必须改变政

---

① 中央教育科学研究所编《中华人民共和国教育大事记1949—1982》,教育科学出版社,1984,第221页。
② 中共中央文献研究室编《建国以来重要文献选编》第11册,中央文献出版社,1995,第302页。
③ 中共中央文献研究室编《建国以来重要文献选编》第11册,中央文献出版社,1995,第489页。

治教育中脱离我国社会主义革命和社会主义建设的实际、脱离具体教育对象的教条主义的教学方法。评判学生学习成绩的时候，应当把学生的政治觉悟放在重要的地位，并且应当以学生的实际行动来衡量学生的政治觉悟的程度。轻视政治思想工作和拒绝在学校中设政治课，不论用什么借口，都是错误的。"①

为了实现上述教育目标，1961 年 4 月 8 日，教育部发布《改进高等学校共同政治理论课程教学的意见》，提出高等学校"共同政治理论"课要"向学生进行理论和实践统一的马克思列宁主义教育，帮助他们理解马克思列宁主义、毛泽东著作，了解党的路线、方针、政策；引导他们以马克思列宁主义基本原则为指导，去观察问题、研究学问和处理工作"②。由此，规定高等学校"共同政治理论"课程包括两大部分：一是马克思列宁主义基础理论（主要是中共党史、马克思列宁主义基础、政治经济学、哲学四门）；二是形势和任务（主要内容是讲解国内外形势，党和国家的任务、方针、政策）。因而，在教学方法上，政治理论课教师要着重帮助学生理解经典著作和阅读教科书，并注意引导学生运用理论分析实际问题，即做到理论分析和实际运用相结合。

在这方面，清华大学较为典型。从 1958 年以来，清华大学师生开展了学习马克思列宁主义，特别是学习毛主席哲学著作的学习运动。大量事实说明，学习和运用毛泽东思想，不仅提高了全校师生的政治水平，而且在科学研究的工作中，使他们在方法论上得到正确的指导。电机系学生解决程序控制机床的电子计算机的不稳定问题，就是一个实际例证。一开始，电子计算机总不稳定，工作不听指挥，出现种种"怪现象"，不同的人接触它就会发生不同的现象。大家对它没有办法，叫它"疯子"。工作时提心吊胆，就怕它"发疯"。有人因此认为规律"不可知"，只好瞎碰。他们学习了毛主席的哲学著作后，懂得了客观事物都是有规律的、可知的；现象是本质的反映，透过现象可以掌握本质。他们懂得了矛盾是普遍存在的，只

---

① 中共中央文献研究室编《建国以来重要文献选编》第 11 册，中央文献出版社，1995，第 491 页。

② 《中华人民共和国学校思想政治理论课重要文献选编》上册，人民出版社，2022，第 343 页。

有揭露矛盾，才能解决矛盾，回避矛盾或随意瞎碰，是不能解决问题的。于是大家认识明确，信心大增。遇到"怪现象"不再害怕了，认识到这些现象正是寻找本质的好线索，因而不但不回避它，反而欢迎它，甚至还要有意用难题来考验计算机，主动引起"怪现象"加以考察。这样，终于透过现象，掌握本质，找到了它"发疯"的原因。他们还根据毛主席《矛盾论》中所说外因要通过内因起作用的道理，分析了计算机"发疯"的外因和内因，决定首先要着重提高计算机内部的抗扰性能，而不能单靠回避外界的干扰去解决问题。这样，他们经过有目的的实践，主动揭露矛盾和解决矛盾，终于治好了电子计算机的"疯病"，使它能够稳定运作。同学们因此兴奋地说："这是毛主席思想指导我们揭露了计算机的稳定规律，攻破了不可知论。"①

（二）马克思主义教育社会化

政治教育与生产劳动相结合，是马克思主义教育的一个基本原则。社会主义教育运动是在知识分子中间开展的一场旨在加强阶级教育和革命教育的运动，是理论教育与实践教育的有机结合。从 1963 年开始，中共中央决定在知识分子中间开展一次社会主义教育运动，以期解决他们思想中的"两条道路""两个斗争"的问题。在这场运动中，广大高校师生深入农村，在基层实践中锻炼自己的意志和思想，接受了一场深刻的阶级教育，进而推动了马克思主义教育的社会化。

1. "重新教育人"：社会主义教育运动的展开

1961 年 11 月 13 日，中共中央下发《关于在农村进行社会主义教育的指示》，提出要"针对农民群众和农村干部中间还存在的思想问题，普遍地进行一次社会主义教育"，"发扬他们爱国爱社的热情，提高他们克服困难的信心，鼓舞他们发展生产的干劲，促使人民公社更加巩固"。② 1962 年 8 月在北戴河召开的中央工作会议和 9 月党的八届十中全会上，毛泽东提出社

① 《中华人民共和国学校思想政治理论课重要文献选编》上册，人民出版社，2022，第318—319 页。
② 中共中央文献研究室编《建国以来重要文献选编》第 14 册，中央文献出版社，1997，第765—766 页。

会主义社会是一个相当长的历史阶段，在这个阶段中，还存在阶级、阶级矛盾和阶级斗争，存在社会主义同资本主义"两条道路"的斗争，存在资本主义复辟的危险。[①]

为此，中共中央决定在知识分子中间开展一场旨在加强阶级教育和革命教育的社会主义教育运动，培养人们的阶级觉悟和阶级意识。学生参加生产劳动，是党的教育方针的基本内容，也是开展社会主义教育的重要方式。从广义上来说，思想政治教育不仅要在学校中开展理论教育，还应该在实践中进行劳动教育，它能够将理论学习和实践锻炼紧密联系在一起。

1963 年，中共中央决定在全国开展农村社会主义教育运动，它是发动知识分子联系实际、联系群众的重要方式，也是马克思主义教育社会化的重要途径。1963 年 4 月 10 日，时任东北局第一书记的宋任穷在贯彻中央提出的"要不间断地进行阶级和阶级斗争的教育，防止和反对修正主义"指示后，在东北农村率先推进社会主义教育运动。在社会主义教育运动中，坚持正面教育和群众自我教育以及对青年进行阶级教育，"以阶级和阶级斗争的教育为中心，串连、启发贫、下中农进行回忆对比"，以"启发群众的阶级觉悟、社会主义觉悟"。[②] 通过回忆村史、家史、社史、厂史，开展学习雷锋运动，展览革命斗争、阶级斗争的实物，读红色书籍等方式，使群众在面对农村出现的各种矛盾和斗争时，能够辨明是非，划清界限，提高了农民的生产积极性。

1963 年 5 月 10 日，中共中央发布《关于抓紧进行农村社会主义教育的批示》，充分肯定了东北和河南两地在开展农村社会主义教育运动中的方法和经验，自此社会主义教育运动在全国范围内大规模开展起来。1963 年 5 月 20 日，中共中央印发《关于目前农村工作中若干问题的决定（草案）的通知》，充分肯定了在农村普遍地开展社会主义教育运动的意义，能够"分清敌我矛盾，分清人民内部矛盾，分清是非，以便团结百分之九十五以上

---

① 参见中共中央文献研究室编《建国以来重要文献选编》第 15 册，中央文献出版社，1997，第 653 页。
② 中央档案馆、中共中央文献研究室编《中共中央文件选集（一九四九年十月～一九六六年五月）》第 43 册，人民出版社，2013，第 126—129 页。

的农民群众和农村干部，共同对付社会主义的敌人"①。

1963 年 9 月，中共中央发布《关于农村社会主义教育运动中一些具体政策的规定（草案）》，根据各地的试点充分肯定和证明了毛泽东关于社会主义社会的阶级、阶级矛盾和阶级斗争的分析和指示，农村社会主义教育运动"对于打退曾经嚣张一时的资本主义势力和封建势力的猖狂进攻，对于巩固农村社会主义阵地和无产阶级专政，对于铲除发生修正主义的社会基础，对于巩固集体经济、发展农业生产，都有着极其重大的作用"②。该规定（草案）肯定了这次农村社会主义教育运动，是一次深刻的社会主义革命运动，也是一次"重新教育人"的斗争。它既是同资本主义势力和封建势力作斗争，又是将其中绝大多数人改造为新人，还是干部和群众一道参加生产劳动和科学实验的运动，对于培养人们的阶级意识和革命意识具有重要意义。

2. "最生动的政治课"：高校师生参加社会主义教育运动

劳动教育是青年掌握"共产主义知识"的关键环节，是淬炼"全能青年"的必由之路。随着农村社会主义教育运动轰轰烈烈的开展，广大民众的思想水平、阶级斗争和政治立场发生了很大的改变，全社会得到了一场卓有成效的深刻教育。在这种形势下，在高等学校师生中推行这场社会主义教育运动随之被提上了重要日程。这场社会主义教育运动既可以使理论教学和劳动生产相结合，又可以加强对青年学生的思想政治教育，成为政治理论课落地生根的重要抓手。

1963 年 6 月 5 日，《人民日报》发表《坚持不懈地好好组织学生参加生产劳动（社论）》，充分肯定了学生在生产劳动中学习到阶级斗争的教育，增加了对反动统治的仇恨，站稳了立场，提高了觉悟，争取做革命的接班人。③ 1963 年 10 月 14 日，教育部印发《关于高等学校文科学生参加农村社会主义教育运动问题的通知》，提出在农村中进行的社会主义教育运动，"是向学生进行阶级和阶级斗争教育的良好时机"，"文科各类专业的学生，

---

① 中央档案馆、中共中央文献研究室编《中共中央文件选集（一九四九年十月～一九六六年五月）》第 43 册，人民出版社，2013，第 160 页。
② 中央档案馆、中共中央文献研究室编《中共中央文件选集（一九四九年十月～一九六六年五月）》第 44 册，人民出版社，2013，第 336 页。
③ 《坚持不懈地好好组织学生参加生产劳动（社论）》，《人民日报》1963 年 6 月 5 日。

除毕业班外，都应该参加农村社会主义教育运动"。① 同时，对于文科的不同专业，因其专业性质不同也规定了参加运动的不同时间和过程。"马克思列宁主义基本理论各专业（政治、政治经济学、哲学）和政法、部门经济等方面各专业学生，应尽可能参加运动的全部过程或主要过程，时间在三个月以内；一般文科各专业（中文、历史、教育等专业）学生，应尽可能参加运动的主要过程，如果安排有困难，也可以缩短一些实践，但至少在一个半月以上；外国语、艺术各专业的学生，以参加一小段时间为宜。"②

1964 年 9 月 11 日，中共中央、国务院下发《关于组织高等学校文科师生参加社会主义教育运动的通知》，指出"文科脱离实际的倾向十分严重，资产阶级的和修正主义的思想影响相当普遍"。这种现象的出现和加剧，"不仅严重影响到我们的革命下一代的成长，而且由于文科毕业生将来会掌握国家的上层建筑，就使我国有发生'和平演变'的危险"③。为此，中共中央、国务院要求必须"组织高等学校文科师生参加正在全国开展的伟大的社会主义教育运动，使他们在实际的阶级斗争中接受教育和锻炼，提高社会主义觉悟，进行世界观的改造"④。

对于高等学校师生来说，这场社会主义教育运动旨在解决两个方面的问题：一是解决理论学习和劳动教育的关系；二是以无产阶级思想改造非无产阶级思想。"只有这样，才能使文科师生走出'书斋'，逐步克服长期存在的从书本到书本、从概念到概念，脱离生产劳动，脱离实际的不良学风；才能有效地抵制封建主义和资本主义思想的侵蚀，挖掉修正主义的根子，培养出无产阶级革命事业的接班人。"⑤ 文科师生参加社会主义教育运

---

① 何东昌主编《中华人民共和国重要教育文献》（1949～1975），海南出版社，1998，第1220 页。

② 何东昌主编《中华人民共和国重要教育文献》（1949～1975），海南出版社，1998，第1220 页。

③ 何东昌主编《中华人民共和国重要教育文献》（1949～1975），海南出版社，1998，第1312 页。

④ 何东昌主编《中华人民共和国重要教育文献》（1949～1975），海南出版社，1998，第1312 页。

⑤ 何东昌主编《中华人民共和国重要教育文献》（1949～1975），海南出版社，1998，第1312 页。

动，主要是使他们"在伟大的群众革命运动中接受教育和锻炼"，而参加社会主义教育运动"应该以当学徒的精神，学习做群众工作，调查研究，扎根串联工作，学习进行阶级斗争和群众运动的经验"。① 同时，在立足于高等学校文科师生特点以及组织参加实际斗争和生产劳动的基础上，"让他们结合实际斗争，学习马克思列宁主义，学习毛泽东同志的著作和党的方针政策"②，从而使他们在思想上有所进步。此外，高等教育部还组织专门力量，协同各地党委做好社会主义教育运动，并派专人随同师生下乡下厂蹲点，调查研究文科师生参加此项运动的情况和问题，并总结经验。

在高等学校文科师生轰轰烈烈参加社会主义教育运动并取得显著成绩的背景下，中共中央开始考虑将其他学科的师生纳入社会主义教育运动的范围，以进一步改造广大师生的思想，明确其政治立场。1965 年 2 月 2 日，中共中央、国务院下发《关于组织高等学校理、工科师生参加社会主义教育运动的通知》，明确指出"高等学校理、工科师生，原则上应同文科一样，必须积极参加伟大的社会主义教育运动，在实际的阶级斗争中受到教育和锻炼"③。据不完全统计，到 1965 年底，全国约有 395 所高等学校的 22 万师生参加了城乡社会主义教育运动。社会主义教育运动从实践层面锻炼了广大师生，提高了他们的阶级觉悟和斗争意识，从而普遍地推动了马克思主义教育社会化。

四　反修防修与高校政治理论课的革命化

20 世纪 60 年代，苏联现代修正主义对我国意识形态领域产生了一系列负面影响。在此背景之下，我国高等学校大力开展马克思主义意识形态教育，政治理论课在批判苏联现代修正主义、同资产阶级争夺青年一代的基

---

① 何东昌主编《中华人民共和国重要教育文献》（1949～1975），海南出版社，1998，第 1313 页。
② 何东昌主编《中华人民共和国重要教育文献》（1949～1975），海南出版社，1998，第 1313 页。
③ 何东昌主编《中华人民共和国重要教育文献》（1949～1975），海南出版社，1998，第 1343 页。

础上，为培养坚强的无产阶级革命接班人服务。

（一）"培养无产阶级革命接班人"与"同资产阶级争夺青年一代"任务的提出

20 世纪 60 年代后，随着苏联现代修正主义的抬头以及中苏关系的交恶，我国开始了与苏联在意识形态领域的论战和斗争。中共中央和毛泽东始终坚定马克思主义的政治立场，对苏联现代修正主义进行了一系列批判，阐述了苏联当时存在的问题和可能导致的结果，进一步申明了我国坚持马克思列宁主义、毛泽东思想的无产阶级立场。与此同时，这一时期国内轰轰烈烈开展的社会主义教育运动，通过在实践中开展劳动教育的方式，使得全国高等学校师生普遍地接受了一次思想洗礼，锻炼和提高了广大师生的阶级斗争意识和社会主义觉悟。

在高等学校层面，以政治理论课教育推进反对苏联现代修正主义及促进社会主义教育运动发展，对于培育青年学生的社会主义觉悟和无产阶级立场具有重要意义。鉴于高等学校已成为无产阶级和资产阶级激烈争夺青年一代的重要场所，中共中央明确提出："政治理论课的根本任务，是要用马克思列宁主义、毛泽东思想武装青年，向他们进行无产阶级的阶级教育，培养坚强的革命接班人；是配合学校各方面的工作，坚决进行反对和防止修正主义的斗争，同资产阶级争夺青年。"① 在这样的严峻形势下，1964 年中共中央、国务院下发《关于组织高等学校文科师生参加社会主义教育运动的通知》深刻分析资产阶级的和苏联现代修正主义的思想对我国高等学校的影响，强调指出我国高等学校中资产阶级的和苏联现代修正主义的思想影响相当普遍，有些单位的领导权不是掌握在无产阶级手里，而是被资产阶级所篡夺。不少资产阶级专家，正在同我们争夺青年学生。有些青年学生不是听党的话、不是跟着党走，而是跟着资产阶级专家跑。他们可能成为"资产阶级的接班人"。这样的情况发展下去，不仅会严重影响我们革命下一代的成长成才，而且由于青年学生将来会掌握国家的上层建筑，就使我国有发生西化的危险。②

---

① 《充分发挥政治理论课的战斗作用（本报评论）》，《人民日报》1964 年 12 月 17 日。
② 参见何东昌主编《中华人民共和国重要教育文献》（1949～1975），海南出版社，1998，第 1312 页。

上述情况表明，政治理论课必须从思想上和理论上积极参加这一场无产阶级反对资产阶级和苏联现代修正主义的阶级斗争，兴无产阶级思想，灭资产阶级思想，传授马克思列宁主义、毛泽东思想。也就是说，"政治理论课必须同国内国际的阶级斗争密切联系，同把社会主义革命进行到底的任务密切联系，坚决反对现代修正主义对青年一代的腐蚀；在政治理论课的教学中，必须高举毛泽东思想的红旗，以毛泽东思想为指针，教好毛泽东思想，学好毛泽东思想；政治理论课教师必须自觉做马克思列宁主义、毛泽东思想的宣传员，做兴无产阶级的思想战士"①。

为此，1964 年 7 月 10 日至 8 月 3 日，中共中央宣传部、高等教育部、教育部在北京联合召开全国高等学校、中等学校政治理论工作会议。这次会议是在国际上反对苏联现代修正主义的政治斗争进一步发展、国内社会主义教育运动深入开展，特别是中央大抓"文化思想革命"的形势下召开的。会议肯定了毛泽东提出的关于"深入开展社会主义教育、防止资本主义复辟"和"培养革命接班人"的指示，重点讨论了过渡时期的阶级斗争及其在高等学校中的表现，特别是深刻揭露了高等学校政治理论课教学和教师队伍中存在的资产阶级倾向和苏联现代修正主义观点，会议指出高等学校的政治理论课教学中，"存在无产阶级和资产阶级、马克思列宁主义和修正主义两种方向、两种方法的尖锐斗争"②。在政治理论课教师队伍中，"有些人存在着严重的修正主义观点和严重的资产阶级思想。有的人，如高级党校的×××、×××等同志，极力抵制、歪曲和反对毛泽东思想，利用政治理论课的讲台，散布资产阶级思想和修正主义观点。人民大学的××同志也是这样。他们在长时间内，被奉为'权威'，散布了极其恶劣的影响。有的人腐化堕落，讲的是马克思列宁主义词句，做的是放高利贷、贪污盗窃、投机倒把等坏事。如人民大学哲学系教师×××（共产党员，最近已开除党籍），强买房屋、逼人付息还债。被群众称作'黄世仁'。这些人已经堕落成为资产阶级分子。"③ 在政

---

① 《充分发挥政治理论课的战斗作用（本报评论）》，《人民日报》1964 年 12 月 17 日。
② 何东昌主编《中华人民共和国重要教育文献》（1949～1975），海南出版社，1998，第1320 页。
③ 何东昌主编《中华人民共和国重要教育文献》（1949～1975），海南出版社，1998，第1320 页。

治理论课教学中，"许多教师不是把马克思列宁主义、毛泽东思想当作战斗的武器，用来改造学生思想，而是要学生死背书本。他们自己关门读书，认为参加社会阶级斗争会'影响理论的提高'，做学生思想工作是'大材小用'，他们的教学方法是注入式，旁征博引，东拼西凑，无的放矢，言不及义。学生则是忙于记笔记、对笔记、背笔记，讨论、考试都是实行'笔记搬家'"①。

在当时阶级斗争十分激烈的形势下，上述做法实际上是放松或放弃了阶级斗争，帮了资产阶级和苏联现代修正主义的忙，给资产阶级思想和苏联现代修正主义的滋长创造了条件。为此，会议认为政治理论课教学的根本改进，同教师队伍的革命化有着极密切的联系。"只有政治理论课教师用毛泽东思想武装头脑，锻炼成为坚强的革命者，有充沛的革命热情，有一定的马克思列宁主义理论和实际的知识，有做学生思想工作的能力，才能把教学工作做好。"② 由此，会议进一步明确了政治理论课在反对苏联现代修正主义以及同资产阶级争夺青年一代的斗争中所担负的重大任务。

在此基础上，1964 年 9 月 14 日，中共中央宣传部、高等教育部党组、教育部临时党组在联合下发的《关于改进高等学校、中等学校政治理论课的意见》中，进一步分析了高等学校中存在的"两个阶级、两条道路"的斗争、存在的资本主义复辟危险。"资产阶级为了培养自己的接班人，他们通过家庭关系、社会影响和其他各种手段，对学生施加影响，对他们进行拉拢和腐蚀。"③ 而广大的青年学生，虽然绝大多数拥护党，拥护社会主义，愿意接受党的教育，但是，或由于缺乏剥削阶级思想和苏联现代修正主义思想的分辨能力，或由于阶级斗争能力不足，或由于对家庭阶级划分不清等因素，在对待国内外阶级斗争、学习目的、个人前途等问题上，表现出大量的错误观点和个人主义思想，有的人甚至成了资产阶级和苏联现代修

① 何东昌主编《中华人民共和国重要教育文献》（1949～1975），海南出版社，1998，第1320—1321 页。
② 何东昌主编《中华人民共和国重要教育文献》（1949～1975），海南出版社，1998，第1321 页。
③ 《中华人民共和国学校思想政治理论课重要文献选编》上册，人民出版社，2022，第306 页。

正主义的"俘虏",还有极少数人公开站到反党反社会主义的立场上,成了新生的反动分子。

针对这一状况,必须进一步发挥政治理论课的作用,从思想上和理论上积极参加这场"两个阶级、两条道路"的阶级斗争,"兴无产阶级思想,灭资产阶级思想;宣传马克思列宁主义、毛泽东思想"[1]。因此必须指明高等学校政治理论课的根本任务是对学生"进行无产阶级的阶级教育,培养坚强的革命接班人;是配合学校中各项思想政治工作,反对修正主义,同资产阶级争夺青年一代"[2]。因而,高等学校政治理论课要积极主动地进行"兴无灭资"斗争,进行反对苏联现代修正主义的斗争,用马克思列宁主义和毛泽东思想来改造青年学生的思想。

在政治理论课的实际教育教学中,许多高等学校认真贯彻中共中央的指示精神,按照理论联系实际的方针,积极投入到反对苏联现代修正主义的斗争中。例如,中国人民大学在"国际共产主义运动史"的教育教学中,以毛泽东思想为指导,以《列宁主义万岁》等三篇文章为中心,采用党支部、教师、学生三结合的群众路线方法,读书、议论和辩论相结合,学习和宣传相结合,理论学习和思想改造相结合的方法,深入学习政治理论。"通过对'当前时代特点''无产阶级革命和无产阶级专政''无产阶级政党''战争与和平'等专题的学习,同学们对马克思主义的基本理论、党的方针政策理解以后,政治思想水平都有显著提高,最突出的是以马克思列宁主义的基本原理为武器,对苏联现代修正主义进行了批判,直接参加了当前反修正主义的政治斗争。在战斗中学习,既学到了理论,又澄清了一些人的错误观点,与修正主义划清了界限,提高了识别毒草的能力,学到了活的马克思主义。"[3]

北京师范大学在"中共党史"的教学中,以毛泽东著作为基本教材,例如,在讲授第三次国内革命战争时期党的历史时,将《毛泽东选集》第

---

[1] 教育部社会科学司组编《普通高校思想政治理论课文献选编(1949—2006)》,中国人民大学出版社,2007,第50页。

[2] 教育部社会科学司组编《普通高校思想政治理论课文献选编(1949—2006)》,中国人民大学出版社,2007,第50页。

[3] 高庆永:《领导政治理论课学习的几点体会》,《教学与研究》1960年第Z1期。

四卷作为基本教材，把全书的七十篇文章按解放战争时期的历史线索分为六讲，每一讲指定一两篇精读文章和两三篇重点阅读文章，其他文章由学生自由阅读；在教学方法上，按照启发式的教学方法进行讲授，如在讲土地改革总路线的时候，根据不同阶级出身的同学平时对待阶级路线的不同认识和态度提出"现在在农村为什么还要坚持依靠贫农、下农这一阶级路线？""是长期的还是短期的？"等问题，这样就促使那些平日对阶级路线认识不清的学生积极进行思考，促进他们进行思想斗争。①

华中工学院政治理论课教研室从抓"思想革命"入手，首先在教师中进行思想发动，查资产阶级教育思想的影响和危害，同时进行"四段式教学法"的试点，蹲点抓活思想，有的放矢进行教学，通过学好毛泽东思想，用毛泽东思想来加速自己的革命化，不断开展"兴无灭资"的斗争，清除资产阶级思想。②

（二）改革高校政治理论课与阶级斗争思想的全面贯彻

全国高等学校、中等学校政治理论工作会议召开之后，1964年9月14日，中共中央宣传部、高等教育部党组、教育部临时党组《关于改进高等学校、中等学校政治理论课的意见》正式下发，对课程和教材、教学方法、教师队伍等方面作出了一系列的规定和改进。1964年10月11日，中共中央宣传部、高等教育部党组、教育部临时党组发布了《关于高等学校、中等学校政治理论课工作会议的报告》。该报告指出："高等学校和中等学校的政治理论课教学中，存在无产阶级和资产阶级、马克思列宁主义和修正主义两种方向、两种方法的尖锐斗争。资产阶级曾经反对在学校开设政治理论课，他们在这个企图失败以后，就力图消除政治理论课的革命性和战斗性，使它适应资产阶级的需要，为资产阶级和修正主义服务。"③

为了贯彻执行上述精神，各高等学校积极改革政治理论课。在改进课程

---

① 北京师范大学公共政治理论课教研室：《改进中共党史教学的一些尝试》，《前线》1964年第15期。

② 参见华中工学院政治理论课教研室《政治理论课的改革必须高举毛泽东思想红旗》，《江汉论坛》1965年第3期。

③ 何东昌主编《中华人民共和国重要教育文献》（1949～1975），海南出版社，1998，第1320页。

和教材方面，高度肯定了毛泽东思想的历史作用和现实价值，提出毛泽东思想不仅是我国革命和建设的根本指针，而且是发展无产阶级事业、反对帝国主义和苏联现代修正主义的强大思想武器。将毛泽东思想作为指导我国政治理论课程的根本遵循，对于改造高等学校师生思想上的资本主义倾向和苏联现代修正主义思想具有重要意义。而毛主席著作则是对我国革命经验和国际无产阶级革命和无产阶级专政经验的总结，是我国青年学生革命化的最好教科书。因此，"政治理论课必须以毛泽东思想为指导，把宣传毛泽东思想作为最根本的任务，把毛主席著作作为最基本的教材"[1]。

这一时期，高等学校共同政治理论课主要设置为四门，即"形势和任务""中共党史""哲学""政治经济学"。在"少而精"原则的指导下，课程教学主要是把握相关的主题和主线，让青年学生了解和掌握课程的主要内容和核心思想，通过提纲挈领的方式，让青年学生在接受思想教育的同时，能够准确把握共同政治理论课在改造思想、巩固马克思主义在意识形态领域指导地位的作用和价值。在"形势和任务"课程中，主要是阅读和讲解当前重大政策文件、报刊的重要社论和反对苏联现代修正主义文章。在"中共党史"课程中，以党的历史为基本线索，在把握党内"两条路线"斗争的基础上，深刻认识理论与实践相结合发展出的马克思主义中国化，从而认识到中国共产党是光荣的、伟大的、正确的，增强青年学生对党的热爱和认同。在"哲学"课程中，主要是以《实践论》《矛盾论》《关于正确处理人民内部矛盾的问题》《人的正确思想是从哪里来的？》等理论著作为主要教材。在"政治经济学"课程中，在阐述资本主义剩余价值学说、帝国主义本性以及资本主义必然灭亡等内容的基础上，帮助青年学生认识社会主义学说的基本内容，了解社会主义制度的优越性及实现社会主义的长期性，了解党在社会主义革命和建设时期的总路线和基本纲领，明白反对和防止苏联现代修正主义的必要性等。[2]

---

[1]　教育部社会科学司组编《普通高校思想政治理论课文献选编（1949—2006）》，中国人民大学出版社，2007，第51页。

[2]　参见教育部社会科学司组编《普通高校思想政治理论课文献选编（1949—2006）》，中国人民大学出版社，2007，第51页。

在改进教师队伍方面，旗帜鲜明地提出政治理论课的教师队伍必须革命化，并赋予了政治理论课教师崇高的使命和任务。政治理论课教师不是一般的教学干部，不是教书匠，而是无产阶级在思想理论战线上的战士，"应当为反修、防修，培养革命接班人服务，成为马克思列宁主义、毛泽东思想的宣传员，兴无灭资的战士"①。加强理论水平和理论教育是改进政治理论课教师队伍的基本前提，也是完善政治理论教育内容和提升教育实效的关键。作为政治理论课的教师，要加强理论功底和认真读书，既要通读、精读毛泽东著作，又要学习党中央的重要文件，还要选读马克思主义经典作家的著作。鼓励教师积极参加学术讨论、开展学术研究、编写教学讲义等，多方面提升教师的理论修养，完善政治课教学内容。②

与此同时，政治理论课教师既要会传授理论知识，又要会进行思想改造工作。"要帮助学生实现思想革命化，政治理论课教师首先就要以毛泽东思想来战胜自己脑子里的资产阶级思想，实现自己的思想革命化。"③ 为此，"政治理论课教师应当在自己的教学活动中，积极配合学校党、团组织对学生进行的思想政治工作。应当学习解放军思想政治工作的经验，学会抓活思想，善于做人的工作。为了经常了解学生思想，除了坚持实行开调查会的办法外，还要采取一定的形式和方法，如联系一个重点班，适当兼做一些党、团工作，兼任班、级主任和政治辅导员等，密切同学生的联系，使自己成为学生的知心朋友"。④ 此外，为了加强高等学校的政治理论课力量，中共中央明确高等学校政治理论课教师同全校学生的比例应达到1：100。七千人以下的学校，不受这一比例的限制，每门课可以配备教师二至三人。

从以上共同政治理论课的教学大纲和教学重点来看，其多是从论证反对资本主义和苏联现代修正主义思想的必要性、中国共产党执政的合理性、

① 教育部社会科学司组编《普通高校思想政治理论课文献选编（1949—2006）》，中国人民大学出版社，2007，第53页。
② 参见教育部社会科学司组编《普通高校思想政治理论课文献选编（1949—2006）》，中国人民大学出版社，2007，第53页。
③ 《充分发挥政治理论课的战斗作用》，《人民日报》1964年12月17日。
④ 教育部社会科学司组编《普通高校思想政治理论课文献选编（1949—2006）》，中国人民大学出版社，2007，第53页。

社会主义最终胜利的必然性等方面展开的，通过对这些主题和主线的梳理和阐述，让青年学生进一步明确中国共产党的光荣、伟大、正确以及社会主义制度的光明前景，坚定走社会主义道路的自觉自信。然而，随着"文化大革命"的爆发，高校政治理论课在"无产阶级专政下继续革命"的"左"倾错误理论指导下，坚持以阶级斗争为纲，以政治运动为中心任务。

在这一时期，高校政治理论课主要是强调要在斗争中学习，强调要结合正在开展的政治运动学习。高校政治理论教育实际上被这些接连不断的政治运动所取代了。高校恢复招生后的政治理论课虽然以毛主席著作为基本教材，也结合毛主席著作学习了一些马克思列宁的原著，但是其指导思想和基本内容是贯彻"无产阶级专政下继续革命"的理论，是为当时的政治运动服务的，教学活动虽然开展了，但常常是以"革命大批判"取代系统的政治理论教育，其出发点是想通过系统学习马克思列宁主义、毛泽东思想来批判苏联现代修正主义的教育路线，打破旧的资产阶级的教育制度，增强反修、防修的青年群众基础，从而把广大青年培养成无产阶级革命事业接班人，但由于这种学习和宣传马克思列宁主义、毛泽东思想的态度、立场、观点和方法完全是违背马克思主义的，所学到的只能是附加到马克思主义名义下的东西，是被肢解、庸俗化、简单化了的实用主义，根本收不到用马克思列宁主义、毛泽东思想武装青年头脑的效果，其结果只能严重破坏马克思主义理论教育，因而也不可避免地影响了政治理论课巩固党的意识形态功能的发挥。

第三章　新时期高校思政课铸魂育人的创新性实践

　　"文化大革命"结束以后，经过拨乱反正，中国共产党重新确立了正确的思想路线，我国高等教育战线呈现许多新气象，高校政治理论课也在恢复重建中肃清林彪、"四人帮"散布的极左思潮流毒和影响，使广大青年学生纷纷醒悟。随着对外开放步伐的加快，西方资产阶级的思想文化乘机渗透进来，形成了一股资产阶级自由化思潮，成为当时威胁我国社会主义意识形态安全的最大挑战。为了抵御资产阶级自由化思潮对青年一代的腐蚀，党和国家不断改进和加强马克思主义理论教育，把对青年学生的四项基本原则教育摆在突出位置，使广大青年坚定正确的政治方向，顽强地、坚毅地朝着又红又专的社会主义道路前进。党的十三届四中全会以后，党中央认真反思历史教训，沉着应对苏东剧变后西方敌对势力的"和平演变"，采取一系列卓有成效的措施调整巩固高校马克思主义理论教育，坚决抵制西方"和平演变"对青年学生的影响，将中国的青年一代造就成了社会主义的合格建设者和可靠接班人。进入新世纪新阶段，国内外形势发生广泛而深刻的变革，在这个以经济全球化、政治多极化、信息网络化、文化多元化、价值多样化为显著特征的变革时期，我国各种不同的社会思潮纷繁激荡，一元化指导思想与多样化社会意识并存，主导意识形态与非主导意识形态激烈交锋，青年学生思想活动的独立性、选择性、多变性和差异性日益增强。面对多元社会思潮对我国青年学生主流价值观念产生的冲击，党和国家不断加大改革创新高校思政课的力度，在教育教学中以社会主义核心价值体系为中心内容，在理论武装上深入推进中国特色社会主义理论体系"进教材、进课堂、进学生头脑"，从而将高校思政课建设成了积极引领各种社会思潮，教育引导广大青年学生增进社会主义认同的主渠道和主阵地。

一　在恢复重建中肃清极左思潮流毒和影响

在"文化大革命"期间，林彪、"四人帮"散布的极左思潮对我国高等教育事业的破坏，不仅严重地冲击了高等学校正常的教学工作，造成科学文化的教育质量惊人下降，而且严重损害了高等学校的政治理论教育，马克思列宁主义、毛泽东思想被全面的篡改、歪曲和伪造，高校政治理论课被"四人帮"利用，成为他们篡党夺权的工具，声誉被严重败坏，高校政治理论课教师队伍被分裂瓦解，不少教师在反对和抵制林彪、"四人帮"的斗争中，遭受迫害和摧残。粉碎"四人帮"后，全国高校恢复了正常秩序，高校政治理论课也得以全面恢复重建，并成为揭发批判和彻底肃清林彪、"四人帮"散布的极左思潮毒害青年一代的前沿阵地，成为恢复马克思列宁主义、毛泽东思想的本来面貌，维护和不断发展马克思列宁主义、毛泽东思想的重要讲坛。

（一）正本清源：恢复重建高校政治理论课

系统的马克思主义理论教育是帮助青年明辨是非，培养青年辩证唯物主义世界观、共产主义道德和行为的基础。政治理论课是高等学校进行经常的、系统的马克思列宁主义、毛泽东思想教育最基本、最重要的形式。由于林彪、"四人帮"极左思潮的干扰破坏，特别是他们全面篡改马克思列宁主义、毛泽东思想，搞乱了路线是非、理论是非和思想是非，造成了很多混乱。林彪、"四人帮"煽动的无政府主义在青年学生中很有市场，青年学生中的一些极端个人主义倾向，即只顾个人、不顾大局的思想作风不断滋长。不肃清这种极左思潮流毒和影响，就难以恢复马克思列宁主义、毛泽东思想的本来面貌，也难以维护马克思列宁主义、毛泽东思想对我国改革开放和社会主义现代化建设的指导地位。因此，只有进行马克思主义理论教育，以马克思列宁主义、毛泽东思想为精神武器，用哲学、政治经济学和科学社会主义理论对林彪、"四人帮"的反革命反社会主义思想体系进行深入的批判，才能肃清极左思潮流毒对青年学生造成的不良影响。

　　为了充分发挥政治理论课对转变青年学生思想的重要作用，培养又红又专的社会主义现代化人才，1978年4月，教育部办公厅印发《关于加强高等学校马列主义理论教育的意见》。该意见提出高等学校马列主义理论课，一般开设"辩证唯物主义与历史唯物主义""政治经济学""中国共产党历史""国际共产主义运动史"这四门课。该意见明确高等学校马列主义理论课的教学目的和任务，就是"培育学生'力求完整地而不是零碎地、准确地而不是随意地、实际地而不是空洞地把马克思列宁主义、毛泽东思想各个方面的基本原理掌握起来'；就是培育学生初步学会'应用马列主义的精神与方法去分析问题与指导实践'"[1]，从而把林彪、"四人帮"颠倒的是非统统纠正过来，还原马克思列宁主义、毛泽东思想的本来面貌。在高等学校马列主义理论课的教学方法上，该意见强调要注重理论联系实际，提出"主要是联系学生对当前党的方针、政策、路线的认识实际。必须在准确讲授基本原理的基础上，密切联系我国社会主义革命和社会主义建设的实际，联系国内国际的阶级斗争的实际，特别要联系批判'四人帮'的反革命修正主义路线，使学生分清理论、路线、思想是非"[2]。该意见还就高等学校马列主义理论课的学时问题、教材问题、教师队伍问题以及领导体制问题作出了较为明确的规定。随后不久，教育部召开了由14个省、自治区、直辖市的31所高等学校参加的马列主义理论课教师座谈会，着重讨论了高等学校马列主义理论课的教材建设问题，决定迅速组织一批有教学经验的教师，在专家指导下，编写出"辩证唯物主义与历史唯物主义""政治经济学""中国共产党历史""国际共产主义运动史"四门课程的统一教材，供1979年开学使用。会上编写了四门课程的教学大纲试行草案。会议

---

[1]　教育部社会科学司组编《普通高校思想政治理论课文献选编（1949—2006）》，中国人民大学出版社，2007，第71页。

[2]　教育部社会科学司组编《普通高校思想政治理论课文献选编（1949—2006）》，中国人民大学出版社，2007，第72页。

还就马列主义理论课为无产阶级服务、贯彻理论联系实际的原则和"双百"方针、加强理论课教师队伍的建设、建立和健全领导体制等问题提出了建议。这一系列举措的实施，标志着马列主义理论课在拨乱反正中在全国高等学校得到恢复重建，为揭发批判和彻底肃清林彪、"四人帮"极左思潮在高等学校的流毒和影响搭建了重要讲坛。

（二）夯实讲坛：改变高校政治理论课的困难局面

高等学校政治理论课恢复重建以后，其教师队伍也得以发展壮大，截止到 1979 年 5 月，全国共有高等学校 641 所，学生 859000 人，全国高校政治理论课教师共计 13458 人。粉碎"四人帮"以来，广大政治理论课教师积极参与全国范围内开展的真理标准问题的大讨论，冲破了"两个凡是"的束缚，思想获得大解放，开始重新认识在我国经济生活和政治生活中长期困扰人们的一些重大问题，成为一支专门从事马克思列宁主义、毛泽东思想政治理论教学和科学研究的重要队伍。他们拨乱反正，改进马克思主义理论教学，对于帮助广大青年学生完整地、准确地、实际地学习和掌握马克思列宁主义、毛泽东思想，清除林彪、"四人帮"的极左思潮流毒和影响发挥了不可忽略的重要作用，也推动着高校政治理论课自身的发展。

然而，这一时期的高校政治理论课也存在一些不容忽视的问题，教师难教，学生不愿学。"不仅理工农医专业的学生重理轻文，忽视政治，对政治理论课不感兴趣，政教和党史专业的学生也不安心学习。如沈阳师范学院政教系的一个学生来信说：'我们学的政治理论好像没有多少用处，是可有可无的。对于现在的功课不像入学时那么热心了。有时甚至想抛弃它，但又觉得束手无策，陷入痛苦的彷徨中。'人民大学党史系有些学生不想学党史，用主要精力和时间学外语，准备将来改行，搞翻译。总之，近年来高等学校政治理论的教学，效果差，质量低。如清华大学今年初，一个年级的哲学期终考试，题目是最基本的内容，预先还经过复习辅导，结果 1578 名考生中竟有 78 人不及格，出现了清华政治理论课考试成绩差的创纪录的数字。华中工学院机二系七八届党史课的最近一次测验，173 人中有 14 人不及格。有 6 人将中国共产党成立的时间答成 1927 年，有 3 人答中国革命的道路是'城市包围农村'。这也是二十多年来没有见过的情况。"① 这些问题的存在，集中反映出林彪、"四人帮"极左思潮对高校政治理论课的极大摧残，对高校政治理论课声誉的严重败坏，究其根源是林彪、"四人帮"极左思潮流毒和影响在高校还没有被完全肃清。

为了彻底清除林彪、"四人帮"散布的极左思潮的流毒和影响，改变高校政治理论课教学的困难局面，1979年5月20日，教育部政治理论教育司发布了《高等学校政治理论课的基本情况和存在问题》。该文件不仅重申了"辩证唯物主义与历史唯物主义""政治经济学""中国共产党历史""国际共产主义运动史"四门高校政治理论课在高等教育中的重要地位和作用，而且明确了高校政治理论课的任务，即"使学生逐步完整地准确地学习和掌握马列主义毛泽东思想的基本原理，树立无产阶级的科学的世界观和方法论，提高用马列主义毛泽东思想的基本原理研究新情况，解决新问题的能力"②。针对高校政治理论课教师队伍存在的问题，如"多数是近几年毕业的工农兵学员，理论水平低，文化科学知识差，有的还读不懂马列原著"③ 等问题，该文件还提出了通过举办假期讲习所和短期进修班等办法加以解决。

1980年7月7日，教育部在认真听取各方面意见的基础上，遵照党中央的有关指示，吸取新中国成立三十余年来正反两方面的历史经验，及时印发《关于改进和加强高等学校马列主义课的试行办法的通知》，提出了若干改进和加强高等学校马列主义理论课的重要措施，并制定了开课办法。该试行办法不仅重申了高等学校马列主义理论课的地位和任务，而且明确提出必须树立正确的教学方针，强调改进和加强高校马列主义理论课的教学必须"彻底清除林彪、'四人帮'的流毒，从根本上拨乱反正"，"必须坚持马列主义、毛泽东思想的科学性和党性，为全党全国人民的最大政治——实现社

---

① 教育部社会科学司组编《普通高校思想政治理论课文献选编（1949—2006）》，中国人民大学出版社，2007，第75页。

② 教育部社会科学司组编《普通高校思想政治理论课文献选编（1949—2006）》，中国人民大学出版社，2007，第76页。

③ 教育部社会科学司组编《普通高校思想政治理论课文献选编（1949—2006）》，中国人民大学出版社，2007，第77页。

会主义现代化建设服务"。① 这个文件成为改革开放和社会主义现代化建设新时期重新全面开展政治理论课建设的起点。

在上述原则精神的指导下，为有效解决高校政治理论课的困难，教育和宣传部门作了大量工作，如：1979 年在北京、上海、哈尔滨分别举办高等学校政治理论课教师暑期讲习会；1979 年 11 月召开高等学校马列主义理论课教材讨论会，委托各省区市教育领导部门组织编写高等学校公共政治理论课通用教材；1980 年 3 月 3 日至 15 日召开高等学校四门马列主义理论课教材讨论会，解决 1980 年秋季马列主义理论课教学大纲和教材修改、出版等问题；1980 年 7 月 16 日至 8 月 2 日举行全国高等学校马列主义课教师暑期讲习班，讨论如何搞好马列主义课的教学问题；1980 年 10 月 28 日发出通知要求各地党委宣传部切实领导好各地高等学校马列主义基础理论课教学工作；1981 年 1 月召开高等学校政治理论课教材讨论会，同步讨论政治理论课在高等学校中的地位、作用以及如何加强政治理论课的改革问题。在此基础上，1981 年 1 月，中共中央书记处听取并讨论了教育部、北京市对高等学校思想政治教育问题的汇报，中共中央书记处提出中央要直接抓高等学校政治课教材。1981 年 7 月至 8 月，教育部委托中国人民大学举办马克思主义哲学原理讲习班。1982 年 1 月，教育部举办全国高等学校党史教师讲习班，讲习班以学习研究党史的社会主义时期部分为主。1982 年 7 月至 8 月，教育部分别在大连、西安召开高等学校思想政治工作座谈会，会议重申马列主义理论课教学，既要讲清马列主义基本原理又要解决学生的思想认识问题。

这些工作有力地推动了高校政治理论课的恢复和发展，使高校政治理论课真正成了批判和肃清林彪、"四人帮"极左思潮流毒和影响的重要讲坛和前沿阵地，在帮助青年学生完整地、准确地理解马克思列宁主义、毛泽东思想的科学体系，用正确的马克思列宁主义、毛泽东思想来武装头脑，提高社会主义觉悟，自觉地为实现四个现代化努力奋斗中发挥了基础性作用。通过恢复重建后的系统的马克思主义理论教育，经历"文化大革

---

① 教育部社会科学司组编《普通高校思想政治理论课文献选编（1949—2006）》，中国人民大学出版社，2007，第86—87 页。

命"进入改革开放和社会主义现代化建设新时期的广大青年学生跟着党中央的指引，纷纷醒悟，对林彪、"四人帮"的倒行逆施、祸国殃民深恶痛绝，坚决拥护党中央粉碎"四人帮"，拥护党的十一届三中全会以来所确定的党的政治路线、思想路线和组织路线，拥护社会主义制度和改革开放，珍惜安定团结的大局，勤奋学习，尊重老师，尊重科学，涌现出了一批三好学生和先进班集体。总之，"我们从这些青年身上，确实看到了四化的希望，看到了祖国和民族的未来"①。

二　在改进加强中反对资产阶级自由化

党的十一届三中全会召开后，我国迈开了对外开放的步伐，开始加快引进西方资本主义国家的先进科学技术、设备和学习管理经验。与此同时，西方资产阶级的思想文化也乘机不断渗透进来，崇洋媚外、"一切向钱看"等西方价值观念泛滥开来，一些打着民主、自由、人权、改革等幌子来行否定党的领导和社会主义道路之实的政治言论相继出现。从少数人的个别言论发展到一股思潮，从宣扬错误的理论、学术观点到直接反对四项基本原则，从否定现实的一些问题，到否定我们人民共和国的历史，从否定党的主要领导人的历史地位到否定整个党的历史，从否定历史的一些糟粕到否定整个中华文明，从制造思想混乱发展到政治动乱，直到1989年政治风波的发生。② 这些情况表明，资产阶级自由化思潮已然成了严重干扰我国改革开放进程和社会主义现代化建设的主要因素，成为威胁马克思主义在我国意识形态领域指导地位的最大挑战。

（一）在青年学生中深入进行四项基本原则教育

党的十一届三中全会召开后，经过思想理论战线的拨乱反正，各高校不仅普遍恢复重建了政治理论课，而且逐步改变了高校政治理论课的困难

---

① 何东昌主编《中华人民共和国重要教育文献》（1976～1990），海南出版社，1998，第1772页。
② 田改伟：《挑战与应对：邓小平意识形态安全思想研究》，中国社会科学出版社，2008，第61页。

局面。在这段时间，高校的马列主义理论课主要是根据党的十一届三中全会精神进行思想理论上的拨乱反正、正本清源，消除林彪、"四人帮"散布的极左思潮流毒和影响，贯彻党的十一届三中全会以来的路线、方针、政策，引导青年学生正确认识毛泽东思想的历史地位和历史作用，并联系我国社会主义建设和改革开放的实际，讲授马克思列宁主义、毛泽东思想的基本原理。从青年学生方面看，经历"文化大革命"进入改革开放和社会主义现代化建设新时期的青年学生，社会主义思想觉悟有了进一步提高，许多青年学生具有追求真理、渴望改革的热情，他们热爱祖国，关心国家大事，向往祖国实现四个现代化，拥护党的十一届三中全会以来的路线、方针、政策，积极向上，勤奋学习，勇于发表自己的见解。有些意见虽然不完全切合实际或者不完全正确，但绝大多数人的愿望是好的，希望把我们的国家建设好。

然而，在充分肯定广大青年学生主流思想和积极作为的同时，我们也必须清醒地看到，有些青年学生过去在林彪、"四人帮"极左思潮的影响下，思想方法往往片面、偏激，容易受社会上"左"的或右的思潮影响，不能正确地看待社会问题，对四项基本原则还有种种模糊的、错误的认识甚至产生怀疑，对四个现代化缺乏信心。及至 1984 年党中央作出了关于经济体制改革的决定，我国的改革从农村发展到城市，如何进行改革和开放更是青年学生十分关注的热点，他们对社会主义和资本主义的区别存在诸多疑惑。

上述状况表明，改革开放和社会主义现代化建设新时期，广大青年学生中客观上确实存在西方资产阶级自由化思潮的渗透和影响。"这种思潮的社会实质，就是自觉不自觉地要求在政治、经济、社会、文化领域内摆脱社会主义的轨道和实行资本主义所谓自由制度。"① 在这样的形势下，"如果不能用马列主义占领学校的思想阵地，而让各种非无产阶级思想泛滥开来，那就是放弃了领导的责任"②。为了抵制西方资本主义腐朽思想的侵蚀，克服资产阶级自由化思潮对广大青年学生造成的消极影响，党和国家

---

① 胡乔木：《关于资产阶级自由化及其他》，《社会科学动态》1982 年第 14 期。
② 《中华人民共和国学校思想政治理论课重要文献选编》上册，人民出版社，2022，第 554 页。

提出"我们要通过教育的方法来解决"①，尤其是必须改进和加强马克思主义理论教育，突出强调要对青年学生深入开展以坚持社会主义道路，坚持无产阶级专政，坚持共产党的领导，坚持马克思列宁主义、毛泽东思想、四项基本原则为核心的马克思主义理论教育，只有坚持用马克思列宁主义、毛泽东思想武装头脑，才能提高青年学生的思想政治觉悟和辨别是非能力，抵制形形色色的资产阶级自由化思潮的侵蚀，从而使广大青年学生坚定正确的政治方向，顽强地、坚毅地朝着又红又专的社会主义道路前进。

1980 年第 1 期《人民教育》发表题为《各级学校要深入进行四项基本原则的教育》的评论，指出"马克思列宁主义、毛泽东思想是人类思想的结晶和精华，是我们党和国家的指导思想，是全国人民的行动指南。这个道理对于系统学过马列主义基本知识的人来说，属于'众所周知'的真理，而对于那些长在动乱中、没有受到健康的思想教育、缺乏马列主义常识的青年来说，学习这个'众所周知'的真理，则是一种启蒙教育和再教育。应当向他们反复宣传马列主义、毛泽东思想是放之四海而皆准的科学；向他们介绍当年革命先辈们冒着生命危险寻找、学习和宣传马列主义的可歌可泣的事迹；让他们了解中国革命和建设中的一个带规律性的现象：遵循马列主义的指导，把马列主义的普遍真理同我国的实际结合起来，我们的事业就发展、就前进、就欣欣向荣，偏离马列主义就失败、就停滞、就倒退……只要我们向青年讲清楚什么是真正的马列主义及其对革命和建设的指导作用，并且努力改正政治理论课的教学方法，提高教学效果，他们是愿意学习和运用马列主义、毛泽东思想的"②。

针对青年学生的思想特点，1980 年 4 月 29 日，教育部、共青团中央联合下发《关于加强高等学校学生思想政治工作的意见》，明确提出要切实改进和加强马列主义基本理论教育，强调"四项基本原则是立国的根本，是

① 冯刚主编《改革开放 40 年高校思想政治教育编年史（1978—2018）》，北京师范大学出版社，2019，第 19 页。
② 何东昌主编《中华人民共和国重要教育文献》（1976～1990），海南出版社，1998，第1772 页。

今后长期对学生进行思想教育的重要内容"，"坚持党的领导是坚持四项基本原则的核心"。① 因而，在进行马克思主义理论教育时，要着重进行坚持四项基本原则的教育。在马列主义理论课教学中，既要讲清马克思列宁主义、毛泽东思想的基本原理，又要结合青年学生的思想特点，有计划地进行。为此，"要教育学生热爱党，信任党，坚持党的领导。要教育学生正确认识我国三十年的成就和挫折、经验和教训，认识粉碎'四人帮'三年来各条战线取得的巨大胜利，懂得我国社会主义建设目前面临的困难主要是由于林彪、'四人帮'的长期破坏所造成的；坚信在党中央领导下，一定能够拨乱反正，不断解决前进中的问题，建成社会主义现代化强国。要教育学生热爱社会主义祖国，懂得社会发展规律，树立资本主义制度终将为社会主义制度所代替、共产主义必然胜利的信心"②。

"在高等学校里进行四项基本原则教育，最有效的方法莫过于通过四门政治理论课教学。在各门政治理论课的基本原理的系统教学中，对于四项基本原则，都会一项不落地进行宣传和教育。尽管四项基本原则是密不可分的，但由于四门政治理论课中的每一门，都是从本门学科那个角度去讲，所以对于四项基本原则中的某一项或两项原则，有着特别强大的说服力。例如政治经济学这门科学，它有一项重要的研究任务，就是研究资本主义必然灭亡，社会主义、共产主义必然胜利的客观规律，因而对于坚持社会主义道路来说，是最有效的理论武器。辩证唯物主义历史唯物主义，是研究无产阶级世界观和方法论的科学，因而对于坚持马列主义、毛泽东思想来说，是最有效的理论武器。中共党史和国际共运史两门政治理论课有两项重要任务，就是研究党内两条路线斗争的历史和无产阶级专政的建立、巩固和发展的历史，因而对于坚持党的领导和无产阶级专政来说，是最有效的理论武器。"③ 由此可见，在四项基本原则教育中，高等学校四门马列主义理论课占据极为重要的地位，马列主义理论课教师肩负着光荣而艰巨

---

① 教育部社会科学司组编《普通高校思想政治理论课文献选编（1949—2006）》，中国人民大学出版社，2007，第 81 页。

② 教育部社会科学司组编《普通高校思想政治理论课文献选编（1949—2006）》，中国人民大学出版社，2007，第 81 页。

③ 李正文：《在高校政治理论课教师讲习会上的讲话（摘要）》，《教学与研究》1979 年第 6 期。

的任务。

然而，由于没有系统地学习过马克思列宁主义、毛泽东思想的基本理论，广大青年学生对资产阶级自由化思潮的辨析能力不强。加之，我们的马列主义理论课又没有很好地针对广大青年学生不太懂马克思列宁主义、毛泽东思想的基本原理，不了解党的历史以及对旧中国和资本主义的腐朽性缺乏认识等状况，切实有效地进行教学，在一段时期内，很少旗帜鲜明地宣传四项基本原则，致使青年学生中的思想混乱问题未能得到很好的解决。

为了改进和加强以四项基本原则为核心的马克思主义理论教育，1980年7月7日，教育部印发了《关于改进和加强高等学校马列主义课的试行办法的通知》。该试行办法明确提出："实现社会主义的现代化建设，必须坚持四项基本原则，即坚持社会主义道路，坚持无产阶级专政，坚持党的领导，坚持马列主义、毛泽东思想。只有加强马列主义、毛泽东思想的基本理论教育，才能使学生自觉地坚持四项基本原则，端正学习目的，掌握正确的学习方法，为实现四个现代化而学好专业。"[1] 1982年3月12日至15日，中共中央宣传部、教育部联合召开高校政治理论教育座谈会，中共中央宣传部副部长王惠德在会上的讲话中指出："大学政治理论课的基本任务是用马列主义、毛泽东思想武装学生，引导他们建立无产阶级世界观，不应把政治理论课单纯看作传授科学思想方法和专业知识的课程。通过系统的马克思主义理论教育，在学生中培养起共产主义精神、集体主义精神、国家主人翁精神，使他们在思想、理论、社会文化等方面能够抵制资产阶级的侵蚀，成为建设社会主义又红又专的人才。"[2] 1982年12月15日，教育部副部长彭珮云在全国高等学校哲学、政治经济学教学大纲修订会议上的讲话中指出："马列主义理论课讲好了意义非常大，可以培养一批一批的青年学生成为真正的坚信马列主义、坚信党和社会主义的人，他们毕业出

---

[1] 教育部社会科学司组编《普通高校思想政治理论课文献选编（1949—2006）》，中国人民大学出版社，2007，第86页。

[2] 冯刚主编《改革开放40年高校思想政治教育编年史（1978—2018）》，北京师范大学出版社，2019，第44页。

去就是我们国家各方面建设事业的骨干。我们一定要适应新的形势，进一步加强和改进马列主义理论课教学。"①

在上述意见和指示精神的指引下，各高等院校马列主义理论课普遍围绕坚持四项基本原则开展了有针对性的教育教学和科学研究，对某些宣扬资产阶级自由化的观点进行了必要的斗争和严肃的批评。例如，有的高校针对青年学生缺乏近现代史知识的情况，增加了这方面的教学内容，以活生生的事实，进行爱国主义和四项基本原则教育，效果很好。有的高校领导干部亲自给青年学生讲马列主义理论课，向青年学生揭露和批判各种形形色色的资产阶级思潮，旗帜鲜明地维护四项基本原则。有的高校邀请各条战线的老同志和老教授结合自己的亲身经历，给青年学生作报告，说明只有社会主义才能救中国、没有共产党就没有新中国的道理。② 广大马列主义理论课教师则以《关于建国以来党的若干历史问题的决议》为思想武器，对青年学生进行四项基本原则的教育，向青年学生宣传"我国民主革命的胜利是共产党领导下取得的，建设社会主义现代化强国，同样要靠共产党的领导。现在的党中央，总结了历史上正反两方面的经验……是完全值得人民信赖的"③，并帮助青年学生认清社会主义民主与资本主义民主的区别，让青年学生懂得"离开了共产党的领导，离开了四项基本原则，就不但谈不上真正的民主，而且要危害人民的利益"④。

然而，由于当时党内一些领导同志对开展反对资产阶级自由化的意识形态斗争缺乏正确的认识，似乎一讲意识形态斗争就是"僵化"、"保守"、极左，致使反对资产阶级自由化的斗争中断，因而高等教育战线出现了软弱涣散的状况。针对这一状况，党中央旗帜鲜明地提出要把坚持四项基本原则，反对资产阶级自由化作为高校马克思主义理论教育的根本任务，高校马克思主义理论教育必须加强，不能削弱。为此，1987 年中共中央相继

---

① 彭珮云：《马列主义理论课要努力做到有战斗力，有说服力，有吸引力——在全国高等学校哲学、政治经济学教学大纲修订会议上的讲话摘要》，《教学与研究》1983 年第 2 期。
② 参见北京师范大学校史编写组编《北京师范大学校史》，北京师范大学出版社，1982，第 197 页。
③ 《中华人民共和国学校思想政治理论课重要文献选编》上册，人民出版社，2022，第 539 页。
④ 《中华人民共和国学校思想政治理论课重要文献选编》上册，人民出版社，2022，第 539 页。

下发第 1、2、3、4、6 号文件指明了坚持四项基本原则、反对资产阶级自由化斗争的重要性和长期性，为高等学校马克思主义理论课教学指明了方向。

旗帜鲜明地坚持四项基本原则，深入持久地反对资产阶级自由化，帮助青年学生逐步树立共产主义的世界观和人生观，沿着社会主义方向健康成长，是马克思主义理论课的任务。针对当时的情况，1987 年 3 月 5 日，国家教育委员会下发了《关于在高等学校马克思主义理论课（公共课）教学中旗帜鲜明地坚持四项基本原则反对资产阶级自由化的通知》。该通知阐明了在马克思主义理论课教学中加强对青年学生进行四项基本原则、反对资产阶级自由化教育的重要性、紧迫性和长期性。该通知要求：高等学校党政领导要组织马克思主义理论课教师认真学好中共中央 1987 年下发的第 1、2、3、4、6 号文件和邓小平同志有关坚持四项基本原则、反对资产阶级自由化的论述，以及马克思、恩格斯、列宁、斯大林和毛泽东的有关论述，统一思想，提高认识，认清坚持四项基本原则、反对资产阶级自由化对于维护和发展安定团结的大好形势，坚持改革和对外开放，促进社会主义现代化建设的重要性。该通知同时对马克思主义理论课教师提出要求：教师要深入了解资产阶级自由化思潮在学生中的影响，加强教学的针对性，着重解决根本政治原则和政治方向问题；要从中国国情出发，讲清只有坚持四项基本原则，才能坚持开放、改革实现社会主义现代化的道理。同时，对于在青年学生中有影响的资产阶级民主、自由、个性、无条件绝对解放，以及全盘否定中国传统文化、鼓吹全盘西化等思潮，要深入分析其实质，揭露其对青年学生的危害。

针对马克思主义理论课教学重点问题，该通知明确指出，在教学中要重点阐明以下几方面的问题。一是社会主义是历史发展的必然。鼓吹全盘西化实质上就是主张走资本主义道路。二是我国要集中精力进行社会主义建设，必须有稳定的政治环境，必须有强有力的领导核心，那就是中国共产党。三是要争取一个安定团结的政治局面，没有人民民主专政不行。四是坚持以马克思列宁主义、毛泽东思想为指导，是我国社会主义现代化建设事业的根本。五是要全面、正确地理解党的十一届三中全会以来的路线。坚持四项基本原则，坚持改革、开放、搞活的方针。六是正确认识知识分子的地位和作用以及当代青年积极分子的成长道路。七是进行以宪法为核心的法制教育。在这里，前面四条要求高等学校马克思主义理论课必须旗帜鲜明地传授四项基本原则，阐明坚持四项基本原则的必然逻辑；后面三条讲的是在反对资产阶级自由化的过程中，青年学生必须搞清楚的理论和实践问题。

针对马克思主义理论课教学形式，该通知指明：各高等学校要利用教学计划中规定的形势政策教育时间，举办专题讲座，有针对性地进行坚持四项基本原则、反对资产阶级自由化的教育；要有领导地组织学生开展生动活泼的讨论，要向他们提供历史上和国内外正反面的事实材料；马克思主义理论课教师要深入班级参加学生讨论，耐心细致地对学生进行疏导，帮助学生通过自己的学习和思考，真正解决思想认识问题。这充分反映在高等学校马克思主义理论课的教学中，在更加注重理论联系实际，仍然重视理论的前提下，更加注重对现实问题的关注，注重解决青年学生的思想认识问题。

此外，针对马克思主义理论课教师开展科研问题，该通知提出：为了帮助马克思主义理论课教师了解中央有关反对资产阶级自由化的指示精神，有说服力地对学生进行教育，请各高等学校党政领导及时向他们传达中央的有关文件，提供有关资料（如由中共中央书记处研究室、中共中央文献研究室编的《坚持四项基本原则反对资产阶级自由化——十一届三中全会以来有关重要文献摘编》），组织他们进行社会调查、考察，为他们开展科学研究创造必要的条件。① 这就为广大马克思主义理论课教师就批判资产阶级自由化而开展有针对性的科研提供了条件。

在上述基础上，1987 年 3 月 17 日，国家教委又下发了《关于进一步改革高等学校马克思主义理论课（公共课）教学的意见》。该意见明确规定了高等学校马克思主义理论课的主要内容，强调"新学期高等学校的马克思主义理论课教学必须贯彻坚持四项基本原则、反对资产阶级自由化的内容"②，

---

① 参见教育部社会科学司组编《普通高校思想政治理论课文献选编（1949—2006）》，中国人民大学出版社，2007，第116—117 页。

② 教育部社会科学司组编《普通高校思想政治理论课文献选编（1949—2006）》，中国人民大学出版社，2007，第119 页。

并对"中国革命史""哲学""政治经济学""中国社会主义建设""马克思主义原理""世界政治经济与国际关系"等马克思主义理论课的开课原则以及如何贯彻四项基本原则教育作出了明确规定。该意见还要求引导教师紧密结合教学改革和提高青年学生思想觉悟的需要，有计划有组织地开展科学研究，对青年学生提出的重大疑难问题作出有说服力的解答，并从经费、资料、安排社会调查及科研课题攻关等方面提出了便于马克思主义理论课教师从事科研的有力举措。

在高等学校坚持四项基本原则，就必须运用马克思列宁主义和毛泽东思想批判资产阶级自由化思潮。为了进一步改革马克思主义理论课的教学内容和教学方法，有的放矢地进行马克思主义理论教育和形势政策教育，以正确地有说服力地解答青年学生的思想疑惑，20世纪80年代中后期党和国家明确提出在高校马克思主义理论课程中相继增设"中国社会主义建设""形势与政策""科学社会主义的理论与实践""马克思主义与当代社会思潮"等政治理论课程，以及逐步开设西方现代哲学思潮、经济思潮、政治思潮、文艺思潮的评论讲座，这些课程和讲座从不同的理论侧面和不同的逻辑体系深刻阐明了四项基本原则是中国革命和建设不可动摇的历史逻辑和政治结论，回答了青年学生所存在的社会主义和资本主义的区别、社会主义好还是资本主义好、为什么中国要坚持共产党领导等带有倾向性的深层次思想认识问题，揭露和批判了资产阶级意识形态的欺骗性和迷惑性，增强了青年学生识别、抵制和批判资产阶级自由化思潮的能力，及至1989年春夏有力平息了部分高等学校中发生的政治风波，维护了四项基本原则这个我国社会主义意识形态安全领域的生命线，捍卫了社会主义国家政权。

（二）抵制和清除高校内外的精神污染

1978年党的十一届三中全会召开以后，经济建设开始成为党和国家的中心议题，然而作为一个"时代转换"的窗口期，各种思想矛盾接踵而来。进入20世纪80年代，中国处于从"文化大革命"到改革开放转型的重要时期，这一时期残余的旧阶级斗争意识与改革开放的新思维相互交织。而随着对外开放的扩大和国际交往的增多，西方资产阶级腐朽没落的思想文化也纷纷渗透进来，一些资产阶级自由化分子在国内鼓吹"全盘西化"，贬低本国文化和制度，导致我国意识形态领域存在模糊和错误认识，舆论阵地、思想阵地一个个被蚕食，精神空气一天天被毒化，意识形态领域出现污浊，精神污染由此开始蔓延。思想理论界、文化艺术界在报纸杂志上发表上千篇文章，大谈人的价值、人道主义和所谓异化，宣扬西方资产阶级的思想文化。

在理论工作中，一些人极力地鼓吹人的价值和谈论错误的人道主义以及所谓的社会主义异化；在文艺作品中，有的人热衷于写阴暗的、消极的东西，歪曲中国革命历史和现实，抹黑毛泽东思想的理论地位，鼓吹西方错误的思想观念；在社会生活中，一些人宣扬极端个人主义思潮、拜金主义思潮、享乐主义思潮，宣扬资本主义的腐朽生活方式，腐蚀人民的灵魂和意志。值得注意的是，此时正处于人生探索阶段的青年学生，由于思想活跃、猎奇心强却又涉世未深，缺乏是非优劣判别能力，深受这些形形色色的资产阶级腐朽没落思想的腐蚀，由此造成了部分青年学生的思想混乱和彷徨，这突出表现在：不同程度地存在对社会主义制度优越性认识不足、对实现四个现代化信心不足；判别是非优劣的标准不稳定，有时易出现一些错误倾向；有厌倦政治的倾向，缺乏远大理想；艰苦创业的思想准备不足，资产阶级和其他非无产阶级思想对青年的侵蚀还严重存在；出现法制观念淡薄、缺乏道德修养的状况。[①]

青年学生是我国社会主义事业的接班人，将来要在社会主义现代化建设中担负繁重艰巨而又光荣的任务，全国人民对他们寄予厚望。很显然，"精神污染的实质是散布形形色色的资产阶级和其他剥削阶级腐朽没落的思想，散布对于社会主义、共产主义事业和对于共产党领导的不信任情绪"[②]，其本质上是资产阶级自由化的表现，腐蚀青年学生的灵魂和意志，助长部分青年学生怀疑乃至否定社会主义和党的领导的思潮，对我国社会主义意识形态安全造成了冲击。在这一形势下，抵制和清除精神污染便构成了高等教育战线的中心任务。

---

① 参见冯刚主编《改革开放 40 年高校思想政治教育编年史（1978—2018）》，北京师范大学出版社，2019，第 33 页。
② 《邓小平文选》第 3 卷，人民出版社，1993，第 40 页。

　　鉴于"精神污染一般是人民内部矛盾，主要是运用教育、引导、说服、批评与自我批评的方法，开展积极的思想斗争"①，因而，加强对青年学生的思想引导，是高等教育战线清除精神污染的根本大计。针对受精神污染而反映出的青年问题，中共中央突出强调高等学校要把对广大青年学生进行爱国主义、共产主义思想道德的教育放在重要位置，提出在马列主义理论课教学中既要讲清马列主义基本原理，又要解决青年学生的思想认识问题，要根据青年学生思想的新特点，逐步开设共产主义思想品德课，有计划地对青年学生进行革命的人生观教育、共产主义思想道德教育，从而树立马克思主义的世界观、人生观和价值观。"一个大学生只有在大学学习阶段，在马列主义科学基础上树立共产主义人生观，毕业后才可能担当起继往开来的历史重任，才能为社会主义现代化建设艰苦创业。"② 为此，1982年10月9日，教育部根据党的十二大关于加强共产主义思想教育的指示精神，发布了《关于在高等学校逐步开设共产主义思想品德课程的通知》。该通知指出："有计划地进行共产主义思想品德教育，是实现高等学校培养目标的需要……有必要把共产主义思想品德课作为一门必修课，纳入教学计划。"③

　　1983年7月2日，中共中央宣传部、中共中央书记处研究室印发《关于加强爱国主义宣传教育的意见》强调："我们要通过爱国主义的宣传教育，使我国各族人民，特别是青年把爱国主义的觉悟和感情，变成奋发图强建设祖国、保卫祖国的实际行动。"④ 1983年8月24日，教育部下发《关于学习贯彻〈关于加强爱国主义宣传教育的意见〉的通知》。这份文件指出，政治理论课、思想品德课应该以爱国主义与共产主义教育为中心内容，强调"要坚持从爱国主义教育入手，以提高学生的爱国主义觉悟为起点，

---

① 冯刚主编《改革开放40年高校思想政治教育编年史（1978—2018）》，北京师范大学出版社，2019，第60页。

② 彭珮云：《马列主义理论课要努力做到有战斗力，有说服力，有吸引力——在全国高等学校哲学、政治经济学教学大纲修订会议上的讲话摘要》，《教学与研究》1983年第2期。

③ 教育部思想政治工作司组编《加强和改进大学生思想政治教育重要文献选编（1978—2014）》，知识产权出版社，2015，第16页。

④ 教育部思想政治工作司组编《加强和改进大学生思想政治教育重要文献选编（1978—2014）》，知识产权出版社，2015，第21页。

引导他们把自己的命运和祖国的命运联系起来，树立祖国利益高于一切的思想，把爱国主义的觉悟和感情，变成奋发图强、为建设祖国和保卫祖国做好准备的实际行动；并在此基础上引导他们逐步树立共产主义的理想、信念"①。

1984 年 9 月 12 日，教育部进一步印发《关于高等学校开设共产主义思想品德课的若干规定》。该文件指出："共产主义思想品德课的任务是对学生进行共产主义人生观和共产主义道德教育，针对学生普遍关心的有关人生、理想、道德等方面的问题，给予有说服力的回答，帮助学生逐步树立共产主义人生观，培养共产主义的道德品质。"② 该文件强调，共产主义思想品德课，应纳入教学计划，并考核学习成绩。共产主义思想品德课和形势与政策教育，平均每周两学时，由各校根据情况统筹安排。共产主义思想品德课的教学时间，不得任意挤占。该文件规定，高等学校共产主义思想品德教研室的主要任务是：组织实施这门课程的教学；调查研究学生思想品德情况；结合教学进行思想品德教育的理论研究；协助主管思想政治教育的部门培训学生思想政治工作干部。

马列主义理论课教师是人类灵魂的工程师，在清除精神污染方面的职责尤其重大。为了帮助青年学生清除从各个方面受到的精神污染，就必须把高等学校中的马列主义理论课教师组织起来，积极投入反对各种错误思潮的思想斗争中去。"在当前清除精神污染的斗争中，作为马列主义理论课教师，必须高举马列主义、毛泽东思想的旗帜和社会主义、共产主义的旗帜，发扬马克思主义者应有的革命的批判的风格，批判资产阶级自由化思潮，帮助青年学生清除从各个方面受到的精神污染，同时要努力改进教学，使马列主义理论课具有更强的战斗力、说服力和吸引力。"③

为此，1982 年 11 月 8 日至 13 日，教育部在北京召开高等学校共产主

---

① 冯刚主编《改革开放 40 年高校思想政治教育编年史（1978—2018）》，北京师范大学出版社，2019，第 57 页。

② 教育部社会科学司组编《普通高校思想政治理论课文献选编（1949—2006）》，中国人民大学出版社，2007，第 100 页。

③ 冯刚主编《改革开放 40 年高校思想政治教育编年史（1978—2018）》，北京师范大学出版社，2019，第 59 页。

义思想教育经验座谈会。会议总结了北京师范学院李燕杰等同志向青年学生进行思想政治教育的四点经验。一是高校马列主义理论课教师要明确自己的职责，不仅要传授业务知识，而且要关心和帮助青年学生在思想上、政治上健康成长；二是高校马列主义理论课教师首先自己要有坚定的共产主义信念，有为社会主义教育事业献身的精神；三是要把思想性、知识性和艺术性结合起来，力求做到有吸引力、说服力、战斗力；四是要关心青年、热爱青年，做青年的良师益友。

为了帮助高等教育战线破除精神污染造成的思想迷雾，正本清源、涤污荡浊，1984 年 2 月 7 日，教育部发布《关于学习胡乔木同志重要文章〈关于人道主义和异化问题〉的通知》。该通知指明："马列主义理论课、共产主义思想品德课和文科有关课程，都要根据自己的特点，把这篇文章的主要内容和基本精神有机地结合到教学中去在编写和修订有关的教学大纲与教材时，应把这篇文章的主要内容吸收进来。"[①] 通过学习，提高广大青年学习马克思主义理论的自觉性，帮助他们逐步学会运用马克思主义的立场、观点、方法去分析和解决问题，划清马克思主义同人道主义根本对立的世界观、历史观的界限，划清作为社会主义伦理同资产阶级人道主义的界限，从而在理论上和思想上坚定对社会主义的理想信念。

在上述基础上，广大马列主义理论课教师通过学习、科学研究和教育教学等形式不断加深对人道主义和异化问题实质的理解和把握，抵制和批判宣传人道主义和异化论等错误思潮。例如，1983 年 12 月 19 日至 22 日，福建省高等学校马列主义理论课教学协作会厦门分会召开年会。这次会议，不仅学习了邓力群同志在全国文化厅、局长会议，全国广播电视宣传工作会议《关于清除精神污染的若干政策界限》的讲话，听取了胡绳同志 1983 年 11 月在龙岩所作的关于清除精神污染的录音报告，还交流了各校马列主义理论课的教学经验，并对马列主义理论课教师在清除精神污染中如何发挥作用等问题进行了热烈的讨论。

中国人民大学马列主义发展史研究所的科研人员坚持四项基本原则，

---

① 冯刚主编《改革开放 40 年高校思想政治教育编年史（1978—2018）》，北京师范大学出版社，2019，第 62 页。

力求完整准确地掌握马克思列宁主义、毛泽东思想的科学体系，抵制和批判宣传人道主义世界观、历史观和社会主义异化论等错误观点，写出了一批观点正确的理论著述，受到有关方面的重视和读者的好评。与此同时，该研究所的科研人员在坚持宣传马克思列宁主义、毛泽东思想，抵制精神污染方面总结了三条主要经验。一是在研究重大的理论问题和现实提出的新问题时，精细地研读有关的马克思列宁主义经典著作，力求准确地掌握马克思列宁主义的基本观点；二是坚持以辩证唯物主义与历史唯物主义的科学态度学习、研究和宣传马克思列宁主义；三是把对马克思列宁主义发展史的研究，同解决我国社会主义物质文明和精神文明建设中提出的理论与实际问题紧密联系起来。①

各级教育部门和高等学校注意及时总结进行马克思主义理论教育以抵制和批判精神污染的新鲜经验，为广大青年学生树立共产主义的世界观和人生观，提高识别真理和谬误的能力奠定了基础，从而有力发挥了马列主义理论课在清除精神污染中的积极作用。

三　在调整巩固中抵御西方"和平演变"

进入 20 世纪 80 年代，世界局势发生巨大变化，美苏关系得到一定程度的缓和，资本主义国家的发展进入到一个相对稳定期，社会主义国家的改革则遇到重重困难。以美国为首的西方国家把"和平演变"作为对抗社会主义国家的战略，企图通过施加某些外在的影响来引导社会主义国家的发展方向。而在苏东剧变后，美国更是把"和平演变"战略的矛头直指中国，利用我国实行对外开放和建立社会主义市场经济的时机，加紧向中国输入意识形态，加快掀起同中国争夺青年一代的斗争，对我国意识形态安全构成严峻的挑战。一方面，西方敌对势力利用电台广播造谣惑众，大肆宣传资产阶级的反动思想和腐朽的生活方式，极力宣传资本主义所谓的"活力"和"优越性"，贬低、污蔑中国的社会主义制度，诋毁无产阶级的人生观、

---

① 参见冯刚主编《改革开放 40 年高校思想政治教育编年史（1978—2018）》，北京师范大学出版社，2019，第 63 页。

价值观，同时抓住我国改革开放进程中暂时遇到的某些挫折和困难，提出社会主义"失败"、马克思主义"过时"等错误观点，企图"在瓦解人心的基础上争取人心"，为"和平演变"开道；另一方面，西方敌对势力广泛利用各种传媒工具和学术文化交流、人员往来等手段，进行政治思想文化渗透，利用青年学生的某些弱点，千方百计、不择手段地向青年学生灌输西方的价值观念和生活方式，煽动青年一代对现实生活、现行制度、现行政策的不满情绪，甚至极力拉拢、腐蚀和策反青年学生。

事实表明，高等学校是"和平演变"与反"和平演变"的前沿阵地，是意识形态领域斗争最为复杂、尖锐的战场。西方敌对势力对社会主义国家的"和平演变"，正是从向青年一代大肆兜售其反动的政治观点和腐朽的思想文化开始的。而在现实生活中，多数青年学生对西方资产阶级意识形态的广泛渗透和直接侵入保持着某种程度的警惕性和具有一定的分辨识别能力，但也有部分青年学生还存在一些模糊认识和错误认识，"资产阶级的社会政治学说、价值观念和生活方式对青年学生仍有较大的影响"[①]。显然，"国外敌对势力对我们搞破坏、搞颠覆的图谋是不会改变的。国内反共反人民的势力也会与国外敌对势力相互勾结，进行捣乱。大学是他们捣乱的重点之一。……既然斗争不可避免，我们只有迎接斗争"[②]。面对意识形态斗争的严峻现实，必须坚定不移地坚持社会主义方向，坚持用马克思主义育人，把高等学校的马克思主义理论教育建设成为反"和平演变"的前哨阵地。为此，党和国家采取了一系列举措调整和加强高等学校的马列主义理论课，在坚持高校的马克思主义理论阵地，抵制和反对西方"和平演变"对青年学生的影响，培养造就大批社会主义合格建设者和可靠接班人方面作了大量工作。

（一）提高思想认识：把"两课"教育放在高等教育重要位置

社会主义事业在中国的前景，很大程度上取决于青年一代的状况。1989年邓小平在总结改革开放十年的经验教训时不无忧虑地指出："我们最大的

---

① 教育部社会科学司组编《普通高校思想政治理论课文献选编（1949—2006）》，中国人民大学出版社，2007，第 139 页。
② 中华人民共和国教育部、中共中央文献研究室编《毛泽东邓小平江泽民论教育》，中央文献出版社、人民教育出版社、北京师范大学出版社，2002，第 211 页。

失误是在教育方面，思想政治工作薄弱了"①，"对年轻娃娃、青年学生教育不够"②。1990 年 3 月 23 日，江泽民在同北京大学部分学生座谈时也特别讲到学习和掌握马克思主义对于中国沿着社会主义道路去改革开放的重要性，突出强调"我们在建设社会主义现代化的过程中始终要高举马列主义、毛泽东思想的旗帜"③。这就要旗帜鲜明地开展马克思主义基本理论的教育，把马克思主义作为反"和平演变"的有力思想武器。

为了提高对马克思主义理论教育重要作用的认识，进一步加强和改进高等学校的马克思主义理论教育，1991 年 1 月 17 日，北京市委高校工委和北京市高教局、北京市教学会联合召开北京市高等院校马克思主义理论课（公共课）大会。会上，北京市委高校工委和北京市高教局要求学校党委和行政领导从反对"和平演变"、培养社会主义建设者和接班人的高度，充分认识马克思主义理论课在高等学校的重要地位和作用。④

1991 年 8 月 3 日，国家教育委员会贯彻落实中央的指示精神，正式印发了《关于加强和改进高等学校马克思主义理论教育的若干意见》。该意见指出，国内外敌对势力为了实现对社会主义国家的"和平演变"战略，加紧在意识形态领域的进攻，而高等学校则是敌对势力进行思想文化渗透的主要场所。1989 年春夏之交的政治风波以及在东欧等社会主义国家发生的剧变都反复证明，敌对势力同我们争夺青年一代的斗争在高校表现得十分尖锐。⑤ 突出强调"马克思主义理论课在对青年学生系统灌输马克思主义科学理论，进行科学世界观、人生观和价值观的教育，以及党的路线、方针和政策教育方面，担负着特殊重要的责任"⑥。因此，各级教育部门和高等

---

① 中共中央文献研究室编《邓小平同志论教育》，人民教育出版社，1990，第 176 页。

② 中华人民共和国教育部、中共中央文献研究室编《毛泽东邓小平江泽民论教育》，中央文献出版社、人民教育出版社、北京师范大学出版社，2002，第 198 页。

③ 中华人民共和国教育部、中共中央文献研究室编《毛泽东邓小平江泽民论教育》，中央文献出版社、人民教育出版社、北京师范大学出版社，2002，第 212 页。

④ 参见冯刚主编《改革开放 40 年高校思想政治教育编年史（1978—2018）》，北京师范大学出版社，2019，第 141 页。

⑤ 教育部社会科学司组编《普通高校思想政治理论课文献选编（1949—2006）》，中国人民大学出版社，2007，第 138 页。

⑥ 教育部社会科学司组编《普通高校思想政治理论课文献选编（1949—2006）》，中国人民大学出版社，2007，第 139 页。

学校必须保持清醒的头脑，从反"和平演变"和争夺青年一代的战略高度来认识和加强高校的马克思主义理论教育。

1993 年 8 月 13 日，中共中央组织部、中共中央宣传部、国家教育委员会联合印发的《关于新形势下加强和改进高等学校党的建设和思想政治工作的若干意见》强调指出："马克思主义理论课和思想政治教育课是学生思想政治教育的主渠道，是社会主义学校的本质特征之一。加强和改进'两课'教育是摆在我们面前的一项紧迫任务。"① 1996 年 3 月 27 日至 30 日，全国高校"两课"管理工作座谈会在广州召开。会议提出："我们一定要从'讲政治'，巩固和发展社会主义意识形态，培养一批一批跨世纪德才兼备的优秀人才的高度，以强烈的责任感，抓好'两课'的教学和改革。"②

1999 年 9 月 29 日，中共中央出台《关于加强和改进思想政治工作的若干意见》。1999 年 12 月 30 日，教育部党组下发了《关于高等学校学习贯彻〈中共中央关于加强和改进思想政治工作的若干意见〉的通知》指出，冷战结束后，西方敌对势力利用人权、民主、宗教、民族、领地等问题，采取政治、经济、文化等手段，竭力对我国实施"西化""分化"战略，不仅破坏社会稳定，又在理想、信念、人生观、价值观等方面腐蚀、毒害青年学生。为此，该通知强调指出，新形势下要充分发挥高等学校马克思主义理论课和思想品德课对大学生进行思想政治教育的主渠道和主阵地作用。③

此后，党和国家及宣传和教育部门都就提高对马克思主义理论教育重要作用的认识，把马克思主义理论和思想政治教育放在高等教育的重要位置并作出重要指示，反复强调要把加强高校的马克思主义理论和思想政治教育作为反"和平演变"与培养社会主义合格建设者和可靠接班人的一项重要战略任务。

---

① 教育部思想政治工作司组编《加强和改进大学生思想政治教育重要文献选编（1978—2014）》，知识产权出版社，2015，第 131 页。

② 教育部社会科学司组编《普通高校思想政治理论课文献选编（1949—2006）》，中国人民大学出版社，2007，第 171 页。

③ 参见教育部思想政治工作司组编《加强和改进大学生思想政治教育重要文献选编（1978—2014）》，知识产权出版社，2015，第 204—205 页。

（二）坚守思想阵地：大胆建立高校马克思主义学院

进入 20 世纪 90 年代，苏东剧变引发的巨大冲击波不可避免地影响到我国。对于苏联这样一个经济、政治和军事都十分强大的社会主义国家，几天之间就红旗落地，共产党垮台，国土分裂，很多人感到不可理解，在心理上难以接受。"社会主义制度到底行不行？""中国的社会主义大旗到底还能扛多久？"等种种思想疑虑困扰着人们。"马克思主义不灵了""社会主义不行了""历史终结了"等悲观消极的思想在一部分人中传播开来。这种情况对于我国搞好马克思主义理论教育和思想政治教育造成了极大的困扰，也是维护我国意识形态安全的极大挑战。

在国际共产主义运动处于低潮、马克思主义面临严重挑战之际，一些高校大胆尝试建立马克思主义学院，通过加强马克思主义理论的教育、研究和宣传，把马克思主义学院建成高等教育战线加强思想政治教育、抵御"和平演变"的重要思想阵地。1992 年 3 月 17 日，北京大学在以往马列主义教研室的基础上，率先建立北京大学马克思主义学院。根据《关于建立北京大学马克思主义学院的决定》，北京大学马克思主义学院在学校党委和行政的坚强领导下，负责统一组织全校马克思主义公共理论课的教学和思想政治课的教育，开展马克思主义的理论研究，承担高等学校马克思主义理论课教师和党政干部的培训任务，并接受学校委托，组织校内各方面的理论力量开展理论研讨活动，逐步把学院建设成高校马克思主义理论的教育、研究和培训基地，成为加强对青年学生思想政治教育的一个重要阵地。该决定同时强调："要把马克思主义学院建设成坚持和捍卫马克思主义的坚强阵地，关键在于学院的干部、教师要有坚定的政治信念、扎实的理论修养和良好的精神状态。……从事马克思主义教学和研究的教师，对马克思主义要真学、真信、真教、真干。如果讲马列的人不信马列，那就没有说服力，也不可能对学生的立场、观点、方法起引领作用。"[1]

在此基础上，1996 年 12 月，中国人民大学将马列主义发展史研究所和马克思主义基本理论研究所合并，成立了全国第二家马克思主义学院。1997

---

[1]　陈占安：《高校马克思主义学院的由来和发展》，《学校党建与思想教育》2017 年第 19 期。

年9月，南开大学也成立了马克思主义教育学院。2003年后，湖南大学、中央民族大学、吉林大学等高校相继成立马克思主义学院。

高校马克思主义学院不仅是学校马克思主义理论课和思想政治教育课的教学单位，负责统一组织全校马克思主义公共理论课的教学和思想政治课的教育，承担高等学校马克思主义理论课教师和党政干部的培训任务，而且又是学校的马克思主义理论的研究机构，负责开展思想理论战线的马克思主义理论研究，组织校内外各方面的理论力量开展马克思主义理论研讨活动。上述高校马克思主义学院成立后，开展了大量的马克思主义理论教育和研究宣传工作。这些高校马克思主义学院充分利用我国建设中国特色社会主义的成就和苏东剧变的教训，以正面教育和宣传为主，加强对干部群众特别是广大青年学生的马克思主义基本理论和社会主义理想信念的教育，解答他们的思想困惑，加深他们对西方敌对势力对我国实施"西化""分化"政治图谋的认识，引导青年学生提高对当代资本主义和民主社会主义本质的认识，引导他们用科学的态度对待马克思主义，用发展着的马克思主义指导新的实践，从而在理论上和实践上捍卫了马克思主义、社会主义，保证了马克思主义事业的薪火相传，确保高校始终作为培养社会主义建设者和接班人的坚强阵地。

（三）理论联系实际：增强"两课"的针对性和说服力

理论必须紧密联系实际，理论一旦彻底就能说服人。"青年学生对于资产阶级社会政治学说本质的分辨和批判能力的提高，对于科学世界观、正确人生观、坚定的社会主义信念和远大共产主义理想的培养和树立，只有建立在科学的理论基础上，通过全面的系统的马克思主义科学世界观和方法论教育才可能实现。"[①] 马克思主义理论课和思想品德课是对青年学生系统进行思想政治教育的主要渠道和基本环节，是巩固和发展社会主义意识形态的主要阵地。针对高校的马克思主义理论课和思想品德课中相当普遍地存在理论脱离实际和淡化意识形态的倾向，党中央及宣传和教育等部门反复强调在传授马克思主义基本原理时，要密切结合国内外反"和平演变"

---

① 教育部社会科学司组编《普通高校思想政治理论课文献选编（1949—2006）》，中国人民大学出版社，2007，第139页。

的斗争形势、党的重大方针政策以及青年学生思想中普遍存在的根本性问题，有的放矢地进行教学，不断增强"两课"教育教学的思想性和说服力。1991年8月3日，国家教育委员会印发的《关于加强和改进高等学校马克思主义理论教育的若干意见》提出，"要结合历史经验和现实斗争，进行反对国际敌对势力侵略、干涉、渗透、颠覆、和平演变的教育，增强学生识别、抵制和批判资产阶级意识形态的能力；要加强坚定社会主义信念和为人民服务的教育，激发学生为实现社会主义现代化奋发进取、建功立业的精神"①，强调高校马克思主义理论教育要防止和克服脱离实际的空洞说教与忽视科学性和理论性就事论事等不良倾向。

为了增强"两课"教育教学的针对性和有效性，1993年8月13日，中共中央组织部、中共中央宣传部、国家教育委员会联合印发的《关于新形势下加强和改进高等学校党的建设和思想政治工作的若干意见》明确提出，"两课"教育教学中要贯彻理论联系实际的方针和"少而精""要管用"的原则。其中，在"两课"教学内容方面，提出要在坚持马克思主义基本原理的前提下，根据各自的学科特点，更新、充实、调整教学内容，注重吸收和反映建设中国特色社会主义伟大实践中产生的新的科学理论成果，增加帮助青年学生形成科学的世界观、人生观的内容；注意加强教学的针对性，从理论和实践的结合上，回答青年学生普遍关心的"热点"问题；特别要重视社会主义市场经济条件下的理想、信念和人生观、价值观的教育，帮助青年学生学会运用马克思主义的立场、观点、方法来分析问题、解决问题，沿着正确的方向健康成长。在"两课"教学方法方面，提出要大力改进教学方法，注意运用课堂讨论、社会实践、演讲答辩等多种方式和现代化教学手段，不断提高教学效果。在"两课"教师队伍建设方面，提出要在补充人员、阅读文件、培训提高、参观考察等方面实行倾斜政策，并提出加强"两课"教师对青年学生马列学习小组、党章学习小组等哲学社会科学社团活动的指导，组织他们深入开展马克思主义理论的学习和研究，把课内外的学习和研究活动有机结合起来，相互促进。

---

① 教育部社会科学司组编《普通高校思想政治理论课文献选编（1949—2006）》，中国人民大学出版社，2007，第139页。

为了进一步推进高校"两课"教学改革，使高校"两课"教学更紧密地联系国内外意识形态领域斗争的新形势和青年学生的思想实际，从而在培养社会主义建设者和接班人上发挥重要作用，1995 年 10 月 24 日，国家教育委员会印发了《关于高校马克思主义理论课和思想品德课教学改革的若干意见》。该文件指出："'两课'教学的根本目标，是引导和帮助学生树立马克思主义的世界观、人生观、价值观，确立为建设有中国特色社会主义而奋斗的政治方向，增强抵制错误思潮和拜金主义、享乐主义、极端个人主义等腐朽思想侵蚀的能力。"[①] 为实现这一根本目标，"两课"教学改革应遵循理论联系实际的根本原则，努力回答青年学生普遍关注的重要理论和实践问题。在"两课"教学方法方面，提出要努力改进教学方法，既要注重理论教育，又要注重实践教育，积极探索新形式和新途径。"两课"教师应深入了解和分析学生的思想状况、普遍关注的理论和实际问题，有针对性地进行教学。要努力丰富教学环节，活跃教学气氛，启发学生思考，指导学生阅读重要原著，精心设计和组织课堂讨论，调动学生学习的积极性，引导学生学习和运用马克思主义的基本理论和方法，明辨是非，寻求问题的答案；增强分析和解决问题的能力。要配合教学组织必要的参观、考察和利用假期进行社会调查等活动，使学生在接触社会实际中接受教育。要鼓励和组织教师开展课外教学，支持和指导学生骨干和积极分子开展课外理论学习。要充分利用影视资料，开展电化教学，有关部门要组织制作配合课程教学使用的电视教学片。

2005 年 2 月 7 日，中共中央宣传部、教育部印发《关于进一步加强和改进高等学校思想政治理论课的意见》进一步指出：在各种思想文化相互激荡，西方敌对势力加紧对我国实施"西化""分化"的政治图谋形势下，如何引导青年学生正确认识当今世界错综复杂的形势，把握国际局势的发展变化和人类社会的发展趋势；如何引导青年学生正确认识国情和社会主义建设的客观规律，增强在中国共产党领导下全面建设小康社会、加快推进社会主义现代化的自觉性和坚定性；如何引导青年学生争取认识肩负的

---

① 教育部社会科学司组编《普通高校思想政治理论课文献选编（1949—2006）》，中国人民大学出版社，2007，第 158 页。

历史使命，努力成为全面发展的社会主义建设者和接班人，对高等学校思政课教育教学提出了新的任务和要求。因而，强调高校思政课要立足于帮助青年学生树立正确的世界观、人生观、价值观，深入开展马克思主义立场、观点、方法教育，开展党的基本理论、基本路线、基本纲领和基本经验教育，开展中国革命、建设和改革开放的历史教育，开展基本国情和形势与政策教育，从而不断增强高校思政课教育教学的针对性、实效性和说服力、感染力。

在上述文件精神指引下，全国高校把"两课"作为重点课程来建设，不断改革"两课"的教学内容和方法，努力提高马克思主义理论教育和思想政治教育的实效。在"两课"教学内容方面，在坚持马克思主义基本原理的基础上，用建设有中国特色社会主义的理论实践充实、丰富马克思主义理论课的教学内容，努力使教材具有较强的针对性、时代性和可读性。例如，广东高等学校将邓小平南方谈话和党的十四大等有关精神融入"中国社会主义建设"课程，把江泽民在建党 70 周年大会上的讲话精神落实到"中国革命史"课程中去，编写《学习邓小平同志重要谈话专题讲座》《学习党的十四大文件专题讲座》等辅导读物。用广东改革开放的实践经验及成就充实、丰富马克思主义理论课的教学内容，把市场经济与社会现实问题作为"两课"理论联系实际的重要内容，用马克思主义理论去分析和探讨社会现实，编写出版《马克思主义与当代现实》一书。"中国社会主义建设""中国革命史""马克思主义基本原理"等课程都用广东改革开放和现代化建设的实践经验、理论成果对一系列重大的现实问题和理论问题作了针对性的阐释。通过社会实践，把马克思主义理论教育的课题由学校扩大到社会。广东省组织高等学校师生参加社会实践，开辟了思想政治教育工作的新天地，形成了基地型、暑期型和挂职型三种社会实践活动。每次开展社会实践活动都有针对性地安排"两课"教师参加指导，帮助青年学生走出校门，深入工厂、街道、农村，通过听、看、访、思、写等环节的活动，消除思想困惑。① 这些有针对性的重要举措，从理论和实践上回答了青

---

① 参见《广东省志（1979—2000）》第 18 册，方志出版社，2014，第 210—211 页。

年学生普遍关心的问题，教育和引导青年学生逐步学会运用马克思主义的立场、观点、方法去观察和分析现实社会中的政治、经济、文化、道德现象，评价西方资产阶级社会思潮，为广大青年学生坚持社会主义的理想信念，确立为建设中国特色社会主义而奋斗的政治方向奠定了思想基础。

（四）加强理论武装：开展邓小平理论和"三个代表"重要思想教育

思想阵地是一块洼地，社会主义意识形态不去占领，就会被资本主义意识形态占领。用科学的理论武装青年学生头脑，用马克思主义最新理论成果占领思想阵地，能够维护马克思主义在我国意识形态领域的指导地位。及时推动党的创新理论武装青年学生头脑，打牢青年学生成长成才的科学思想基础，是高校"两课"的题中应有之义。为了充分发挥高校"两课"在引导青年学生坚定对马克思主义的信仰、对社会主义的信念，增强对改革开放和社会主义现代化建设的信心、对党和政府的信任等方面的重要作用，党的十四大以后，党中央按照充分体现马克思主义最新理论成果的要求，积极部署推动邓小平理论、"三个代表"重要思想进"两课"教材、"两课"课堂和青年学生头脑工作，全面加强对青年学生的理论武装。1994年1月24日，江泽民在全国宣传思想工作会议上的讲话中提出："当前，要重视引导人们特别是青少年树立正确的理想、信念、世界观、人生观和价值观，反对拜金主义、享乐主义、极端个人主义，抵御资本主义和封建主义腐朽思想的侵蚀。"[1] 为此，他强调必须坚持用邓小平同志建设有中国特色社会主义的理论武装青年学生头脑，教育系统要编写建设有中国特色社会主义理论教材，作为学校马克思主义理论教育的主要内容。

为了贯彻落实这一指示精神，1994年8月31日，中共中央下发《关于进一步加强和改进学校德育工作的若干意见》，明确提出"以邓小平同志建设有中国特色社会主义理论作为学校马克思主义理论教育的中心内容"[2]，强调要向青年学生讲授邓小平同志建设有中国特色社会主义理论，使广大青年学生确立为建设有中国特色社会主义而奋斗的政治方向。1996年3月

---

① 中共中央文献研究室编《十四大以来重要文献选编》上，人民出版社，1996，第655页。
② 教育部社会科学司组编《普通高校思想政治理论课文献选编（1949—2006）》，中国人民大学出版社，2007，第152页。

制定的《关于落实"两课"教学改革〈若干意见〉几项重要工作的实施计划》进一步提出推动邓小平同志建设有中国特色社会主义理论进教材、进课堂、进学生头脑的工作并明确规定："在修定《中国社会主义建设》等教材中，进一步充实建设有中国特色社会主义理论相关内容。推荐今秋出版的《建设有中国特色社会主义理论读本》作为教学用书，在试用中探索引导大学生深入学习建设有中国特色社会主义理论和教材建设路子。"①

随着党的十五大把邓小平理论确立为党的指导思想，一批高校陆续开设邓小平理论相关课程并编写教材，涌现出一批教学骨干。为推动邓小平理论相关课程在各高校普遍开设，1998 年 4 月 28 日，中共中央宣传部、教育部下发《关于普通高等学校开设"邓小平理论概论"课的通知》并明确提出要求：从 1998 年秋季开始，普通高校都要以"中国社会主义建设"课程为基础，设"邓小平理论概论"课，并把"马克思主义原理"中"科学社会主义论"的课程内容和"中国革命史"中的关于 1956 年以后的课程内容融合到这一课程中统一进行讲授。教育部将颁布《"邓小平理论概论"教学基本要求》，作为教学与教材编写的规范。

1998 年 6 月 10 日，中共中央宣传部、教育部联合印发《关于普通高等学校"两课"课程设置的规定及其实施工作的意见的通知》，强调当前要积极贯彻落实党的十五大精神，进一步解决好邓小平理论"进教材、进课堂、进学生头脑"这一主要任务，并提出"邓小平理论概论"课主要是帮助青年学生掌握邓小平理论的科学体系和精神实质，重点搞清楚什么是社会主义，怎样建设社会主义这个根本问题，认识社会主义的本质和社会主义建设的规律，认识我国的基本国情，增强高举邓小平理论伟大旗帜，执行党的基本路线和基本纲领的自觉性和坚定性。1999 年 1 月 13 日，国务院批转了教育部制定的《面向 21 世纪教育振兴行动计划》。这个计划对组织实施"两课"新方案，加强邓小平理论的"三进"工作作了进一步部署。该计划提出，要"认真组织实施普通高等学校公共马克思主义理论课和思想品德课（简称'两课'）课程设置新方案，加快邓小平理论'进教材、进课堂、

---

① 教育部社会科学司组编《普通高校思想政治理论课文献选编（1949—2006）》，中国人民大学出版社，2007，第 173 页。

进学生头脑'工作的步伐，用邓小平理论武装大学生。要加强'两课'课程体系和教材建设的研究，把理论研究基地建设好。加强'两课'教师的培训工作，提高他们的政治和业务水平，提高思想理论教育的实效"①。

进入 21 世纪以后，马克思主义中国化的理论成果不断形成，为了更好地坚持用科学的理论武装青年学生，用马克思主义最新理论成果占领高校思想阵地，2001 年 7 月 26 日，教育部下发的《关于普通高等学校"两课"教育教学中贯彻江泽民同志"七一"重要讲话精神的通知》强调指出，积极推进"三个代表"重要思想进教材、进课堂、进学生头脑工作，是当前和今后一个时期高校"两课"教育教学工作的重要任务。因而，各地教育部门和高校的党政领导要切实加强对这一工作的领导，注意发挥广大"两课"教师的积极性和创造性，充分做好各项教学准备，制定具体的教学实施计划。

在此基础上，2003 年 2 月 12 日，教育部下发《关于进一步深化"三个代表"重要思想"三进"工作的通知》，要求将高校"两课"教育教学中的"邓小平理论概论"课调整为"邓小平理论和'三个代表'重要思想概论"课，支持、鼓励"两课"教育教学条件和基础较好的高校单独开设"'三个代表'重要思想概论"课，在"两课"目前开设中的"马克思主义哲学原理"、"马克思主义政治经济学原理"、"毛泽东思想概论"、"当代世界经济与政治"、"思想道德修养"和"法律基础"等课程中全面贯彻"三个代表"重要思想。尔后，为进一步坚持以科学的理论教育武装青年学生头脑，用马克思主义最新成果来占领高校思想阵地，中央及有关部门相继作出有关指示并下发通知，要求全方位推动邓小平理论、"三个代表"重要思想进教材、进课堂、进学生头脑，教育引导青年学生运用马克思主义世界观和方法论去认识和分析问题，不断巩固马克思主义在高校的指导地位。

党的十四大以来，各地教育部门和各高校在推进马克思主义中国化理论"三进"工作中积累了丰富的经验。按照领导重视、教师先行、精心部署、积极推进的指导思想，以及从多门课程渗透到相对集中，再到单独开

---

① 中共中央文献研究室编《十五大以来重要文献选编》上，人民出版社，2000，第 743—744 页。

设的工作步骤和做法，各高校高质量地实施高校"两课"课程新方案，加强教材建设，用马克思主义最新理论成果全面修订"两课"教材，不断丰富教材内容，组织编写《"三个代表"重要思想大学生读本》《学习"三个代表"重要思想重点难点问题解析》等，进一步增强教材的吸引力、感染力和可读性；切实抓紧抓好"两课"教师对邓小平理论、"三个代表"重要思想的学习和培训；发扬理论联系实际的学风，努力改进教学方法，密切结合当代的生动实践，用大量的事实说话，并通过教学方法的改革和丰富多彩的课外活动，调动广大青年学生的积极性。

这些举措确保了坚持用科学的理论武装和教育青年学生，提高了广大青年学生的使命感和责任感，坚定了他们对马克思主义的信仰、对中国特色社会主义的理想信念，增进了对改革开放和社会主义现代化建设的信心与对党和政府的信赖，从而增强了社会主义意识形态的感召力和凝聚力，维护了我国社会主义意识形态安全。

四　在改革创新中引领多元社会思潮

进入新世纪新阶段，我国处于开放与多元化环境中，放眼望去，整个国际国内形势都处于广泛而深刻的变化之中。在这个以经济全球化、政治多极化、信息网络化、文化多元化、价值多样化为显著特征的变革时期，我国各种不同的社会意识形态纷繁激荡，主导意识形态与非主导意识形态激烈交锋，新自由主义、民主社会主义、历史虚无主义、民族主义、普世价值、西方宪政民主、公民社会、军队国家化及境外宗教信仰自由等形形色色的社会思潮此起彼伏，社会思想意识呈现出多元多样多变的新特点。各种纷繁复杂的社会思潮，既给人们带来了多样性的价值选择，同时也对我国马克思主义意识形态的指导地位形成了挑战，使得我国意识形态安全问题愈发凸显。面对多元社会思潮给我国意识形态安全带来的巨大冲击与挑战，党的十六大以来，高校思政课的建设力度不断加大，在教育教学中更加突出社会主义核心价值体系，在阵地建设和管理上更加注重科学研究和学科支撑，在理论武装上深入推进中国特色社会主义理论体系"进教材、进课堂、进学生头脑"，从而将高校思政课建设成了积极引领各种社会思潮，教育引导广大青年学生增进社会主义意识形态认同的主渠道和主阵地。

（一）优化教育教学，以社会主义核心价值体系为中心内容

由于各种纷繁复杂的社会思潮内隐着极强的意识形态因素，它们往往集阶级性、多样性、复杂性和渗透性于一身，其政治属性与社会主义意识形态存在根本性差异，因而最易给政治辨别力不够敏锐、思想道德评价标准模糊、价值观念包容性过度宽容的青年学生造成冲击和影响，一些青年学生出现了思想上的困惑和迷茫，如某些青年学生认为"社会主义和资本主义日渐趋同"，认为共产主义是"不可能实现的乌托邦"；部分青年学生价值观念呈现多元化态势，甚至价值取向严重扭曲，诚信意识淡薄，政治取向上出现较为明显的实用性、功利性倾向，往往把政治看作自己成长的客观条件和实现个人利益的一种手段，但却不想过多承担应尽的政治、社会责任；随着全球化进程的加快，多元思潮冲击部分青年学生的爱国意识和爱国主义情感，而且青年学生自我意识膨胀，在一定程度上影响了其人生理想。① 正如 2004 年 8 月 26 日中共中央、国务院发出的《关于进一步加强和改进大学生思想政治教育的意见》中所指出的："一些大学生不同程度地存在政治信仰迷茫、理想信念模糊、价值取向扭曲、诚信意识淡薄、社会责任感缺乏、艰苦奋斗精神淡化、团结协作观念较差、心理素质欠佳等问题。"②

为此，党的十六大以后，党和国家不断加强和改进高校思政课，着力优化高校思政课教育教学，将社会主义核心价值体系融入高校思政课教育教学全过程，推动社会主义核心价值体系进教材、进课堂、进学生头脑，充分发挥社会主义核心价值体系在武装青年学生头脑、教育青年学生、引领青年学生等方面的作用，从而促进广大青年学生形成坚定的理想信念和科学的世界观、人生观、价值观、荣辱观，正确认识其肩负的历史使命，

① 郝保权：《多元开放条件下中国社会主义意识形态安全研究》，人民出版社，2018，第9—10 页。
② 教育部社会科学司组编《普通高校思想政治理论课文献选编（1949—2006）》，中国人民大学出版社，2007，第203 页。

努力成为社会主义合格建设者和可靠接班人。

2005 年 2 月 7 日，中共中央宣传部、教育部联合下发的《关于进一步加强和改进高等学校思想政治理论课的意见》针对高校思政课面临的新形势、新情况，详细分析了新的形势对高校思政课教育教学提出的新任务和新要求，明确提出要不断完善高校思政课的课程体系，并确定了新的课程方案，规定设置"马克思主义基本原理""毛泽东思想、邓小平理论和'三个代表'重要思想概论""思想道德修养与法律基础""中国近现代史纲要"这四门本科必修课；同时，开设"形势与政策"课以及"当代世界经济与政治"等选修课。要求对青年学生进行系统的马克思主义指导思想的教育，开展马克思主义人生观、价值观、道德观和法制观的教育，开展中国近现代史教育，开展党的路线、方针和政策的教育，从而使每门思政课都成为教育引导青年学生践行社会主义核心价值观的主渠道。

在上述基础上，2005 年 3 月 2 日，中共中央宣传部、教育部正式印发《〈关于进一步加强和改进高等学校思想政治理论课的意见〉实施方案》，明确规定把"马克思主义基本原理""毛泽东思想、邓小平理论和'三个代表'重要思想概论""思想道德修养与法律基础""中国近现代史纲要"四门思政课作为高等学校本科必修课程，"当代世界经济与政治"作为本科选修课；把"毛泽东思想、邓小平理论和'三个代表'重要思想概论""思想道德修养与法律基础"作为专科必修课程；本、专科学生都要开设"形势与政策"课。以此强化对青年学生的思想教育和价值引导。

在课程的基本内容方面，该实施方案强调，"马克思主义基本原理"课着重讲授马克思主义的世界观和方法论，帮助青年学生从整体上把握马克思主义，正确认识人类社会发展的基本规律；"毛泽东思想、邓小平理论和'三个代表'重要思想概论"课着重讲授中国共产党把马克思主义基本原理与中国实际相结合的历史进程，充分反映马克思主义中国化的三大理论成果，帮助青年学生系统掌握毛泽东思想、邓小平理论和"三个代表"重要思想基本原理，坚定在党的领导下走中国特色社会主义道路的理想信念；"中国近现代史纲要"课主要讲授中国近代以来抵御外来侵略、争取民族独立、推翻反动统治、实现人民解放的历史，帮助青年学生了解国史、国情，深刻领会历史和人民是怎样选择了马克思主义、选择了中国共产党、选择了社会主义道路；"思想道德修养与法律基础"课主要进行社会主义道德教育和法制教育，帮助青年学生增强社会主义法制观念，提高思想道德素质，解决其成长成才过程中遇到的实际问题。

随后不久，教育部办公厅相继下发《关于全国普通高校从 2006 级学生开始普遍开设〈思想道德修养与法律基础〉课的通知》《关于全国普通高校从 2007 年春季开始对 2006 级学生普遍开设"中国近现代史纲要"和"毛泽东思想、邓小平理论和'三个代表'重要思想概论"课的通知》，要求统一使用经过审定，由中共中央宣传部、教育部组织编写的课程专门教材；各教育主管部门和各高校要及时对本地、本部门、本校思政课教学计划作出必要的调整和安排，对教学机构作出适当的调整和充实，对师资队伍进行培训，切实做好开课的各项准备工作，负责并统筹协调好教材发行工作，确保按时保质开课。而后，作为高校思政课新课程方案的第一本教材《思想道德修养与法律基础》正式出版。《思想道德修养与法律基础》教材以道德教育和法制教育为主体，以社会主义荣辱观为主线，以理想信念教育为核心，以爱国主义教育为重点，紧密联系青年学生成长成才过程中的一系列人生问题，从理论和实际的结合上进行了阐述。

为了进一步将社会主义核心价值体系融入高校思政课教育教学全过程，研究生思政课设置也进行了相应调整。2010 年 8 月 6 日，中共中央宣传部、教育部下发《关于高等学校研究生思想政治理论课课程设置调整的意见》，明确提出高校研究生思政课课程的导向性为："坚持以当代中国马克思主义为指导，坚持马克思主义的立场、观点和方法，贴近研究生思想和学习实际，帮助他们树立正确的世界观、人生观、价值观，坚定中国特色社会主义理想和信念。"①

为此，该意见规定：硕士研究生开设"中国特色社会主义理论与实践研究"必修课，主要是在当代世界和当代中国背景下，分专题研究和介绍当前中国特色社会主义实践中的重大问题，深化和拓展本科阶段思政课的

---

① 教育部思想政治工作司组编《加强和改进大学生思想政治教育重要文献选编（1978—2014）》，知识产权出版社，2015，第 416 页。

学习，进一步掌握中国特色社会主义理论体系，坚定中国特色社会主义信念。博士研究生开设"中国马克思主义与当代"必修课，主要运用当代中国马克思主义的基本观点，深入分析当代世界重大社会问题和国际经济政治热点问题、当代重大社会思潮和理论热点等，帮助博士生进一步提高运用马克思主义立场观点方法分析和解决问题的能力；同时开设"马克思主义经典著作选读"选修课程，通过对经典著作的研读和教师讲授，帮助博士生学习马克思主义基本原理，深化对当代中国马克思主义的理解和掌握。

而在实践过程中，各高校积极探索把社会主义核心价值体系融入思政课教育教学全过程的有效途径。比如，华中科技大学以思政课堂教育为主阵地，充分发挥思政课教学的主渠道作用，党委书记参与集体备课，校长登台讲授第一课；同时，积极引导思政课教师在教育教学中贯穿社会主义核心价值体系教育。① 云南师范大学致力于把社会主义核心价值体系融入思政课教育教学各个环节。在教育内容上，明确社会主义核心价值体系进教材是基础，进课堂是关键，进学生头脑是目的，把社会主义核心价值体系纳入学校教育的全过程；在教育设计上，详细制定社会主义核心价值体系贯穿其中的思政课教学大纲，完善以社会主义核心价值体系为重点的思政课在线网站，开发多媒体课件和网络教学资源；在教育方式上，实施社会主义核心价值体系教育的多环节教学，开设社会主义核心价值体系理论专题，鼓励思政课教师开设社会主义核心价值体系理论课试点，在全校本科和研究生中宣讲，在各门课程教学中穿插社会主义核心价值体系教育。

事实表明，社会主义核心价值体系作为我国社会主义意识形态的内在精神和灵魂，在我国所有的社会价值体系之中处于统率和支配的地位，对各种社会思潮具有引领作用。将社会主义核心价值体系融入高校思政课教育教学全过程，推动社会主义核心价值体系进教材、进课堂、进学生头脑，形成在多元中立主导、在交融交锋中谋共识的生动局面，有利于武装青年学生头脑、教育和引领青年学生，从而使青年学生能够辨识和抵制各种错误社会思潮。正是通过对高校思政课教育教学内容和课程体系的不断优化，

---

① 参见中共华中科技大学委员会《把社会主义核心价值体系融入思政教育全过程》，《中国高等教育》2008 年第 1 期。

通过广大思政课教师加强对社会主义核心价值体系的学习与研究，把握其内在的逻辑结构和价值要求，不仅将社会主义核心价值体系全方位融入了各门高校思政课程，而且在教材内容和教育教学中实现了思政课在高校引领社会思潮的主渠道作用。

（二）深入推进"三进"，使马克思主义中国化最新理论成果入脑入心

"由于社会思潮的表现形式多种多样，既有论文论著的理论形态，也有影视大片、文学作品等艺术形式，还有只言片语的言论、嬉笑怒骂的段子、扭曲编造'历史'、捕风捉影甚至无中生有的'现实'，从而大大增加了年轻学生的辨识难度。"① 然而，形形色色的错误社会思潮，不管以什么形式、什么手法表现出来，其意图不外乎是"抢人"——"抢夺青年学生"的价值预设。各种社会思潮与我国社会主义意识形态的争锋关涉的是青年学生的信仰信念，其实质是看待"培养什么人、怎样培养人、为谁培养人"问题的不同立场。面对汹涌而来的各种社会思潮，党的十六大以后，党和国家加强高校思政课建设以巩固马克思主义意识形态指导地位的重要特点是：深入推进马克思主义理论成果进教材、进课堂、进学生头脑，使社会主义意识形态的最新理论成果深入人心，以引导、唤醒和培育青年学生运用马克思主义的立场、观点和方法进行价值选择判断、学会辨析各种思潮，从而在是与非的比较中坚定对马克思主义的信仰、对中国特色社会主义的理想信念，点燃他们投身中国特色社会主义事业的青春激情。

为了全方位加强对马克思主义中国化理论成果的研究，加强邓小平理论和"三个代表"重要思想研究基地建设，研究回答干部群众关心的重大理论问题和现实问题，推动理论武装工作深入发展，2004 年 1 月 5 日，中共中央在下发的《关于进一步繁荣发展哲学社会科学的意见》中适时提出实施马克思主义理论研究和建设工程，并明确要求"组织编写全面反映邓小平理论和'三个代表'重要思想的哲学、政治经济学、科学社会主义以及政治学、社会学、法学、史学、新闻学和文学等学科的教材，进一步推动邓小平理论和'三个代表'重要思想进教材、进课堂、进学生头脑工

---

① 何畏：《在提高学生的社会思潮辨识力中固本培元——谈提高和巩固思政课教学效果的有效路径》，《马克思主义理论学科研究》2020 年第 5 期。

作。要进一步改进邓小平理论和'三个代表'重要思想的教学工作，增强马克思主义理论课的吸引力和感染力。要抓好马克思主义理论师资队伍建设，着力培养一批中青年马克思主义理论教学骨干"[1]。这为高校思政课深入推进"三进"工作，强化理论武装指明了发展方向，为推进高校思政课建设和巩固马克思主义意识形态的指导地位提供了重要保证。

为了更好地打牢高校思政课教育教学所依托的马克思主义基本理论根基，2005 年 2 月 7 日，中共中央宣传部、教育部联合下发的《关于进一步加强和改进高等学校思想政治理论课的意见》明确提出：要形成比较完善的学科体系和课程体系，编写出充分体现当代中国马克思主义最新理论成果的教材。为此，在课程设置上，将原本分散的"毛泽东思想概论""邓小平理论和'三个代表'重要思想概论"课优化整合为"毛泽东思想、邓小平理论和'三个代表'重要思想概论"课，从而为深入推进邓小平理论和"三个代表"重要思想进教材、进课堂、进学生头脑工作提供了有力的课程支撑。随着党的十七大首次概括性提出中国特色社会主义理论体系，2008 年 8 月教育部办公厅印发了《关于将高校思想政治理论课"毛泽东思想、邓小平理论和'三个代表'重要思想概论"课程名称调整为"毛泽东思想和中国特色社会主义理论体系概论"的通知》，决定自 2008 年秋季学期开始，将高校思政课"毛泽东思想、邓小平理论和'三个代表'重要思想概论"调整为"毛泽东思想和中国特色社会主义理论体系概论"，强调要在高校思政课教育教学中着力阐述邓小平理论、"三个代表"重要思想和科学发展观等重大战略思想的深刻内涵，努力推进马克思主义中国化最新理论成果进教材、进课堂、进学生头脑。

在中央的重要指示精神指引下，全国各高校马克思主义学院和思政课教学科研单位以 2004 年党中央提出实施马克思主义理论研究和建设工程、2005 年设立马克思主义理论学科，以及学习贯彻党的十七大精神为重要契机，加强对马克思主义理论的研究和阐释工作，通过深入研究马克思主义发展史、马克思主义基本原理、马克思主义与时俱进的理论品格，深入研

---

[1]　教育部社会科学司组编《普通高校思想政治理论课文献选编（1949—2006）》，中国人民大学出版社，2007，第 199 页。

究马克思主义中国化的历史进程和毛泽东思想、邓小平理论、"三个代表"重要思想、科学发展观，深入研究马克思主义中国化的创新理论在"什么是马克思主义、怎样对待马克思主义""什么是社会主义、怎样建设社会主义""建设什么样的党、怎样建设党""实现什么样的发展、怎样发展"等一系列问题上提出的新思想、新观点、新论断，为广大青年学生不断深化对马克思主义理论和中国特色社会主义理论体系的认识，强化理论武装奠定了坚实基础。

与此同时，各高校思政课教师充分发挥在推进党的理论武装、批判引领社会思潮中的独特作用。一方面，通过创新理论讲授方法，加强理论解读的现实性和丰富性，创新课堂教学模式，注重教与学的互动沟通，创新话语系统，实现表达方式的时代化和生活化，运用现代化教学手段等多样化方式，不断增强中国特色社会主义理论体系教育的针对性、实效性和吸引力、感染力，打牢青年学生的马克思主义理论根基，帮助青年学生学会运用马克思主义理论分析和解决问题；另一方面，通过强化自身理论素养、加强对社会思潮的学习培养和科学研究、同社会思潮对话交流交锋、课程穿插分析社会思潮以及开展社会实践教学等形式，提高青年学生对社会思潮的辨识能力。这些多样化的形式对坚定广大青年学生的马克思主义信仰、中国特色社会主义理想信念，继而拿起科学的理论武器揭穿和批判错误社会思潮发挥了重要作用，成为推动社会主义意识形态建设发展的重大举措。

第四章　新时代高校思政课铸魂育人的守正与创新

　　以党的十八大为标志，中国特色社会主义进入新时代，国际国内局势发生深刻变化，不同思想文化激烈交锋，社会思潮更加多元、多样、多变，党和国家各项事业发展面临的形势日益复杂。特别是在世界百年未有之大变局下，国家之间、不同社会制度之间意识形态领域的斗争日趋激烈，当前国际意识形态的矛盾呈现为世界上绝大多数发展中国家与极少数西方霸权国家之间的矛盾，以及以中国为代表的社会主义国家与以美国为代表的发达资本主义国家之间的矛盾。我国意识形态领域面临的斗争渐趋激烈，强化思想理论教育和价值引领在维护国家意识形态安全中的重要性和紧迫性愈发凸显。而这种迫切性在思想文化集散地的高校体现得最为显著。这对深化高校思政课建设提出了新要求，有针对性做好思想理论教育和价值引领成为高校思政课建设的重要课题。新的历史方位、新的时代课题对高校思政课提出了新任务新要求，抓好后继有人这个根本大计要求高校思政课培根固本、铸魂育人；应对国内外意识形态领域复杂形势要求高校思政课激浊扬清、立破并举；青年学生思想认识和价值观念多样多变要求高校思政课解疑释惑、析理明道。立足世界百年未有之大变局和两个一百年的历史交汇期，以习近平同志为核心的党中央秉持"思政课是高校第一课"理念，把高校思政课摆在突出位置，不断深化对高校思政课建设的规律性认识，作出一系列重大决策部署，推动高校思政课在引领青年、赢得青年中坚守为党育人的初心，坚定为国育才的立场，为保证中国特色社会主义事业后继有人作出了重要贡献。

一　在规范创建中强化思想理论教育

党的十八大以来，党中央坚持问题导向、目标导向和效果导向相结合，加强对高校思政课建设的顶层设计，健全高校思政课的领导和组织架构，夯实阵地平台，完善制度机制，为强化对青年学生的思想理论教育，更好促进高校思政课铸魂育人功能的发挥提供了坚实的支撑。

（一）加强顶层设计，完善高校思政课的组织领导

加强党对高校思政课的领导，是全国思政课建设的"魂"，也是其发挥铸魂育人作用的"擎天支柱"。党的十八大以前，高校思政课主要接受教育部社会科学司、思想政治工作司的业务领导。党的十八大以后，特别是2019年学校思想政治理论课教师座谈会召开以来，党中央通过加强顶层设计，不断完善高校思政课的领导和组织架构，强化对高校思政课建设的全面领导。

2018年9月10日，习近平总书记在全国教育大会上讲话指出："思想政治工作是学校各项工作的生命线，各级党委、各级教育主管部门、学校党组织都必须紧紧抓在手上。"① 2019年3月18日，在学校思想政治理论课教师座谈会上，他进一步强调："各级党委要把思政课建设摆上重要议程"，"要建立党委统一领导、党政齐抓共管、有关部门各负其责、全社会协同配合的工作格局"，"学校党委书记、校长要带头走进课堂，带头推动思政课建设，带头联系思政课教师"。② 这些重要论断为破除高校思政课的领导体制障碍指明了方向。为此，在中央层面，党中央明确中共中央宣传部要加强对高校思政课的领导和指导，教育部、中共中央宣传部等部门要牵头抓思政课建设，中央军委政治工作部要指导抓好军队院校思政课建设。在地方层面，党中央明确要求建立地方党委统一领导、党政齐抓共管、有关部门各负其责、全社会协同配合的工作格局。在高校层面，构

---

① 习近平：《论坚持党对一切工作的领导》，中央文献出版社，2019，第279页。
② 习近平：《论坚持党对一切工作的领导》，中央文献出版社，2019，第290页。

建高校党委统一领导、党政齐抓共管、教务部门牵头抓总、相关部门联动、学院落实推进的领导格局，推动建立高校党委书记、校长带头抓思政课机制。在教学指导层面，成立教育部高等学校思想政治理论课教学指导委员会，规定该委员会在教育部领导下负责对加强和改进高校思政课教学工作进行研究、咨询、评价、指导和服务的工作，对高校思政课重要决策进行前期研究，就高校思政课建设和改革工作提出意见和建议，组织和开展高校思政课教学理论与实践研究、教师培训、教学督导、巡查和检查等工作。在大局观上对思政课政策进行前瞻性的宏观指导，确保思政课政策的制定和实施符合发展规律，具有合理性和可操作性。相应地，各省区市都成立了高等学校思想政治理论课教学指导委员会。

在上述基础上，2019 年 8 月，由中共中央办公厅、国务院办公厅印发的《关于深化新时代学校思想政治理论课改革创新的若干意见》对加强党对思政课建设的全面领导作出了一系列更加具体的刚性制度化安排，具体包括：地方党委常委会每年至少召开 1 次专题会议研究思政课建设；高校党委常委会每学期至少召开 1 次专题会议研究思政课建设，把思政课建设情况纳入学校党的建设工作考核、办学质量和学科建设评估标准体系。由此，高校思政课建设作为新时代党的建设和意识形态工作的标志性工程摆上重要议程，党中央明确将其纳入地方党委和高校党委的主体责任，高校党委书记要落实思政课建设第一责任人责任，校长要切实负起政治责任和领导责任，这进一步夯实了地方党委和高校党委严把思政课建设政治方向的政治责任。党的领导贯彻到高校思政课建设全过程、各方面，成为新时代高校思政课铸魂育人的优势所在、底气所在。

（二）固本培根强基，高质量建设高校马克思主义学院

高校马克思主义学院是学习、研究、宣传马克思主义的主阵地，也是高校开展思政课教学的组织主体。加强高校马克思主义学院建设，是深化马克思主义理论教育，培养堪当民族复兴重任的时代新人的基础性工程，对于"建设具有强大凝聚力和引领力的社会主义意识形态，进一步丰富和发展当代中国马克思主义、二十一世纪马克思主义，对于彰显中国大学社会主义底色，引导青年学生牢固树立共产主义远大理想和中国特色社会主

义共同理想，培养一代又一代社会主义建设者和接班人，具有重要意义"①。党的十八大以来，以习近平同志为核心的党中央高度重视高校马克思主义学院建设，探索推动高校马克思主义学院高质量发展方略，不断提升高校马克思主义学院建设的科学化、规范化、现代化水平，着力打造马克思主义理论教育教学、研究、宣传和人才培养的坚强阵地。在马克思主义学院建设方面，党中央和各地党委始终坚持马克思主义指导地位，靠前指挥、抓好关键。

1. 抓领导：坚持"独立设置、直属学校领导"的统一要求

压紧压实马克思主义学院建设主体责任，2021 年 9 月中共中央办公厅印发的《关于加强新时代马克思主义学院建设的意见》强调，要切实加强党对马克思主义学院建设的领导，要求各级党委加强对马克思主义学院建设的领导和统筹规划，宣传、教育等部门要为马克思主义学院建设提供有力政策指导、组织保障和经费支持。各高校党委书记和校长履行第一责任人职责，保证每学期至少召开 1 次专题会议，研究马克思主义学院建设重点工作，并就各校马克思主义学院建设中的组织管理、学科建设、教育教学、人才队伍建设、硬件建设、社会服务等内容提出规范性要求和评价指标，确保在学校发展规划、经费投入、公共资源使用中优先保障马克思主义学院建设，在人才培养、科研立项、评优表彰、职务评聘等方面支持马克思主义学院，形成高校协调推进马克思主义学院建设的工作机制，着力推动马克思主义学院规范建设、科学发展、协同创建。

2. 抓示范：建设重点马克思主义学院

党的十八大以来，党中央着力抓好马克思主义学院建设，将马克思主义学院作为重点学院进行建设。2016 年 1 月，教育部首次召开推进全国重点马克思主义学院建设工作会议，研究部署全国重点马克思主义学院建设工作，全面推动提升全国马克思主义学院建设整体水平。2017 年 9 月，教育部研制《高等学校马克思主义学院建设标准（2017 年本）》，从领导责任、机构设置、基础建设、教学实施、师资配备、科学研究、人才培养等方面提出了具体的建设指标。在此基础上，各省（区、市）以重点马克思

---

① 《中办印发〈意见〉加强新时代马克思主义学院建设》，《人民日报》2021 年 9 月 22 日。

主义学院建设为抓手，引领本省（区、市）马克思主义学院整体建设、全面提质。"据统计，全国高校中马克思主义学院在 2016 年一跃发展到 454 家；2017 年达到 653 家；2018 年达到 834 家；2019 年这个数字突破了 1000 家，达到 1012 家；这个数字在 2020 年又改写为 1161 家。由于各省（自治区、直辖市）主管部门高度重视，各高校党政领导全力支持，马克思主义学院在很多高校出现了争相建立的局面。不仅在重点高校，而且在一般高校；不仅在本科院校，而且在高职高专院校；不仅在公办院校，而且在民办高校，成立马克思主义学院成为一种潮流。"① 截至 2021 年底，全国马克思主义学院发展到 1400 余家，其中 37 家马克思主义学院相继入选全国重点马克思主义学院，一批集马克思主义理论学习教育、研究宣传、人才培养于一体的特色马克思主义学院（含高职高专类院校）先后涌现，逐步形成以全国重点马克思主义学院为牵引，各类马克思主义学院相互促进、共同发展、一体推进的发展局面。数量增长与规模扩大的背后，体现出马克思主义学院结构与功能的优化，有力地助推了新时代高校思政课铸魂育人功能的高质量发展。

3. 抓学科：把马克思主义理论学科作为重点学科进行建设

马克思主义理论学科是高校思政课铸魂育人的学理基础。党的十大以来，党中央不断加强顶层设计，把思政课建设与学科建设紧密结合，编订符合马克思主义理论学科发展要求的发展规划，形成以马克思主义理论学科为引领、相关学科为补充的思政课学科支撑体系，以马克思主义理论学科的优先发展、优势发展、优质发展支撑思政课教学，进而引导广大青年学生划清是非界限、澄清模糊认识，用科学理论的魅力说服青年学生、教育青年学生。进入新时代以来，马克思主义理论"失声"与"失语"的状况得到极大改善，马克思主义理论学科"被边缘化"与"不受待见"的情况得到扭转，越来越多的其他学科背景的骨干力量与青年学者加入马克思主义理论学科的研究队伍中，在一定程度上为马克思主义的学习、研究、宣传注入了新鲜血液与活力，为高校思政课铸魂育人提供了坚实的学理支撑。

---

① 陈占安：《关于建强建优全国重点马克思主义学院的思考》，《思想理论教育导刊》2021 年第 8 期。

（三）构建制度机制，完善思政课铸魂育人的制度体系

党的十八大以来，围绕高校思政课铸魂育人的现实需要，党中央出台一系列政策文件并着力完善制度机制，推动高校思政课铸魂育人制度体系的"四梁八柱"日趋完善，促进高校思政课铸魂育人的各项要求落地落实、落细落小。

1. 制定出台高校思政课建设的指导性文件

党的十八大以来，党中央出台多项重要文件规范指引高校思政课在改革中创新。在课程地位方面，中共中央、国务院印发《关于加强和改进新形势下高校思想政治工作的意见》，对高校思政课铸魂育人的主渠道作用作了进一步的明确。在教育教学方面，相继出台《普通高校思想政治理论课建设体系创新计划》《高等学校思想政治理论课建设标准（2021年本）》《新时代高校思想政治理论课教学工作基本要求》《关于深化新时代学校思想政治理论课改革创新的若干意见》《"新时代高校思想政治理论课创优行动"工作方案》《深化新时代学校思想政治理论课改革创新先行试点工作方案》《新时代学校思想政治理论课改革创新实施方案》《高等学校课程思政建设指导纲要》《全面推进"大思政课"建设的工作方案》等文件。在教师队伍建设方面，研究制定《普通高等学校思想政治理论课教师队伍培养规划（2013—2017年）》《普通高等学校思想政治理论课教师队伍培养规划（2019—2023年）》《新时代高等学校思想政治理论课教师队伍建设规定》等文件，进一步明确高校思政课教师的职责要求、配备选聘、培养发展、管理考核等，完善国家、省（区、市）、高校三级培训体系，推动高校在专业技术职务（职称）评审工作中单独设立马克思主义理论类别，按教师比例核定思政课教师专业技术职务（职称）各类岗位占比，提高评价中的教学和教学研究占比，引导思政课教师把主要精力放在铸魂育人上。在资源保障方面，印发《高校思想政治工作专项资金管理暂行办法》《关于加强新时代马克思主义学院建设的意见》等，给予马克思主义学院、思政课建设组织保障、经费支持，因地制宜推动落实思政专项经费、思政课教师岗位津贴；发布《高校思想政治理论课教学方法改革项目"择优推广计划"实施方案》，设立高校思政课建设项目，实施高校示范马克思主

义学院和优秀教学科研团队建设项目，建设一批示范马克思主义学院（教学科研部门）、教研室，设立"高校思政课教师银龄工作室"，建设一批全国高校"思政课名师工作室"，择优资助一批思政课优秀青年教师等。这些文件从不同层面为高校思政课发挥铸魂育人作用提供了坚实的制度保障。

2. 构建领导干部到高校讲思政课常态化机制

领导干部上讲台，是中国共产党思想政治教育的独特政治优势。领导干部到高校讲思政课，可以发挥其在政治、阅历方面的优势，展现领导干部良好形象，拉近青年学生与党和政府的距离，让青年学生不断增强对党和政府的信赖。从 2004 年 8 月 26 日中共中央、国务院印发《关于进一步加强和改进大学生思想政治教育的意见》提出各级领导干部要深入高校为青年学生作形势与政策报告开始，领导干部到高校讲思政课受到各级党委的重视。但囿于覆盖面不大、计划性不强等原因，领导干部到高校讲思政课在实践中进展不大，长效机制尚未真正建立。

党的十八大以来，党中央对领导干部进高校讲思政课的重视程度达到前所未有的高度。2015 年 7 月 23 日，中共中央组织部、中共中央宣传部和教育部联合制发《关于领导干部上讲台开展思想政治教育的意见》，明确提出了领导干部上讲台的主要任务、宣讲要点、授课计划等，为领导干部进高校讲思政课提供了重要支撑。

为了保障领导干部进高校讲思政课能够持续且规范化，巩固思政课铸魂育人的作用与成效，2019 年 8 月中共中央办公厅、国务院办公厅印发的《关于深化新时代学校思想政治理论课改革创新的若干意见》进一步提出了地方党政领导班子成员联系高校讲思政课的具体要求：建立和完善省（自治区、直辖市）党委领导班子成员联系高校和讲思政课特别是"形势与政策"课制度，各省（自治区、直辖市）党委和政府主要负责同志每学期结合学习和工作至少讲 1 次课；同时规定高校党委书记、校长每学期至少给学生讲授 4 个课时思政课，高校领导班子其他成员每学期至少给学生讲授 2 个课时思政课，可重点讲授"形势与政策"课。

在上述制度安排下，各级党政领导干部和高校党政主要负责人发挥

"头雁效应"，纷纷进入高校思政课堂，深入开展习近平总书记系列重要讲话精神学习宣传教育，开展中国特色社会主义和中国梦的宣传教育，开展协调推进"四个全面"战略布局的宣传教育，结合国家和本地区本部门发展实际，宣讲改革开放和社会主义现代化建设的新成就新变化，宣讲党和国家重大方针政策、重大活动和重大改革措施，开展经济发展新常态下的新形势、新特点、新任务教育，开展当前国际形势与国际关系的状况、发展趋势和我国的对外政策、世界重大事件及我国政府的原则立场教育等，回答青年学生关注的重大理论和实践问题，帮助青年学生自觉划清思想理论上的是非界限。

在天津市，党政领导干部多次深入大学思政课堂，并结合自己的学习体会、身边的典型案例、天津的发展故事，站在历史逻辑、社会现实、国际比较的高度引导青年学生坚定理想信念，努力成为堪当民族复兴重任的时代新人。① 湖北省大力推进省领导干部联系高校讲思政课工作，规定所有的省委常委、副省长各联系 1 所高校以作形势与政策报告的方式讲思政课。省领导干部与青年学生同上思政课，使思政课堂学生的"到课率""抬头率""满意率"显著提升，思政教育入脑入心效果明显增强。调研数据显示，青年学生对思政课的满意度超过 85%，"四个正确认识"更加明确，紧跟党走、拥戴核心意识明显增强，紧跟时代、勇于担当、奉献社会的理想信念持续筑牢。② 为了建立党政领导干部进高校讲思政课的长效机制，中共广东省委教育工作领导小组印发《广东省学校思想政治理论课建设行动计划（2019—2021 年）》，明确推出党政领导干部常态化为师生讲思政课等 16 项举措。③

各级党政领导干部上高校思政课讲台，为广大青年学生从"顶层设计"的高度了解国情、党情、社情、民情，全面正确地理解党的路线、方针、

---

① 参见张雯婧《担当尽责 铸魂育人——党政领导干部进校园讲思政课成常态》，《天津日报》2022 年 3 月 19 日。

② 参见夏静、谭庆华、丁继国《领导干部与学生同上思政课》，《光明日报》2018 年 1 月 6 日。

③ 参见吴少敏、钟哲《〈广东省学校思想政治理论课建设行动计划（2019—2021 年）〉出台 党政领导干部常态化为师生讲思政课》，南方网，2019 年 6 月 14 日，https://news.southcn.com/node_54a44f01a2/69a1aeedac.shtml。

政策，从而坚定信念，增强社会责任感，成为社会主义合格建设者和可靠接班人提供了有效途径。

二　在遵循规律中实现培根铸魂育人

党的十八大以来，以习近平同志为核心的党中央坚持守正创新、与时俱进，从中国改革发展实际出发，不断夯实高校思政课的基础，着力凸显铸魂育人成效，增强发展动力，在培育担当民族复兴大任的时代新人、培育社会主义合格建设者和可靠接班人中持续发挥重要作用。

（一）塑造经师：把握"六个要"

"经师易求，人师难得。"习近平总书记强调："教师是人类灵魂的工程师"①，"教师承载着传播知识、传播思想、传播真理，塑造灵魂、塑造生命、塑造新人的时代重任"②。要给青年学生心灵埋下真善美的种子，引导青年学生扣好人生第一粒扣子，高校思政课教师责任重大。针对高校思政课教师队伍建设不适应思政课改革发展需求，整体素质亟待提升的状况，2013年6月，教育部制定《普通高等学校思想政治理论课教师队伍培养规划（2013—2017年)》，提出要以加强师德建设和提高教师业务水平为中心，以提高理论素养为基础，以提高教育教学质量为目的，多措并举培养造就数千名思想政治理论素质高、业务精湛、具有发展潜力的教学一线骨干教师，建设数万名坚持正确方向、师德高尚、业务熟练、结构合理的专业化教师队伍，为加强和改进大学生思想政治教育，培养社会主义合格建设者和可靠接班人作出贡献。

2015年7月27日，中共中央宣传部、教育部联合印发《普通高校思想政治理论课建设体系创新计划》，强调要提高高校思政课专职教师队伍整体素质，建设一支理想信念坚定、师德高尚、理论功底扎实、教学效果良好的高水平思想政治理论课教师队伍，形成专兼结合、结构合理的教学人才体系。在此基础上，2018年教育部印发《高校思想政治理论课教师队伍建

---

① 习近平：《论党的宣传思想工作》，中央文献出版社，2020，第278页。

② 习近平：《论党的宣传思想工作》，中央文献出版社，2020，第379页。

设专项工作总体方案》，提出实施"高校思想政治理论课教师队伍后备人才培养专项支持计划"，培养一批热爱思政课教学和马克思主义理论研究，教学业绩突出，具有发展潜力的青年领军人才，增设一批高校思政课教师培训研修基地，同时鼓励具备条件的辅导员担任思政课兼职教师。随着这些政策的落地实施，党的十八大以来，高校思政课教师队伍规模不断扩大、素质稳步提升。然而，讲好思政课不容易，当好青年学生的"大先生"不容易，因为这个课对教师的综合素养要求很高，其教育教学涉及范围广、程度深、格局大。

针对新时代的思政课教师应具备哪些素养，2019 年 3 月 18 日，习近平总书记在学校思想政治理论课教师座谈会上明确指出：广大思想政治理论课教师，政治要强、情怀要深、思维要新、视野要广、自律要严、人格要正。① 这"六个要"既是针对新时代高校思政课教师应具备哪些素养而提出的新要求，也为新时代高校思政课教师强化思想理论教育和价值引领指明了前进方向，提供了根本遵循。

在这里，政治要强突出的是让有信仰的人讲信仰，要求高校思政课教师善于从政治角度看问题，在大是大非面前保持政治清醒，正所谓传道者要信道，在马言马、在马信马、在马护马。情怀要深指的是高校思政课教师要保持家国情怀，心中装着国家和民族，在党和人民的伟大实践中关注时代、关注社会，汲取养分、丰富思想。思维要新是指高校思政课教师要掌握辩证唯物主义和历史唯物主义，创新课堂教学，给青年学生深刻的学习体验，引导青年学生树立正确的理想信念、学会正确的思维方法。视野要广是指高校思政课教师要有知识视野、国际视野和历史视野，通过生动、深入、具体的纵横比较，把一些道理讲明白、讲清楚。自律要严突出强调的是高校思政课教师要遵守教学纪律、政治纪律和政治规矩，做到课上课下一致、网上网下一致，自觉弘扬主旋律，积极传递正能量。人格要正指的是高校思政课教师必须具备言行一致的高尚道德风范，具备优良的思想作风和健全的人格修养，做"大先生"。这就意味着高校思政课教师要引导

---

① 参见习近平《论党的宣传思想工作》，中央文献出版社，2020，第 379—382 页。

青年学生立德成人、立志成才，树立正确的世界观、人生观、价值观，坚定对马克思主义的信仰，坚定对社会主义和共产主义的信念，增强中国特色社会主义道路自信、理论自信、制度自信、文化自信，厚植爱国主义情怀，把爱国情、强国志、报国行自觉融入坚持和发展中国特色社会主义事业、建设社会主义现代化国家、实现中华民族伟大复兴的奋斗之中，为培养德智体美劳全面发展的社会主义建设者和接班人作出积极贡献。

为了进一步明确高校思政课教师的身份定位，打造一支政治强、情怀深、思维新、视野广、自律严、人格正，专职为主、专兼结合、数量充足、素质优良的高校思政课教师队伍，从而强化对青年学生的思想理论教育和价值引领的落地见效，党和国家相继制定和印发了一系列文件，各地党委、政府和各高校采取有力措施认真加以贯彻落实。

在总结实施《普通高等学校思想政治理论课教师队伍培养规划（2013—2017年）》和2018年《高校思想政治理论课教师队伍建设专项工作总体方案》的基础上，教育部于2019年4月印发《普通高等学校思想政治理论课教师队伍培养规划（2019—2023年）》，提出"配齐建强思政课教师队伍，努力培养造就数十名国内有广泛影响的思政课名师大家、数百名思政课教学领军人才、数万名思政课教学骨干，推动全国高校思政课教师队伍更平衡更充分发展，整体水平不断提升，切实办好新时代高校思政课"[①]工作目标，并开设"周末理论大讲堂"组织马克思主义经典著作专题培训、思政课教师队伍后备人才培养专项支持计划、思政课教师在职攻读博士项目、全国高校思政课教学科研团队"择优支持"项目、全国高校"思政课教师名师工作室"项目、全国高校思政课示范教学展示活动等系列举措。

2019年8月，中共中央办公厅、国务院办公厅印发《关于深化新时代学校思想政治理论课改革创新的若干意见》，要求建设一支政治强、情怀深、思维新、视野广、自律严、人格正的思政课教师队伍，并提出了切实提高思政课教师综合素质的若干举措。2020年1月，教育部制定出台《新

---

① 《中华人民共和国学校思想政治理论课重要文献选编》下册，人民出版社，2022，第1511页。

时代高等学校思想政治理论课教师队伍建设规定》，重点从职责要求、配备选聘、培养培训、考核评价机制、保障管理五个方面作出规定，健全制度举措，着力破解高校思政课教师队伍建设存在的重点难点问题。关于高校思政课教师的岗位职责和要求，该规定指出高校思政课教师的首要岗位职责是讲好思政课，其岗位要求有四：一是增强"四个意识"，坚定"四个自信"，做到"两个维护"，始终在政治立场、政治方向、政治原则、政治道路上同以习近平同志为核心的党中央保持高度一致，模范践行高等学校教师师德规范；二是用好国家统编教材；三是加强教学研究；四是深化教学改革创新。关于高校思政课教师的配备选聘，该规定强调高等学校应当严把思政课教师政治关、师德关、业务关，明确思政课教师任职条件及其权利义务与职责。关于高校思政课教师队伍的考核评价机制与保障管理，该规定强调高校思政课教师在思想素质、政治素质、师德师风等方面存在突出问题的，在专业技术职务（职称）评聘中实行"一票否决"；健全退出机制，政治立场、政治方向、政治原则、政治道路上不能同党中央保持一致的，或理论素养、教学水平达不到标准的教师，不得继续担任高校思政课教师或马克思主义理论学科研究生导师。

在中央的政策指引下，各地区、各有关部门、各高校也相继出台文件和制定办法推动高校思政课教师队伍建设。例如，山东省教育厅依据教育部文件精神制定印发《新时代山东高校思想政治理论课教师队伍建设实施细则》，提出高校思政课教师要努力做到政治强、情怀深、思维新、视野广、自律严、人格正，坚持把讲好思政课作为首要岗位职责，加强教学研究，深化教学改革创新，抓好理论研究和宣传普及，做学习和实践马克思主义的典范，做为学为人的表率；规定全省各级教育行政部门和高等学校加强高校思政课教师队伍建设，将其纳入教育事业发展和干部人才队伍建设总体规划，在资金投入上优先保障，在资源配置上优先满足，努力提高高校思政课教师的政治地位、社会地位、职业地位；高等学校党委常委会（或委员会）每学期至少召开 1 次专题会议研究思政课建设。

中共湖南省委教育工委、省教育厅制定出台《新时代湖南省高等学校思想政治理论课教师队伍建设的实施意见》，提出从配齐建强思政课教师队伍、全面提高思政课教师教书育人水平、建立健全思政课教师队伍评价体系、切实保障思政课教师队伍建设等方面进一步加强新时代高等学校思想政治理论课教师队伍建设。宁夏回族自治区教育主管部门发出《关于贯彻落实〈新时代高等学校思想政治理论课教师队伍建设规定〉的通知》，要求各高校将贯彻落实《新时代高等学校思想政治理论课教师队伍建设规定》作为推进高校党建和思想政治工作的重要内容、重要抓手、重要契机，认真对照其核心任务分解清单，按照进度要求完成本校任务。

一些高校也纷纷制定适合本校特点的思政课教师队伍建设实施办法。例如，东北大学印发《新时代东北大学思想政治理论课教师队伍建设实施办法》，分别从职责与要求、配备与选聘、培养与培训、考核与评价、保障与管理等方面细化落实教育部有关规定。西北师范大学制定《马克思主义学院加强青年教师发展培养工作实施意见》，组织开展青年教师常态化教学展示与交流活动，围绕课堂教学评价指标体系，校院两级督导为每位青年教师进行科学把脉，及时了解青年教师在课堂教学中存在的问题和短板，帮助青年教师提升教学科研能力，充分发挥"老带新、传帮带"示范引领作用。①

随着上述政策文件的落地实施，高校思政课教师队伍建设实现了历史性突破。

其一，高校思政课教师数量得到快速补充和大量提升。根据教育部的统计数据，截至 2021 年 11 月底，登记在库的高校思政课专兼职教师超过 12.7 万人，较 2012 年增加 7.4 万人，比 2018 年增加 5 万多人，其中专职教师超过 9.1 万人，队伍配备总体达到师生比 1∶350 的要求。

其二，高校思政课教师队伍结构更加完善合理。统计数据显示，9 万多名专职思政课教师中，49 岁以下教师占 77.7%，拥有研究生及以上学历的占 72.9%，具有高级职称的占 35%。截至 2021 年底，高校思政课专职教师中拥有博士学位的有 17866 人，比 2016 年增加 8486 人，增幅达 89%。这表明，高校思政课教师队伍的结构总体上呈现出高学历、年轻化的新特征。②

---

① 参见郝相赟、王宏渊《推进教师队伍建设 提升思政课教学实效》，《中国教育报》2022 年 9 月 27 日。
② 参见《高校思政课专兼职教师超 12.7 万人》，《人民日报》2021 年 12 月 13 日。

其三，高校思政课教师队伍培训体系进一步完善。2016—2021 年，中共中央宣传部、教育部培训思政课骨干教师 4800 人。教育部高校思政课教师研修基地从 16 个增加到 34 个，培训量从每年的 400 人增加到 4000 人。举办了 75 期"周末理论大讲堂"，收看量超过 273 万人次，覆盖全国 2700 多所高校的十余万高校思政课教师。[①]

其四，高校思政课教师队伍影响力得到显著提升。根据教育部 2021 年 12 月 7 日的新闻发布会内容，仅 2020—2021 年，就有 10 位高校思政课教师被中共中央宣传部表彰为"全国基层理论宣讲先进个人"。2016—2021 年，就已经有数十位优秀的高校思政课教师在《新闻联播》《焦点访谈》等重点新闻栏目亮相。此外，新华社、人民日报社、光明日报社等重要的中央主流媒体采写报道了大量思政课教师先进典型。其中，在 2019 年，就有 8 所高校的马克思主义学院和 49 名高校思政课教师获得教育系统先进集体和先进个人荣誉称号。一大批教学名师的脱颖而出，使得高校思政课教师的社会美誉度不断提升，广大高校思政课教师形成高度的荣誉感、责任感和认同感，更加认同自己的职业身份，对开展思政课教学具有更强的信心、更足的底气，主动担负起立德树人的责任与使命，认真严守思政课教师的规范与要求。全党全社会关心、尊重、支持思政课教师的氛围愈发浓厚，高校思政课在主流媒体上的"出镜率"更高了，高校思政课教师引领青年学生的影响力更大了，成了新时代强化对青年学生价值引领的关键力量。

（二）把握规律：遵循"八个相统一"

高等教育各门课程均有自己的特点和建设规律。办好思政课，发挥好思政课铸魂育人功能，需要立足课程特点，不断增进对思政课建设的规律性认识。党的十八大以来，党中央进一步深化对高校思政课建设的规律性认识，更加注重遵循规律，推动高校思政课铸魂育人功能在改革中加强，在创新中提升。针对社会上存在的一些模糊甚至错误的认识，如"有的认为马克思主义已经过时，中国现在搞的不是马克思主义；有的说马克思主义只是一种意识形态说教，没有学术上的学理性和系统性。……在有的领

---

① 参见高众、欧媚《教育部召开发布会，介绍 5 年来贯彻落实全国高校思政精神工作成效——格局性变化 历史性成就》，《中国教育报》2021 年 12 月 8 日。

域中马克思主义被边缘化、空泛化、标签化，在一些学科中'失语'、教材中'失踪'、论坛上'失声'"① 等，中共中央、国务院下发《关于加强和改进新形势下高校思想政治工作的意见》，提出要强化理想信念教育和价值引领，进一步办好高校思政课，充分发挥高校思政课的主渠道作用，深入实施高校思政课建设体系创新计划，增强高校思政课教学的吸引力、说服力、感染力。

为了办好高校思政课，更好发挥教育引领青年学生的主渠道作用，习近平总书记在学校思想政治理论课教师座谈会上明确提出推动思政课改革创新的重要目标和"八个相统一"的重要原则，即坚持政治性和学理性相统一、坚持价值性和知识性相统一、坚持建设性和批判性相统一、坚持理论性和实践性相统一、坚持统一性和多样性相统一、坚持主导性和主体性相统一、坚持灌输性和启发性相统一、坚持显性教育和隐性教育相统一，并对"八个相统一"的基本内涵和实践要求进行了全面系统阐释。习近平总书记强调，高校思政课最基本的功能就是政治引导，但政治引导功能并不是高校思政课的唯一功能，其作为立德树人的关键课程还具有传道明理的功能。这是因为理论只要彻底，就能说服人。知识性的传授，要经得起学生的追问。高校思政课不只是知识性的传授，还具有价值性引导的目的，重在塑造青年学生的价值观，"知识是载体，价值是目的，要寓价值观引导于知识传授之中"②。

因此，高校思政课不仅要告诉青年学生实然层面的"是什么"，还要告诉学生应然层面的"应该是什么"。高校思政课的任务是传导主流意识形态，要在传播马克思主义立场、观点、方法的基础上用好批判的武器，直面各种错误观点和思潮，在剖析和批判各种错误思潮、错误学说、错误观点中教育引导青年学生正确看待、辩证认识、理性分析现实问题，辨明大是大非、真假黑白，在对社会假恶丑现象的批判中弘扬真善美。思政课作为落实立德树人根本任务的关键课程，在强调知识传授的同时，也要高度重视思政课的实践性，"把思政小课堂同社会大课堂结合起来，在理论和实践

① 习近平：《在哲学社会科学工作座谈会上的讲话》，人民出版社，2016，第10页。
② 习近平：《论党的宣传思想工作》，中央文献出版社，2020，第384页。

的结合中，教育引导学生把人生抱负落实到脚踏实地的实际行动中来，把学习奋斗的具体目标同民族复兴的伟大目标结合起来，立鸿鹄志，做奋斗者"①。

"思政课的教学目标、课程设置、教材使用、教学管理等方面有统一要求，但具体落实要因地制宜、因时制宜、因材施教，结合实际把统一性要求落实好，鼓励探索不同方法和路径"②，通过多种方式实现育人目标。与此同时，"思政课教学离不开教师的主导，同时要坚持以学生为中心，加大对学生的认知规律和接受特点的研究，发挥学生主体性作用"③。

由于灌输是马克思主义理论教育的基本方法，青年学生不可能自发生成主流意识形态，这就需要通过自觉的教育从外部将主流意识形态灌输进青年学生头脑，使青年学生接触和掌握主流意识形态，进而认同主流意识形态。但这不等于搞填鸭式的"硬灌输"。这就需要注重启发式教育，"引导学生发现问题、分析问题、思考问题，在不断启发中让学生水到渠成得出结论"④。

高校思政课要做青年学生思想政治教育的显性课程，理直气壮地开好思政课，同时"要挖掘其他课程和教学方式中蕴含的思想政治教育资源，实现全员全程全方位育人"⑤。换言之，既要有惊涛拍岸的声势，也要有润物细无声的效果。

"八个相统一"是对高校思政课建设及其铸魂育人规律性认识的科学总结，分别从思政课的政治属性、建设原则、教学方法等层面，深刻指出走进青年学生内心的原则和方法，是高校思政课建设长期以来形成的一系列规律性认识和成功经验的科学概括，对高校思政课教师做好思想理论教育和价值引领提出了新要求，即要在增强理论的解释力、说服力上下功夫，以透彻的学理分析回应青年学生，以彻底的思想理论说服青年学生，用真理的强大力量引导青年学生，寓价值观引导于知识传授之中，传导主流意识形态，并敢于直面各种错误观点和错误社会思潮，为新时代高校思政课

---

① 习近平：《论党的宣传思想工作》，中央文献出版社，2020，第385页。
② 习近平：《论党的宣传思想工作》，中央文献出版社，2020，第385页。
③ 习近平：《论党的宣传思想工作》，中央文献出版社，2020，第385—386页。
④ 习近平：《论党的宣传思想工作》，中央文献出版社，2020，第386页。
⑤ 习近平：《论党的宣传思想工作》，中央文献出版社，2020，第386—387页。

发挥铸魂育人主渠道、主阵地作用提供了基本遵循。需要指出的是，好的思想理论教育应该像盐，进行思想理论教育最好的方式是将"盐"溶解到"各种食物"中令青年学生自然而然吸收。讲好高校思政课，就要在"放盐"的技术和艺术上多琢磨，让高校思政课"有知有味"，要加强对青年学生的认知规律和接受特点的研究，创新方式、拓展渠道引导青年学生参与教学讨论，深入思考，水到渠成得出结论，从而增强高校思政课铸魂育人的思想性、理论性和亲和力、针对性。

在实际教育教学中，各地各高校积极探索实践讲好思政课的有益方式方法，不断增强高校思政课铸魂育人的针对性、有效性。上海市将党史学习教育内容有机融入高校思政课，充分利用高校红色资源、红色校史，创新推出原创校园"大师剧"，以鲜活的形式打造"沉浸式思政课"，在易班网络平台建设思政课教学和互动空间，引导学生社团成立"大学生理论宣讲联盟"等，让学生在"学中讲、讲中学"，学深悟透党的创新理论，通过校园内第二课堂和网络空间丰富多彩的育人元素与思政课充分融合，赋予了高校思政课新的活力；同时，有组织地建成了一批红色研学路线、一系列红色资源图谱，共同为高校思政课服务，让全市的革命历史遗址遗迹和市、区两级爱国主义教育基地资源成为"实景式思政课教室"，让文物史料成为"会说话的思政课教材"，让劳模英模、能工巧匠等优秀人物成为"社会大课堂思政课教师"，通过社会资源为高校思政课提供了丰富的实践场景。[①]

北京师范大学把思政课讲政治、讲科学与讲故事有机结合起来，增强思政课教学的亲和力、针对性，培养有理想信念、有道德情操、有扎实学识、有仁爱之心的"四有"好老师；确立分层分众理念，强化对大学生认知规律和接受特点的研究，将课堂讲授、小组研讨、实践教学、对话交流、团体辅导相结合，最大限度地实现因材施教；构建思政课"一体化"教学体系，在充分利用"实践教学""网络空间"的基础上，本科生突出课堂讲授主体地位，研究生实行以问题为导向的专题授课，突出理论深度和现实针对性，循序渐进实现教学内容"节节高、步步深"；充分运用新媒体技

---

① 参见《介绍 5 年来贯彻落实全国高校思政会精神工作进展成效》，教育部网站，2021 年 12 月 7 日，http://www.moe.gov.cn/fbh/live/2021/53878/twwd/202112/t20211207_585539.html。

术，各门课程建立在线微课堂，实现课堂教学与线上教育的有机结合，从师生延时互动向即时互动转化。[①] 北京大学"形势与政策"课将班级教学与"名师大讲堂"讲座相结合，并开展深入田间地头等多种形式的思政课，在现场教学中帮助青年学生深刻体悟党的创新理论的真理魅力和实践伟力。

三　在创新理念中强化政治引导和价值引领

新时代思政课铸魂育人的新要求，呼唤具有新时代特色的教育教学理念。随着对高校思政课建设规律性认识的不断深入，高校思政课教学理念不断更新升华，尤其是"课程思政""大思政课"理念的提出及其具体运用，彰显了新时代高校思政课政治引导和价值引领的鲜明特征和实践品格。

（一）在推进课程思政中强化政治引导和价值引领

党的十八大以来，高校思政课教育教学理念不断更新升华，体现在"课程思政"理念上。2016 年 12 月 7 日，习近平总书记在全国高校思想政治工作会议上指出："其他各门课都要守好一段渠、种好责任田，使各类课程与思想政治理论课同向同行，形成协同效应。"[②] 2019 年 3 月 18 日，在学校思想政治理论课教师座谈会上，习近平总书记进一步强调："要完善课程体系，解决好各类课程和思政课相互配合的问题，鼓励教学名师到思政课堂上讲课。"[③] 这就明确提出了课程思政的理念及其目标要求。实际上，对青年学生的价值引领并不仅限于思政课，在其他课程中也有价值引领的内容和因素。许多与思政课高度相关的哲学、历史学、政治学、法学、社会学、民族学、新闻与传播学等哲学社会科学课程在课程内容上也涉及主流意识形态，处于意识形态斗争的前沿，而一些理工科的专业课在课程背景和历史溯源上也同样具有一定的主流意识形态的内容和元素。课程思政作为思政课教学理念的新时代突破，强调自然科学与哲学社会科学各类课程

① 参见凌月云《北京师范大学：坚持守正创新 统筹推进思政课建设高质量发展》，《现代教育报》2022 年 3 月 17 日。

② 习近平：《论党的宣传思想工作》，中央文献出版社，2020，第 277 页。

③ 习近平：《论党的宣传思想工作》，中央文献出版社，2020，第 389 页。

蕴含可供挖掘的思想政治教育资源，能够发挥多方面、多维度的育人功能，与思政课程同向同行，形成协同效应。这就需要开辟思政课程的第二课堂，建设"思政课程＋课程思政"的大格局，推动思政课程与课程思政同向同行，形成协同效应。

为了全面推进课程思政建设，发挥好每门课程的协同铸魂育人作用，教育部成立课程思政建设工作协调小组，统筹指导、部署落实课程思政建设工作，组建高校课程思政建设专家咨询委员会，提供专家咨询意见。2020年5月28日，教育部印发《高等学校课程思政建设指导纲要》，强调全面推进课程思政建设，就是要寓价值观引导于知识传授和能力培养之中，帮助青年学生塑造正确的世界观、人生观、价值观；提出要紧紧围绕坚定青年学生理想信念，以爱党、爱国、爱社会主义、爱人民、爱集体为主线，围绕政治认同、家国情怀、文化素养、宪法法治意识、道德修养等重点优化课程思政内容供给，科学设计课程思政教学体系。同时，成立了教育部课程思政建设工作协调小组，统筹指导、部署落实课程思政建设工作，并组建高等学校课程思政教学指导委员会，研究制定各专业类课程思政教学指南。2021年11月24日，高校教师课程思政教学能力培训开班式在北京举行。此次培训由教育部高等教育司指导，全国高校教师网络培训中心与新华网联合举办。此次培训旨在全面落实立德树人根本任务，着力提升高校教师课程思政教学能力，努力将广大高校教师培养成为青年学生为学、为事、为人示范的"大先生"。

在上述基础上，各地各高校探索系统推进课程思政的有效方式。北京、上海、湖南、重庆等省市召开高校课程思政建设推进会、研讨会；天津、吉林、河南、山西等省市出台当地课程思政建设实施意见或方案，统筹推动当地课程思政建设；山东、湖北、安徽、广东、宁夏等省（自治区）开展课程思政系列示范项目选树，推出一批示范高校、院系、专业、课程、名师和教学团队等，形成了国家、省级、校级三级示范体系；黑龙江、内蒙古、四川、福建、甘肃等省份开展省级课程思政建设师资培训研讨、教学大赛、案例展演等，充分激发教师积极性；江苏、河北、陕西、广西等省区建立当地课程思政建设工作委员会、专家委员会等，完善考核评价体系，健全课程思政督导检查、激励约束等常态机制。

在高校层面，北京大学、清华大学、东北大学、复旦大学、中山大学、兰州大学等高校制定工作方案，启动实施"熔炉工程""思业融合燎原计划"等，充分发挥各校办学优势和特色；同济大学、大连理工大学、西安交通大学等高校院士、长江学者、教学名师带头开展课程思政建设，武汉大学"六院士同上一门课"引发社会积极反响；对外经贸大学牵头组建财经类课程思政联盟资源库，同济大学牵头组建交通运输类联盟资源库，华中农业大学牵头组建农林类、南京理工大学牵头组建军工类、南方医科大学牵头组建医药类联盟资源库等。2021 年，教育部公布了课程思政示范项目名单，确定课程思政示范课程 699 门、课程思政教学名师和团队 699 个、课程思政教学研究示范中心 30 个，建设 10 个课程思政资源库，已建设课程思政优秀课程 1400 余门次，课程思政优秀案例 3700 多个，构建起国家、地方、高校多层次课程思政建设示范体系。①

（二）在善用"大思政课"中强化政治引导和价值引领

马克思指出："全部社会生活在本质上是实践的。凡是把理论引向神秘主义的神秘东西，都能在人的实践中以及对这种实践的理解中得到合理的解决。"② 思政课并不是书斋里的学问，而是塑造灵魂、塑造生命、塑造新人的关键课程，不能没有生命、干巴巴的，而是必须从现实社会生活中获取营养，不仅应该在课堂上讲，也应该在社会生活中讲。党的十八大以来，高校思政课教育教学理念不断更新升华，还体现在"大思政课"理念上。

针对以往上思政课照着文件讲、照着课本讲，容易让学生觉得内容枯燥、不接地气，难以有效发挥铸魂育人作用的现象，2021 年 3 月全国"两会"期间，习近平总书记在看望参加全国政协十三届四次会议的医药卫生界、教育界委员时明确提出："'大思政课'我们要善用之，一定要跟现实结合起来。上思政课不能拿着文件宣读，没有生命、干巴巴的。"③ "大思政

---

① 参见《介绍 5 年来贯彻落实全国高校思政会精神工作进展成效》，教育部网站，2021 年 12 月 7 日，http://www.moe.gov.cn/fbh/live/2021/53878/twwd/202112/t20211207_585539.html。
② 《马克思恩格斯选集》第 1 卷，人民出版社，2012，第 135—136 页。
③ 杜尚泽：《"'大思政课'我们要善用之"（微镜头·习近平总书记两会"下团组"·两会现场观察）》，《人民日报》2021 年 3 月 6 日。

课"的理念孕育于新时代社会实践的广阔天地，适应于新时代思政课教学质量建设的现实需要，也为高校思政课探索铸魂育人的新路径提供了基本遵循。"大思政课"之"大"在于思政课的责任担当大，即培养的是具有大爱大德大情怀的时代新人；在于思政课的内容格局大，是旨在讲清楚中国共产党为什么能、马克思主义为什么行、中国特色社会主义为什么好，帮助学生增强"四个意识"、坚定"四个自信"、做到"两个维护"的铸魂育人的理论大课和实践大课；在于思政课的课程体系大，既包括横向贯通、相互衔接的大中小学思政课体系以及融合专业课程思政元素的课程思政体系，还包括学校、家庭、社会协同发力的长效育人体系。①

"大思政课"理念提出后，教育部和各地各高校认真贯彻实施。2022 年 7 月 25 日，教育部等十部门联合印发《全面推进"大思政课"建设的工作方案》，提出充分调动全社会力量和资源，建设"大课堂"、搭建"大平台"、建好"大师资"，推动各类课程与思政课同向同行，教育引导学生坚定"四个自信"，成为堪当民族复兴重任的时代新人。同时，教育部与中央网信办共同打造"云上大思政课"，各地也积极开展了具有地域特点的有益探索。

陕西省挖掘用好陕北革命文化、关中优秀传统文化、陕南生态文化资源等，成立陕西高校革命文化传承联盟，建成西安交大西迁博物馆、延安大学校史馆、榆林学院绥德师范校区校史展览馆等爱国主义教育基地，并依托秦创原、西部创新港、翱翔小镇等创新驱动平台以及"青年红色筑梦之旅"、大学生暑期社会实践"行走的思政课"等活动载体，不断拓展思政课实践教学的深度和广度，让青年学生在生动实践中感悟思想伟力，进一步坚定理想信念。②

江西省依托"江西省爱国主义教育基地数字展馆"等资源，通过线上线下同步开展"红色走读"主题活动，让学生"云游"革命纪念场馆，线上赏析红色影片，情境式诵读红色经典，增强"沉浸式"的教学体验，引

---

① 参见吴潜涛、赵政鑫《党的十八大以来思政课教学质量建设成就述评》，《思想政治工作研究》2022 年第 7 期。

② 参见《陕西省以"大思政课"建设为抓手 推动思政课和思想政治教育高质量发展》，教育部网站，2022 年 12 月 1 日，http://www.moe.gov.cn/jyb_sjzl/s3165/202212/t20221227_1036628.html? eqid = c7561df50032fffa00000006646031d1。

导广大青年学生学习红色文化、弘扬红色精神、传承红色基因。[①]

许多高校主动作为、积极创新，结合新中国成立 70 周年、建党百年等重大主题，力求上好四史"大思政课"、抗疫"大思政课"、冬奥"大思政课"。课堂中用中国坚持人民至上、生命至上的具体事例，讲好中国疫情防控的故事，用中国人民的热情好客，结合阳光、富强、开放的国家形象，讲好北京冬奥会、冬残奥会的故事，引导青年学生深刻感悟中国共产党领导是中国特色社会主义制度的最大优势，正确认识时代责任和历史使命，保持战略定力、发扬斗争精神，立鸿鹄志，做奋斗者，努力成为堪当民族复兴重任的时代新人。例如，2020 年 3 月 9 日，教育部社会科学司、人民网联合举办"全国大学生同上一堂疫情防控思政大课"，这堂线上思政大课解读了以习近平同志为核心的党中央关于疫情防控的决策部署，分析了中国抗疫彰显的中国共产党领导是中国特色社会主义制度的最大优势，讲述了防疫战疫一线的感人故事，吸引了 5000 多万人听讲，在青年学生中引发强烈反响。青年学生对理论的信服，不仅源自真实表达的力量，更来源于实践的直观映射。"大思政课"将思政课的"课堂空间"与社会生活的"实践空间"紧密结合在了一起，在"大思政课"体系中，实现了对青年学生的全链条教育和全域式育人，真正做到了润物细无声。

（三）强化理论武装，用习近平新时代中国特色社会主义思想铸魂育人

2017 年 10 月 18 日至 24 日，党的十九大隆重召开。大会立足时代和全局高度，着眼中国特色社会主义事业长远发展，郑重提出了习近平新时代中国特色社会主义思想，把这一思想确立为中国共产党必须长期坚持的指导思想，并写进党章。党的理论创新每前进一步，进教材、进课堂、进学生头脑的任务就要跟进一步。坚持用习近平新时代中国特色社会主义思想铸魂育人，及时有效地把当代中国马克思主义、二十一世纪马克思主义的理论创新成果融入高校思政课教育教学，确保高校思政课教学内容紧跟时代步伐、反映时代呼声，从而帮助青年学生筑牢世界观、人生观与价值观基础，增强做中国人的志气、骨气、底气，坚定不移地听党话、跟党走，是

---

① 参见《江西省积极推进高校"大思政课"建设》，教育部网站，2022 年 12 月 21 日，http://www.moe.gov.cn/jyb_xwfb/s6192/s222/moe_1746/202212/t20221221_1035372.html。

高校思政课铸魂育人的重要一环。因此，全面推动习近平新时代中国特色社会主义思想进教材、进课堂、进学生头脑，用党的创新理论成果武装、引领青年学生，成为党的十九大以来高校思政战线的头等大事和重中之重。

党的十九大闭幕后不久，教育部第一时间部署全面推动习近平新时代中国特色社会主义思想"三进"工作。2018年4月12日，教育部印发《新时代高校思想政治理论课教学工作基本要求》，明确要求各高校全面推动习近平新时代中国特色社会主义思想进教材、进课堂、进学生头脑，打牢青年学生成长成才的科学思想基础。与此同时，根据习近平新时代中国特色社会主义思想的基本内容，教育部与中共中央宣传部共同启动了全面修订马工程高校思政课教材工作，修订完成2018年版《马克思主义基本原理概论》《毛泽东思想和中国特色社会主义理论体系概论》《中国近现代史纲要》《思想道德修养与法律基础》四种教材并投入使用。

为给青年学生及时领悟党的创新理论成果提供权威学习材料，教育部教材局、社会科学司共同组织编写了面向全国大学生的《习近平新时代中国特色社会主义思想学生读本》，成为新时代推进用习近平新时代中国特色社会主义思想铸魂育人的标志性成果。在此基础上，2021年7月21日，国家教材委员会印发《习近平新时代中国特色社会主义思想进课程教材指南》，为以习近平新时代中国特色社会主义思想为核心内容的思政课程群建设提供了基本遵循。

该指南强调，大学阶段主要以系统学习和理论阐释的方式，运用理论与实践、历史与现实相结合的方法，引导学生全面深入地理解习近平新时代中国特色社会主义思想的理论体系、内在逻辑、精神实质和重大意义，理解其蕴含和体现的马克思主义基本立场、观点和方法，增进对其科学性、系统性的把握，提高学习和运用的自觉性，增强建设社会主义现代化国家和实现中华民族伟大复兴中国梦的使命感。研究生阶段主要以专题学习和理论探究的方式，运用学术探索、社会调查和国际比较等方法，引导学生立足当前、着眼未来，以历史发展的眼光，深入思考习近平新时代中国特色社会主义思想的核心要义、价值取向、理论品格和思想方法，真正学深悟透、研机析理，不断提高马克思主义理论水平，自觉运用这一思想武装头脑、指导实践；引导学生自觉运用马克思主义基本立场、观点和方法分析当代中国基本国情和世界形势，学、思、用贯通，坚定信心、强化自觉、提升素质，投身民族复兴的伟大事业。

该指南对习近平新时代中国特色社会主义思想全面融入高校本硕博不同阶段的思政课程教材，进行了系统安排、整体设计，并且就分段分科推进作了详尽的规定。

在大学阶段，"思想道德与法治"基于习近平总书记关于培育和践行社会主义核心价值观、道德建设、法治建设的重要论述，进行思想道德修养和法治素养教育；"马克思主义基本原理概论"突出习近平新时代中国特色社会主义思想对马克思主义哲学、政治经济学、科学社会主义的原创性贡献，阐明习近平新时代中国特色社会主义思想是当代中国马克思主义、二十一世纪马克思主义；"中国近现代史纲要"从历史发展的角度讲述习近平新时代中国特色社会主义思想的时代意义和创新价值，讲清楚中国共产党为什么能、马克思主义为什么行、中国特色社会主义为什么好；"毛泽东思想和中国特色社会主义理论体系概论"系统全面讲授习近平新时代中国特色社会主义思想，体现其既与毛泽东思想、邓小平理论、"三个代表"重要思想、科学发展观一脉相承，又具有创新之处，引导学生学习领会这一思想的时代背景、理论渊源、实践意义，深刻理解其核心要义、精神实质、丰富内涵、基本观点、实践要求；"形势与政策"基于习近平总书记最新讲话精神，结合当前重大现实问题和热点问题，重点讲授新时代坚持和发展中国特色社会主义的生动实践和理论探索，引导学生正确认识世界和中国发展大势，增强"四个意识"、坚定"四个自信"、做到"两个维护"；提出在全国重点马克思主义学院率先开设"习近平新时代中国特色社会主义思想概论"。

在硕士研究生阶段，"中国特色社会主义理论与实践研究"围绕中国特色社会主义的重大理论和实践创新问题，以专题的形式全方位、多角度地讲授习近平新时代中国特色社会主义思想，引导学生在理论与实践的互动中理解这一思想的时代价值；"自然辩证法""马克思主义与社会科学方法论"要充分体现习近平总书记在运用马克思主义方法论方面的创新，引导学生更加自觉地以这一思想为指导解决科学研究中的实际问题。

在博士研究生阶段，"中国马克思主义与当代"基于历史和现实，着眼世界格局的变化、面临的问题和当代中国发展等，深刻理解习近平新时代中国特色社会主义思想理论创新的重大价值，更加自觉地把握中国特色社会主义事业的历史地位和世界意义，引导学生自觉运用马克思主义基本立场、观点和方法分析当代中国基本国情和世界形势。

随着高校思政课新教材的相继修订出版，"三进"工作实现由进教材向进课堂、进学生头脑的转移。2019 年 9 月 2 日，中共教育部党组会议审议通过并印发《"新时代高校思想政治理论课创优行动"工作方案》，明确提出发挥思政课全面推动习近平新时代中国特色社会主义思想"三进"主渠道作用，坚持用习近平新时代中国特色社会主义思想铸魂育人的若干举措，如推动 37 所全国重点马克思主义学院所在高校率先开设"习近平新时代中国特色社会主义思想概论"课，把《习近平新时代中国特色社会主义思想学习纲要》等作为教学遵循；加强"形势与政策"课建设，及时深入宣讲习近平新时代中国特色社会主义思想特别是习近平总书记最新重要讲话精神，持续讲、深入讲、跟进讲，久久为功；推动高校紧紧围绕新时代坚持和发展中国特色社会主义理论和实践，开设与思政课必修课相配套的系列选修课。①

在上述基础上，从 2019 年秋季学期起，37 所全国重点马克思主义学院所在高校以及北京、天津、上海、黑龙江等省市本科院校全面开设了"习近平新时代中国特色社会主义思想概论"课，并将其设置为一门单独的课程，与其他几门思政课一道作为必修课程。与此同时，各地各高校也积极推动以学习习近平新时代中国特色社会主义思想为核心内容的思政课程群建设，推动建设必修课加选修课的课程体系，着力引导青年学生在价值内涵上认知、在思想感情上认同、在学习生活中践行，让习近平新时代中国特色社会主义思想真正入脑入心，为把青年学生培养成为担当民族复兴大任的时代新人奠定坚实的思想基础。

河北省丰富高校思政课课程设置，在研究生阶段安排"习近平新时代中国特色社会主义思想解读"专题，开设《习近平谈治国理政》第一、第

---

① 参见《中华人民共和国学校思想政治理论课重要文献选编》下册，人民出版社，2022，第1538 页。

二卷研读选修课，在本、专科阶段安排习近平新时代中国特色社会主义思想宣讲。①

　　清华大学周密部署、精心备课，在其开设的"习近平新时代中国特色社会主义思想概论"课中，主讲教师以广阔的视野、深厚的理论功底、生动的语言向青年学生讲解马克思主义与中国的"历史缘分""近代结合""当代飞跃"，引导青年学生学思践悟习近平新时代中国特色社会主义思想的博大精深。"解疑释惑、以理服人、非常解渴！"如今，这门思政课愈发受到学生们喜爱，成为"一座难求"的思政"金课"。②

　　长春理工大学以"习近平新时代中国特色社会主义思想概论"课为主干，将习近平新时代中国特色社会主义思想融入"马克思主义基本原理"等五门思政必修课中，同时构建特色课程体系，创新开设了"学习筑梦"系列专题课，深刻阐释习近平新时代中国特色社会主义思想中的重大战略部署，并在课程思政中注入"家国情怀""国防军工""大国重器"等红色基因，搭建了思政必修课、"学习筑梦"系列课相互融合的思政课课程体系。③

　　总之，"无论是编写《习近平新时代中国特色社会主义思想学生读本》，还是将习近平新时代中国特色社会主义思想有机融入思政课教材，都旨在多维度、多层面、立体化地阐释好习近平新时代中国特色社会主义思想的时代背景、核心要义、精神实质、科学内涵、历史地位和实践要求，以立体化的思政课教材体系作为载体，充分发挥习近平新时代中国特色社会主义思想铸魂育人的作用"④。

---

① 参见《河北省积极深化学校思政课改革创新》，教育部网站，2020 年 5 月 7 日，http://www. moe. gov. cn/jyb_xwfb/s6192/s222/moe_1734/202005/t20200507_451137. html。

② 参见丁雅诵《全国高校守正创新打造新时代思政"金课"——让更多学生爱上"真理的味道"》，《人民日报》2022 年 6 月 5 日。

③ 参见杨玉新《高校要善用"大思政课"铸魂育人》，《中国教育报》2023 年 3 月 28 日。

④ 吴潜涛、潘一坡：《党的十八大以来学校思政课建设的创新发展》，《思想理论教育导刊》2022 年第 7 期。

第五章　高校思政课铸魂育人的
总体评析与实践进路

自思政课在我国高等学校中开设以来，在确保社会主义大学的办学方向，整体维护社会主义国家意识形态安全过程中，发挥着不可替代的主渠道和主阵地作用，像盐一样发挥其调和的功能，将其溶解到高等教育的各个方面，在潜移默化中使广大青年学生将社会主义意识形态内化于心、外化于行。在这一过程中，高校思政课为"为党铸魂、为国育才"积累了丰富的历史经验，这些经验对于我们建设具有强大凝聚力和引领力的社会主义意识形态具有重要启示意义。但我们也必须清醒地认识到，矛盾无处不在，无时不有。随着形势的发展，原有的旧问题解决了，新问题又会产生。面向未来，只有坚持问题导向，深入探察高校思政课铸魂育人存在的突出问题，才能更好地发挥高校思政课的作用和功能，不断增强社会主义意识形态的思想引领力、理论辩护力、话语影响力。

一　高校思政课铸魂育人的历史作用

对于历史问题，必须采取历史的态度，即把要研究的历史问题放置在一定的历史条件下进行观察和衡量。胡乔木指出："要全面地、系统地、正确地解决问题，要提出有说服力的意见，就必须从历史上来观察和分析问题。我们处理任何问题时，都不可不首先弄清楚那个问题的历史。"[1] 通过

---

[1]　《胡乔木文集》第3卷，人民出版社，2012，第113页。

对新中国成立以来高校思政课建设历程的深入考察可以清晰地看到，在不同历史时期的社会主义意识形态建设情势下，我国高校思政课遵循了"挑战—应战"的基本规律。其中，"挑战"主要是指社会主义革命、建设、改革过程中我国意识形态安全面临的挑战，"应战"则是指依据每个阶段意识形态斗争的形势和任务而采取的应对措施。正是在"挑战—应战"中，我国高校思政课发挥出铸魂育人的主渠道、主阵地作用。

新中国成立至改革开放是我国高校思政课铸魂育人的奠基性探索时期，这一时期高校思政课建设兼具开创性和艰巨性。一方面，思政课在高校的普遍开设尽管不是凭空产生的，是中国共产党在新民主主义革命的实践历程中，重视马克思主义宣传和思想政治教育的优良传统和政治优势的继承和发展的结果，但如何在高校开设思政课，其组织机构和师资力量建设、课程设置和教材建设、教学内容和教学方法等尚处在摸索之中，尤其是如何贯彻理论联系实际的原则，从理论上和思想上积极参加关系社会主义前途命运的反修防修的意识形态斗争，巩固马克思主义在意识形态领域的指导地位并没有现成的经验。另一方面，新生的中华人民共和国面临国内外反动势力企图颠覆国家政权的危险状况，以及当时其他国内国际的复杂矛盾和多重压力，这决定了必须通过革命性的马克思列宁主义、毛泽东思想理论武装工作，彻底肃清残余的封建思想、帝国主义思想和资产阶级思想，旗帜鲜明地反对和打击反社会主义、反马克思主义的思想和行为，以确立马克思主义在意识形态领域的指导地位。正因为如此，这一时期高校思政课铸魂育人又必然分为两个大的阶段，前一阶段是通过意识形态"破旧立新"，加强思想改造，提高无产阶级觉悟，逐步树立马克思主义在我国高校意识形态领域的一元指导地位；后一阶段是站在整个国际共产主义运动的高度，反对苏联现代修正主义和资本主义，开展同资产阶级争夺青年一代的斗争，以培养造就社会主义的建设者和接班人。在以"革命与建设"为核心的社会主义意识形态建设历史背景下，这一时期高校思政课铸魂育人的积极作用主要体现在两个方面。一是确立了马克思主义在意识形态领域的指导地位。马克思主义是中国共产党的根本指导思想，其作为新生中华人民共和国的主导意识形态，如果缺乏人民群众的认同和信任，就会失去其赖以存在的根基，国家意识形态安全也就无从谈起。因此，从某种意义上讲，维护国家意识形态安全就是巩固马克思主义在意识形态领域的指导地位。作为马克思主义理论教育的重要渠道，思政课在全国高校普遍开设后，为巩固马克思主义在意识形态领域的指导地位发挥了应有的作用，这充分体现在两个方面：一方面，传播了马克思列宁主义、毛泽东思想，使绝大多数青年学生懂得了马克思列宁主义基本原理；另一方面，坚定了绝大部分青年学生对马克思主义的信仰，使其自觉在行动上按照马克思列宁主义、毛泽东思想去做，运用马克思主义的立场、观点、方法观察和分析世界。二是增强了青年学生对社会主义道路的认同。作为我国社会主义意识形态斗争的前沿阵地，高校思政课不仅从理论上和思想上积极参加了反对苏联现代修正主义、资本主义，同资产阶级争夺青年一代的斗争，而且推进了对青年学生的理论武装，在社会大课堂中教育和训练了广大青年学生，提高了青年学生的社会主义觉悟，大大增强了他们对社会主义道路的认同。

粉碎"四人帮"特别是党的十一届三中全会召开以后，我国步入改革开放和社会主义现代化建设新时期。这一时期我国高校思政课在拨乱反正中得以恢复并继续发展，同时国内外意识形态领域的斗争日益激烈。一方面，彻底清除林彪、"四人帮"散布的极左社会思潮流毒对青年学生的影响，反对资产阶级自由化任务艰巨。另一方面，我们与西方敌对势力在渗透与反渗透、颠覆与反颠覆方面的斗争更加尖锐，西方敌对势力针对青年一代的意识形态渗透力度、强度持续加大，国际国内的意识形态斗争越来越密切地交织在一起。在以"改革和发展"为核心的社会主义意识形态建设背景下，这一时期高校思政课铸魂育人的价值意义主要有四个方面。一是正本清源，在恢复重建中进行了马克思主义理论教育，还原了马克思列宁主义、毛泽东思想的本来面貌，粉碎了林彪、"四人帮"的反革命反社会主义思想体系，以完整准确科学的马克思列宁主义、毛泽东思想为精神武器，从哲学、政治经济学和科学社会主义理论上对林彪、"四人帮"散布的极左思潮进行了深入批判，彻底肃清了极左思潮流毒对青年学生造成的不良影响，使广大青年学生纷纷醒悟，看清林彪、"四人帮"倒行逆施、祸国殃民的本质和危害，坚决拥护党的正确路线，拥护社会主义制度和实行改革开放。二是涤污荡浊，在加强改进中以及时有力的马克思主义理论教育抵制了资产阶级自由化，清除了高校内外的精神污染，为广大青年学生树立共产主义的世界观和人生观，提高识别真理和谬误的能力奠定了良好基础。三是反渗防变，在巩固调整中以强有力的马克思主义理论教育捍卫了马克思主义、社会主义，打破了西方敌对势力"和平演变"的政治图谋，坚定了广大青年学生对马克思主义的信仰、对中国特色社会主义的理想信念，增强了对改革开放和社会主义现代化建设的信心、对社会主义意识形态的认同。四是凝聚共识，在全面建设中以系统化的马克思主义理论和思想政治教育引领了多元化的社会思潮，推动社会主义核心价值体系和党的创新理论成果进教材、进课堂、进学生头脑，有力促进了广大青年学生形成坚定的理想信念和科学的世界观、人生观、价值观、荣辱观，学会拿起马克思主义的理论武器揭穿和批判错误社会思潮，提升了社会主义意识形态的凝聚力和引领力。

中国特色社会主义进入新时代后，高校思政课在以"新时代中国特色社会主义发展"为核心的社会主义意识形态建设历史背景下，通过对一系列规律的深刻把握和有力遵循，在着力回答好"培养什么人""怎样培养人""为谁培养人"的根本问题中充分彰显出铸魂育人的价值功能。一是增强了社会主义意识形态的凝聚力和引领力。进入新时代以来的高校思政课不仅坚持将马克思主义基本原理作为授课内容，而且与时俱进地对党的理论创新成果相关内容及时更新，不仅坚持原有灌输教育和显性教育的方式，还根据新的时代背景下青年学生思想实际和特点，创新出了多样化的方式方法。教学内容的守正创新，增强了高校思政课的时代性、实效性，让青年学生能够在回应时代之问中及时解惑，使社会主义意识形态在理论上增强了吸引力，让青年学生在喜闻乐见的方式下和内容中自觉接受社会主义意识形态内容；教学方式的创新，增强了高校思政课对青年学生意识形态教育的针对性、有效性，让青年学生能够在各种新奇、合适的教学方式下接受社会主义意识形态内容。二是培养出大批堪当民族复兴重任的时代新人。马克思主义是我们立党立国的根本指导思想，也是我国高校思政课最鲜明的底色。要培养造就有理想、有本领、有担当的青年人才，就必须坚持不懈传播马克思主义科学理论，抓好马克思主义理论教育，为青年学生成长成才奠定科学的思想基础。进入新时代以来的高校思政课坚持把知识传授与政治引导有机统一起来，既让广大青年学生在学习知识中获得真才实学，又在政治引导中不断厚植家国情怀，激励他们把个人价值同党和国家的前途命运紧紧联系在一起，鼓舞他们把爱国情、强国志、报国行自觉融入日常生活和学习当中，从而在实现中华民族伟大复兴的生动实践中放飞青春梦想。数据是最有力的说明。2018 年 11 月，全国政协共青团、青联界别委员以"马克思主义在青年学生中的传播"为主题进行的 24 所高校专题调研显示：马克思主义在青年学生中传播的氛围有了明显优化。① 无独有偶，中国青年报社中青校媒面向全国 238 所高校的 2270 名大学生发起的问卷调查结果表明，"引人深思""生动鲜活""创新实用""鞭辟入里"等是青年学生描述高校思政课常用的关键词。这些描述性的话语在一定程度上反映出当代青年学生对高校思政课教育教学的积极评价，深层次揭示出高校思政课在青年学生政治观念建构、价值取向形成与综合素质培育方面的重要作用。② 与此同时，针对新时代青年学生思想政治状况的滚动调查也表明，青年学生民族自豪感、时代责任感、历史使命感持续增强；92.6% 的青年学生赞同"在个人利益与国家利益、集体利益发生冲突时，应首先考虑国家利益和集体利益"；94.4% 的青年学生赞同"大学生应成为社会主义核心价值观的坚定信仰者、积极传播者、模范践行者"。③

　　总之，高校思政课的强意识形态属性和意识形态功能，决定了它是我们与西方敌对势力在渗透与反渗透、颠覆与反颠覆方面较量的重要阵地，是与封建主义腐朽思想、资本主义剥削思想等各种非马克思主义意识形态斗争的理论武器，在维护我国意识形态安全中发挥着重要的历史作用。从

---

① 章正：《全国政协共青团、青联界别委员深入 24 所高校调研显示——马克思主义在青年学生中的传播氛围明显优化》，《中国青年报》2019 年 3 月 14 日。

② 参见吴潜涛、赵政鑫《党的十八大以来思政课教学质量建设成就述评》，《思想政治工作研究》2022 年第 7 期。

③ 参见吴晶、胡浩、施雨岑《立心铸魂兴伟业——以习近平同志为核心的党中央情系教育事业发展》，《中国青年报》2018 年 9 月 10 日。

指导思想角度看，通过建设高校思政课抵御和批判了各种非马克思主义意识形态，坚持和巩固了马克思主义在我国意识形态领域的一元指导地位。从政治信仰角度看，通过建设高校思政课抵御和粉碎了西方敌对势力"和平演变"的战略图谋，增进和提升了青年一代对我国社会主义国家政权的认同以及对中国特色社会主义制度的认同。从宣传阵地角度看，通过建设高校思政课积极推进了马克思主义中国化时代化最新理论成果武装青年学生头脑的工作，不断巩固和扩大了马克思主义意识形态宣传阵地。从抵御能力角度看，通过建设高校思政课培养了青年学生运用马克思主义的立场、观点和方法观察和分析问题的能力，提高了他们对于各种错误社会思潮的鉴别力和战斗力。从人才培养角度看，通过建设高校思政课解决了"培养什么人、怎样培养人、为谁培养人"的根本问题，培育造就了一大批忠诚于社会主义事业的坚强战士。

可以说，正是由于全面系统地学习了马克思主义哲学、政治经济学、科学社会主义等马克思主义的基本理论，学习了毛泽东思想和中国特色社会主义理论体系特别是习近平新时代中国特色社会主义思想等马克思主义中国化时代化理论成果，学习了党史、新中国史、改革开放史和社会主义发展史这"四史"，以及学习了思想道德修养与法律基础、形势与政策等思政课程，广大青年学生才能不仅在理论上懂得了马克思主义基本原理，而且在行动上也自觉按照马克思主义的立场、观点、方法去做，在国际国内场合自觉捍卫马克思主义、中国特色社会主义。有一些青年学生从国外回来后深有感触，认为其身在国外时之所以没有被资本主义花花世界所腐蚀，就是因为在国内时系统地学习了马克思主义，认识到资本主义国家的科学技术是发达的、先进的，但是资本主义制度是腐朽的。也有一些教师认为，我们在中西方异常尖锐复杂的意识形态斗争中，之所以能够明辨是非，坚持真理，敢于发声，就是因为我们有马克思主义的基本理论和思想武器，而这些基本理论和思想武器是在高校中在系统的思政课上掌握的。

二 高校思政课铸魂育人的经验启示

历史是最生动、最有说服力的教科书，也是最好的营养剂。"我们回顾历史，不是为了从成功中寻求慰藉，更不是为了躺在功劳簿上、为回避今天面临的困难和问题寻找借口，而是为了总结历史经验、把握历史规律，增强开拓前进的勇气和力量。"① 同样地，我们概括和总结高校思政课铸魂育人的历史作用不是为了夸耀成绩，而是为了总结历史规律、统一思想认识、汲取育人智慧，从而更好地创造未来。通过深入考察新中国成立以来高校思政课铸魂育人的历程，我们可以得出若干基本结论和经验启示。综合新中国成立以来高校思政课建设发展成就，我们可以将高校思政课铸魂育人的经验启示概括为以下五个主要的方面。

（一）始终坚持党对高校思政课的全面领导，为铸魂育人提供政治保障

教育战略地位的保障，教育方针政策的落实，关键在领导。毛泽东指出，高等学校应抓住三个东西，而首要的就是"党委领导"。② 邓小平强调："忽视教育的领导者，是缺乏远见的、不成熟的领导者，就领导不了现代化建设。各级领导要像抓好经济工作那样抓好教育工作。"③ 在各级各类高等学校设置思政课，系统进行马克思主义理论教育，既是中国共产党的独特政治优势，也是实现党对高等教育事业政治领导，进而确保正确政治方向的重要体现。思政课作为社会主义意识形态的理论表达课，只有在中国共产党的全面领导下才能顺利实施，并有效发挥其铸魂育人功能。因而，新中国成立以来中国共产党始终高度重视对高校思政课建设的全面领导，始终把高校思政课建设作为党执政兴国的重要战略任务，制定高校思政课的方针政策，明确高校思政课的目标任务，规定高校思政课的授课内容，探索高校思政课的方式方法。

新中国成立初期，党中央就明确提出了高校思政课开设的方针政策和基本原则，毛泽东、周恩来、刘少奇等党和国家领导人始终关心、指导高校思政课建设，发挥领航定向的关键作用。在《教育部关于实施高等学校课程改革的决定》《高等学校暂行规程》《私立高等学校管理暂行办法》

---

① 中共中央党史和文献研究院编《十八大以来重要文献选编》下，中央文献出版社，2018，第345页。

② 人民教育出版社教育室编《毛泽东周恩来刘少奇邓小平论教育》，人民教育出版社，2000，第332页。

③ 《邓小平文选》第3卷，人民出版社，1993，第121页。

《关于加强对学校政治思想教育的领导的指示》等重要文件中，党和政府不仅明确要求所有高校都必须开设新民主主义的革命的政治课程，而且突出强调高校政治思想教育的领导和管理问题。1955 年 8 月 5 日，由国务院全体会议第十七次会议批准的高等教育部《1954 年的工作总结和 1955 年的工作要点》中更是明确提出："要切实改进政治理论课教学的组织和领导，校长和副校长对政治理论课教研组应负直接领导的责任。"① 进入 20 世纪 60 年代，随着社会主义教育口号的提出，党不断加强对高校政治理论课的领导。1964 年 7 月 10 日至 8 月 3 日，中共中央宣传部、中共高等教育部党组、教育部临时党组联合召开全国高等学校、中等学校政治理论课工作会议，总结了新中国成立以来高校思政课建设的新鲜经验，第一次明确提出加强党对政治理论课的领导。1964 年 10 月 11 日，中共中央批转了这一重要文件。文件强调各地党委宣传（文教）部和高等学校党组织要"着重抓方向、抓教学、抓队伍"，"学校党委（支部）必须把抓好政治理论课工作，当作自己的主要任务之一"。② 这就为加强党对高等教育的全面领导奠定了制度基础，从而为高校思政课用马克思列宁主义、毛泽东思想武装青年学生，从思想上和理论上反对苏联现代修正主义，同资产阶级争夺青年一代提供了坚强的政治保障。

改革开放以来，党中央不断加强和改进对高校思政课的领导，从邓小平、江泽民到胡锦涛，在重大关头都作出重要指示，确保党对高校思政课的有效领导。1978 年 4 月，教育部专门就加强高校马克思主义理论教育提出意见，在关于高校马列主义理论课的领导体制问题上指明："马列主义理论课，必须接受各级党委和宣传部门的领导。"③ 这为改革开放以后建立健全高校思政课的领导体制奠定了基础。为了建立健全高校思政课的领导体制，1980 年 7 月 7 日，教育部在印发的《关于改进和加强高等学校马列主义课的试行办法的通知》中指明：高等学校的马列主义教研室属于系（处）

---

① 《中华人民共和国学校思想政治理论课重要文献选编》上册，人民出版社，2022，第 256 页。
② 何东昌主编《中华人民共和国重要教育文献》（1976～1990），海南出版社，1998，第 1323 页。
③ 教育部社会科学司组编《普通高校思想政治理论课文献选编（1949—2006）》，中国人民大学出版社，2007，第 74 页。

级的教学单位，应直属校党委领导；校党委应有一位书记或常委分管这方面的工作，及时解决有关问题；同时，各省、自治区、市教育部门也应有适当的机构或人员负责高校马列主义课教学工作；高校马列主义理论的教学和科学研究工作应取得省、自治区、市党委的领导。党的十三届四中全会后，鉴于我国思想战线出现的混乱状态，党对高校思政课领导面临弱化、虚化现象，党中央把马克思主义理论教育放在高校教育的重要位置，不断加强对高校马克思主义理论教育工作的领导。1991 年 8 月 3 日，国家教育委员会下发《关于加强和改进高等学校马克思主义理论教育的若干意见》进一步指明：各省、自治区、直辖市和各部委教育主管部门及高等学校的党政领导，都要高度重视并切实加强对马克思主义理论教育的领导，强调"高等学校的党政领导要把搞好马克思主义理论教育作为自己的重要职责，作为学校的重点学科和一项基本建设……要把专门研究马克思主义理论教育的工作列入学校党委和行政领导的重要议事日程，每学期至少要专门研究一次马克思主义理论教育的工作，并采取切实有效的措施解决教育工作中出现的困难和问题"[①]，并提出高等学校要指定一名马克思主义理论修养好和懂得教育规律的党委书记或校长主管理论教育工作。尔后，每当出台有关加强和改进高校思政课建设的文件，中央都反复强调要加强党对高校思政课改革和建设的领导，并制定较为具体的领导机制，明确领导单位和责任人。与此同时，改革开放以来历次高校思政课建设的方案（"85 方案""98 方案""05 方案"）都经过中央政治局审定后实施，从而确保了高校思政课始终沿着正确的政治方向前进，有效抵御了资产阶级自由化和西方敌对势力"和平演变"的政治图谋，在培养造就一代又一代又红又专的社会主义建设者和接班人，巩固我国社会主义意识形态安全方面发挥了不可替代的作用。

中国特色社会主义进入新时代，党在改进中强化对高校思政课建设的全面领导，建立健全党委全面领导高校思政课建设的制度体系，明确把高校思政课纳入地方党委和高校党委的主体责任、党委书记履行高校思想政

[①] 《中华人民共和国学校思想政治理论课重要文献选编》上册，人民出版社，2022，第787页。

治工作第一责任人的责任，并作出一系列更加具体、要求更高的刚性制度安排，如建立和完善省级党委领导班子成员联系高校和讲思政课的制度。此外，"党中央把高校思政课建设情况纳入党委意识形态工作责任制、全面从严治党主体责任考核以及政治巡视的重要内容，进一步夯实了地方党委和高校党委严把思政课建设政治方向的政治责任"①。从而从顶层设计的角度使高校思政课能够反映党和国家意志，更好地执行党的教育方针，培养造就堪当民族复兴重任的时代新人。

历史经验表明，高校思政课铸魂育人功能的有效发挥，离不开党的领导。在高校开设思政课，在青年学生中理直气壮、旗帜鲜明地宣传和讲授马克思主义，不断增强他们对社会主义的情感认同、政治认同和理论认同，使他们增强"四个意识"、坚定"四个自信"、做到"两个维护"，是占领意识形态斗争制高点的迫切需要。特别是在当前中西方意识形态斗争日趋激烈的情势下，高校思政课作为意识形态斗争的主阵地只能巩固，不能削弱。这就要求各地党委特别是高校党委高度重视对党和国家有关政策文件精神的贯彻落实，经常性地研究解决高校思政课面临的新情况和新问题，确保高校思政课在宣传马克思主义、中国特色社会主义中的主渠道地位，充分发挥高校思政课铸魂育人重要作用。

（二）完善课程体系和教学内容，为铸魂育人提供思想武器

列宁曾经指出："在任何学校里，最重要的是课程的思想政治方向。"②课程设置、课程性质、课程内容是社会主义大学内在特征的外在体现，是社会主义办学方向的根本体现。高校思政课作为一门国家课程，不仅是社会主义高等教育的重要标志，是坚持社会主义办学方向的重要阵地，而且服务于社会主义意识形态建设，是巩固马克思主义在意识形态领域指导地位的最基本、最核心课程。正因为如此，新中国成立以来，党和政府清醒地认识到思政课在社会主义意识形态教育中的特殊重要性，并根据社会主义意识形态建设在革命、建设和改革不同时期的变迁，不断优化完善高校

---

① 郑崇玲：《新中国成立以来党领导高校思政课建设的历史考察》，《中国高校社会科学》2020 年第 3 期。

② 《列宁全集》第 45 卷，人民出版社，2017，第 242 页。

思政课的课程设置和课程内容，分别形成了"过渡方案""56 方案""61 方案""85 方案""98 方案""05 方案"，使高校思政课课程体系在稳定与创新相结合中不断紧跟党的意识形态工作步伐，及时反映社会主义意识形态建设的新要求。

　　新中国成立之初，党和国家就从肃清买办的、封建的、法西斯主义的思想，对青年学生进行革命的政治教育，"培育新的一代和改造旧的一代"的战略高度出发，重视政治理论课的课程设置。华北人民政府高等教育委员会相继颁发了《华北专科以上学校一九四九年度公共必修课过渡时期实施暂行办法》《各大学专科学校文法学院各系课程暂行规定》，规定全国各高等学校"添设马列主义基础课"为共同必修课程。其中，一至四年级必修"辩证唯物论与历史唯物论"（包括"社会发展史"）、"新民主主义论"（包括"近代中国革命运动史"）；文、法、教育（或师范）院校毕业班学生必修"政治经济学"。1952 年 10 月 7 日，在总结经验的基础上，教育部发出了《关于全国高等学校开设马克思列宁主义、毛泽东思想课程的指示》，规定全国高等学校均开设"新民主主义论""政治经济学""辩证唯物论与历史唯物论"这三门政治理论课。1956 年 9 月，教育部根据高校思政课的开设效果下发了《关于高等学校政治理论课程的规定（试行方案）》，再次对高校开设政治理论课作出详细规定，并确立普通高校的四门核心政治理论课程，即"马列主义基础""中国革命史""政治经济学""辩证唯物论与历史唯物论"。随后，党和国家根据社会主义与资本主义意识形态斗争形势的新变化，于 1961 年 4 月 8 日形成了高校政治理论课课程设置的新方案，规定高等学校共同政治理论课包括中共党史、马克思列宁主义基础、形势和任务、政治经济学、哲学，从而构建起了一套以马克思列宁主义、毛泽东思想为核心，以社会主义意识形态教育为中心的高校思政课课程体系，并编写了相应的教材。这些政治理论课程和教材成了社会主义革命与建设时期改造青年学生的思想，肃清封建的、买办的、法西斯主义的思想，反对苏联现代修正主义，同资产阶级争夺青年一代的有力武器。

　　改革开放以来，党和国家根据我国意识形态领域斗争的新情况和新问题，不断优化高校思政课的课程设置，进一步明确高校思政课的课程性质和教育教学内容，深入推进理论武装，帮助青年学生正确理解我国社会主义建设和改革的理论以及党的路线、方针和基本政策，从而使其坚定社会主义方向，认清当代青年的历史责任。1985 年 8 月 1 日，中共中央正式下发《关于改革学校思想品德和政治理论课程教学的通知》。该文件对大学、研究生阶段思想品德和政治理论课的主要内容和要求作了宏观规定。为了更好地贯彻中央指示精神，1986 年 3 月 20 日，国家教育委员会在下发的通知中明确高校马列主义理论课为四门，即"中国革命史""中国社会主义建设""马克思主义原理""世界政治经济和国际关系"。根据社会主义意识形态建设的需要，"邓小平理论和'三个代表'重要思想概论"、"中国近现代史纲要"、"思想道德修养与法律基础"（后调整为"思想道德与法治"）、"形势与政策"等课程被纳入高校思政课课程体系当中，并根据国家意识形态建设需要进行了适时调整，从而形成了一套以马克思主义理论教育为基础，以党的创新理论成果武装为核心，以青年学生时事政治和思想品德教育为重要补充的课程体系，还组织编写了相应的教材。

中国特色社会主义进入新时代，高校思政课课程体系进一步完善，提出坚持用习近平新时代中国特色社会主义思想铸魂育人，全国重点马克思主义学院率先开设"习近平新时代中国特色社会主义思想概论"课，各高校重点围绕习近平新时代中国特色社会主义思想，将党史、新中国史、改革开放史、社会主义发展史融入高校思政课课程体系之中，并进行了系统性的优化调整，从而形成了一套以习近平新时代中国特色社会主义思想为核心的高校思政课课程集群，并重新编写了充分体现新时代社会主义意识形态建设新要求的相应教材。

事实表明，高校思政课课程和教材最能集中反映我国社会主义意识形态建设的新形势和新要求，是推动党的创新理论武装青年学生头脑的最核心课程，是巩固马克思主义在意识形态领域指导地位的主战场。高校思政课从课程设置到教育教学内容上无不体现着马克思主义理论和实践的新发展，服务于"为党铸魂、为国育才"的需要，对于引导和帮助青年学生坚定对马克思主义的信仰、对社会主义的信念、对改革开放和社会主义现代化建设的信心、对党和政府的信任发挥了重要的作用。面对当今时代更加激烈和复杂的意识形态斗争，巩固马克思主义在意识形态领域的指导地位，构建完善的高校思政课课程体系，及时更新补充马克思主义最新理论成果的内容，制定编写体现社会主义意识形态教育的教材，确保高校思政课教育教学的正确方向显得尤为要紧。因而，强化高校思政课建设，更好地发挥思政课铸魂育人的功能，必须着力推动课程体系的系统性与科学性，努力做到"课程思政"与"思政课程"同向同行，使高校各类课程与思政课程同频共振，让所有课程都承担好意识形态建设责任，守好一段渠、种好责任田，形成协同效应。

（三）创新教育教学形式，为铸魂育人提供方法指引

教学形式是教师为达到一定的教学目标而采用的教学方法和手段，是有效进行教育教学的重要行为方式。作为落实马克思主义意识形态教育和为国育才要求的核心课程，高校思政课教育教学不仅要完成传授知识的任务，更重要的是通过教育教学活动，帮助青年学生用马克思主义理论认清和改造自己的思想，使他们能够运用马克思主义的立场、观点和方法观察和分析社会问题，辨识和抵制各种错误思想观念和错误社会思潮的侵蚀，以提高社会主义觉悟，从而成为社会主义的合格建设者和可靠接班人。为达到这一目的，核心是坚持"内容为王"，但也离不开创新性的教学方法与形式。

为了增强马克思主义意识形态教育的吸引力和实效性，新中国成立以来高校思政课教育教学就十分注重教学方法的更新和教学手段的运用。新中国成立初期，针对高校学生普遍缺乏马克思列宁主义、毛泽东思想的基本知识，思政课教学方法和教学手段的采用是在理论讲授不脱离实际的原则下进行的，主要有理论讲授法、实践教育法、启发式教学法。其中，理论讲授法注重紧密结合现实问题和高校学生的接受能力，教师在讲授马克思列宁主义、毛泽东思想时着重于系统的理论知识的讲授，同时结合实际有重点地解决青年学生的主要思想问题，如广大高校思政课教师在教学中联系我国革命和建设的实际，使青年学生在整个政治课学习过程中看到理论的各个部分对我国革命具有的现实指导意义；联系国际工人运动和两大阵营的斗争，引导青年学生研究国际工人运动经验和社会主义建设经验，

培养他们的国际主义精神；批判社会上和青年学生中存在的各种错误思想，引导青年学生用马克思主义的理论观点清除非马克思主义的思想观点；联系党的纲领，用理论原理分析我们党各项现行政策，充分发挥理论威力，使青年学生了解政策的由来及其正确性，从而自觉地执行它、掌握它。再如，启发式教学法的实质在于调动学生学习政治理论的主动性和自觉性，培养独立思考、钻研问题的能力，培养造就独立坚强的革命接班人。因而，这一时期许多高校马列主义教研室（组）和广大政治理论课教师注重采用启发式教学法，坚决克服"死读书、读死书"的现象，提高了马列主义教育教学质量，使得青年学生不仅理论学扎实了，而且阶级觉悟也提高了，从而显示了政治理论课程教学在同资产阶级争夺青年一代中的战斗作用。

改革开放以来，高校思政课在坚持过去行之有效的好办法的基础上，逐步改变注入式的教学方法，并适应新情况不断探索新的方式、方法和手段，教学方式和手段呈现多样化，实践教学得到重视和加强，提倡启发式、参与式、研究式教学。1984 年 9 月 4 日，中共中央宣传部、教育部在印发的《关于加强和改进高等院校马克思主义理论教育的若干规定》中，明确提出要大力改进教学方法，实施启发式教学，坚决克服注入式的教学方法，要求思政课教师不仅要向青年学生传授马克思主义理论知识，而且要对他们进行思想政治教育。1985 年 8 月 1 日，中共中央在下发的《关于改革学校思想品德和政治理论课程教学的通知》中提出，讲课不能简单地灌输抽象概念，要鼓励、指导大学生特别是研究生认真阅读马克思主义经典著作，对于有争论的或正在探索的一些理论和实际问题，马列主义理论课教师可以在坚持四项基本原则的前提下，用严肃、科学的态度介绍不同的学术观点和自己的见解，引导学生通过切实而自由的、引人入胜的讨论，掌握马克思主义的方法和理论原则。2005 年 2 月 7 日，中共中央宣传部、教育部印发《关于进一步加强和改进高等学校思想政治理论课的意见》强调，要切实改进高校思政课教育教学的方式和方法，要加强实践教学。在实际教育教学过程中，广大高校思政课教师通过专题讲授、案例教学、网络教学、课堂讨论、演讲答辩和社会实践等多种方式和手段，精心设计和组织教学活动，通过启发式、参与体验式、互动式等方式增强马克思主义理论课程吸引力，提高教育教学的效果；通过把实践教学与社会调查、志愿服务、公益活动、专业课实习等结合起来，引导青年学生走出校门，到基层去、到群众中去，培养他们的思想政治素质和观察分析社会现象的能力，使之增强对社会主义意识形态的理论认同、情感认同、话语认同。党的十八大以来，高校思政课建设向改革创新要活力，教学方法不断优化，"一省一策""一校一策""一生一策"的探索取得重要进展，并形成了系统化、综合化、多样化的教学方法体系。目前，在全国思政课教学中得到比较广泛应用的教学方法有：问题链教学法、互动式教学法、启发式教学法、小班（组）讨论教学法、经典研读教学法、案例教学法、专题教学法、情景（境）教学法、任务驱动教学法、体验式教学法、影像教学法等。[①]

所有的教育教学方法都在于转变学生的思想。从新中国成立以来高校思政课教育教学实践看，丰富而生动的教育方法和教学手段融系统性、参与性于一体，使青年学生随着教学活动的开展，内心世界不断得到启迪与参悟，同时身体力行地参与社会实践，促使思想转变升华。事实表明，只有采取恰当而有效的教育教学形式和方法，才能增强意识形态教育的吸引力和引领力。当前，青年学生的差异性和多样性日益明显，对他们进行马克思主义意识形态教育的难度越来越大，只有制定或配以恰当且合适的教学方法与手段才能生成高质量的教育教学效果，才能达到社会主义意识形态建设的目的。正是从这一意义上说，增强马克思主义理论教育效果，提升社会主义意识形态吸引力和引领力，推进教育教学方式方法创新尤为迫切，这就需要每所高校、每位思政课教师立足实际进一步加强对教学方法的研究，特别是要摒弃循规蹈矩、一成不变的模式，不断与时俱进、丰富创新，根据不同的教学内容和教育对象有针对性地采取差异化教学形式和适应性的教学手段。

（四）重视师资队伍建设，为铸魂育人提供力量支撑

"高等院校马列主义课教师是塑造学生思想灵魂的工程师，是宣传科学

---

① 参见吴潜涛、赵政鑫《党的十八大以来思政课教学质量建设成就述评》，《思想政治工作研究》2022 年第 7 期。

共产主义的战士。"[1] 对青年学生进行系统的马克思主义理论教育，帮助他们坚定社会主义理想信念，关键在思政课教师，关键在发挥他们的积极性、主动性、创造性。高校是意识形态斗争的前沿，思政课就是前沿中的前沿，思政课教师则是坚守前沿阵地的战士，而过硬的师资队伍无疑是思政课充分彰显意识形态属性和发挥铸魂育人作用的力量保障。

新中国成立初期，党和政府下发多份文件作出相应部署。例如，1952年9月，中共中央发出的《关于培养高等、中等学校马克思列宁主义理论师资的指示》就明确提出，从党委、政府、群众团体中选派或动员政治理论水平较高的干部到高等学校马列主义研究班及政治教育系或政治教育专修科教课；在高等学校的助教和高年级学生中培养优秀党员、团员在本校担任政治理论课的助教或助理。1952年10月，教育部下发的《关于在高等学校有重点的试行政治工作制度的指示》规定，从高等学校政治辅导员中选择若干人兼任政治理论课助教，以便逐渐培养其成为政治课教员。随后，1955年4月高教部副部长刘子载在高等工业学校、综合大学校院长座谈会上的发言，以及1955年12月下发的《关于聘请苏联的马列主义专家帮助有关学校政治理论课教研室（组）工作的通知》等文件，均就高校思政课师资队伍建设作出部署。通过选派老干部、培养新师资以及提升教师思想理论素质等措施，最终建立起了一支政治觉悟高、有一定理论素养的高校思政课教师队伍，从而有力地进行了马克思列宁主义、毛泽东思想教育，成了反对修正主义和资本主义，捍卫社会主义意识形态的坚强战士。

改革开放以来，在高校思政课教师队伍建设方面，党中央出台了一系列政策和举措，特别是按照"先培训再上岗，不培训不上岗"的要求，多层次、多方面举办各类骨干教师研修班、教学研讨班、教材培训班、"周末理论大讲堂"等高校思政课培训班，对高校思政课教师开展全员教材、教学和科研等方面的培训；同时，实施高校思政课教师在职攻读马克思主义理论博士学位专项计划、高校思政课教师队伍后备人才培养专项支持计划等，全面提升高校思政课教师的理论功底、知识素养，使这支队伍无论是

---

[1] 教育部社会科学司组编《普通高校思想政治理论课文献选编（1949—2006）》，中国人民大学出版社，2007，第97页。

在数量上还是在质量上都有了显著提高，涌现出一大批政治坚定、师德高尚、授课精彩、乐于育人的优秀教师，从而成了抵御资产阶级自由化，反对西方敌对势力"和平演变"的坚定斗士。

党的十八大以来，党中央全面强化高校思政课教师队伍建设，顶层制定《普通高等学校思想政治理论课教师队伍培养规划（2013—2017 年）》和《普通高等学校思想政治理论课教师队伍培养规划（2019—2023 年）》，建立一批高校思政课教师社会实践研修基地，密集出台高校思政课教师队伍建设的配套文件，不断优化完善政策环境和人员结构，形成齐抓共管的高校思政课教师队伍建设格局。值得注意的是，习近平总书记主持召开学校思想政治理论课教师座谈会，实地走访北京大学、清华大学等高校，关注青年教师思想动态，关心高校思政课教师人才队伍建设，并对思政课教师的思想政治素质提出新要求，为高校思政课教师队伍发展指明了方向。在党中央的精神指引下，新时代我国高校思政课教师队伍建设提质增效，取得历史性进展，形成了一支政治强、情怀深、思维新、视野广、自律严、人格正的师资队伍，从而成了增强社会主义意识形态凝聚力和引领力的中坚力量。

事实证明，高校思政课教师既是马克思主义科学理论的宣讲者、捍卫社会主义意识形态的战斗者，又是青年学生站稳政治立场、坚定政治方向的引领者，只有有一批政治强、情怀深、思维新、视野广、自律严、人格正的思政课教师队伍，思政课铸魂育人才能有底气。当今世界范围内各种思想文化交融交锋更加频繁，社会思想意识更加多元多样多变，西方文化渗透和价值输出更加隐蔽，一些腐朽落后的思想文化沉渣泛起，加之有些人马克思主义理论素养不高，对于一些错误观点和社会思潮难以分辨，无法深入实质，有的甚至在课堂上宣扬西方价值观，专拿党史国史说事，抹黑党和政府，调侃马克思主义、中国特色社会主义。因而，加强高校思政课教师队伍建设，注重教师的思想政治素养，不断强化他们的责任意识、政治意识、底线意识和阵地意识，提高他们的使命感、责任感显得尤为重要。对此，必须旗帜鲜明地将政治学习作为提升高校思政课教师思想素养的首要任务，切实提高政治意识，强化政治底色，引导思政课教师潜心阅读马克思主义经典著作，深入学习马克思主义中国化的理论成果，增加理论认知，坚定理想信念，自觉运用马克思主义立场、观点和方法来分析现实问题，提高自我认知水平，做到讲信仰者先守信仰。只有广大思政课教师真正具备过硬的思想政治素质，才能自觉做中国特色社会主义的坚定信仰者和忠实践行者，才能教育引导青年学生增强"四个自信"，自觉维护马克思主义和中国特色社会主义。

（五）建强高校马克思主义学院，为铸魂育人提供阵地依托

组织机构是把人力、物力和智力等要素按一定的结构和形式组合起来，以实现共同的目标、任务或利益的单元体。思政课在高校开设后，它的顺利实施离不开相应的组织机构。组织机构的运行和管理直接影响课程实施效果，进而影响马克思主义理论的宣传和社会主义意识形态的传播。

回溯新中国成立以来高校思政课建设的历程可以发现，在高校建设一个专门从事马克思主义理论教育教学及马克思主义理论研究的组织机构，既是高校思政课顺利实施的重要保障，又是有效发挥思政课维护社会主义意识形态安全的阵地依托。新中国成立初期，思政课在高校处于初创探索阶段，组织实施思政课的管理机构主要是各大行政区总政治课教学委员会，隶属于高校行政直接领导的"政治课教学委员会"，以及后来普遍设立的政治课各科目教研组（室）。其中，中国人民大学最早设立政治课教研室，全校设共同课马列主义、中国革命史、辩证唯物主义与历史唯物主义等七个教研室，成为保障思政课教育教学的基本组织单位。中国人民大学的探索实践证明："教研室这样的组织是新式高等教育的强有力的武器……新中国的高等教育需要普遍地采用这样新的组织，以新的工作成就为国家建设服务。"① 随后，各高校的政治课教研室（组）相继设立，如设立马克思列宁主义教研室、中国革命史教研组、政治经济学教研组、辩证唯物论与历史唯物论教研组。这些教研室（组）共同担负着用马克思列宁主义、毛泽东思想武装青年学生，向他们进行无产阶级的阶级教育，培养坚强的革命接班人的任务，成为在思想上和理论上积极反对和防止修正主义，同资产阶

---

① 中央教育科学研究所编《成仿吾教育文选》，教育科学出版社，1984，第48页。

级争夺青年一代的坚强阵地。

党的十一届三中全会以后，高校思政课得以恢复设立，其组织机构也逐步建立起来，成为进行系统的马克思主义理论教育的重要单位。进入 20 世纪 90 年代，国际国内形势出现了巨大的波动。面对苏东剧变所引发的人们对马克思主义、社会主义的质疑及种种困惑，党和政府旗帜鲜明地支持有条件的高校设立马克思主义学院，作为马克思主义理论和思想政治课的教育教学机构，开展系统的马克思主义理论研究，从而使之成了坚持和捍卫马克思主义的坚强阵地。进入 21 世纪后，随着中央马克思主义理论研究和建设工程的实施，许多高校相继成立马克思主义学院，作为统一组织和实施马克思主义理论与思想政治课教育教学、科研的单位。

党的十八大以来，在党中央的直接关怀下，高校马克思主义学院步入新的发展阶段，各地主管部门高度重视，各高校党政领导全力支持，按照"马院姓马、在马言马"等原则推进马克思主义学院在政治引导、学理阐释和价值塑造上下功夫，推动马克思主义学院在全国高校出现了争相建立的大好局面，并成了学习、研究和宣传马克思主义的主阵地，对于高举马克思主义旗帜，坚持马克思主义在意识形态领域的指导地位，建设具有强大凝聚力和引领力的社会主义意识形态，对于推动马克思主义进校园、进课堂、进青年学生头脑，引导青年学生牢固树立共产主义远大理想和中国特色社会主义共同理想，培养社会主义建设者和接班人发挥了应有作用。

大量事实表明，坚强有力的组织能使力量倍增。加强马克思主义学院建设，有利于整合资源、凝聚队伍、筑牢阵地，做到从整体上、综合上开展马克思主义理论和实践研究，从学理上支撑马克思主义理论教育教学，打牢马克思主义理论根基，从而更有利于巩固马克思主义的指导地位，建设具有强大凝聚力和引领力的社会主义意识形态，培养社会主义合格建设者和可靠接班人。面对世界百年未有之大变局下日益激烈复杂的意识形态斗争，作为我国意识形态斗争的前沿阵地，高校马克思主义学院更要在坚持"马院姓马、在马言马"方面作出表率，在学习、研究和宣传马克思主义，巩固马克思主义指导地位，培育和弘扬社会主义核心价值观，培养中国特色社会主义建设者和接班人方面作出更大贡献。

三　高校思政课铸魂育人的制约因素

问题是时代的先声和口号。始终坚持问题导向，时刻保持及时发现问题、解决问题的清醒和坚定，是一个成熟马克思主义政党的标志。毫无疑问，"自信、豪迈、奋进"已然成为新时代高校思政课建设新的精神面貌和精神状态。但我们也要清醒地看到，当前高校思政课建设体系尚未完全形成，其铸魂育人主渠道主阵地作用的充分发挥还面临一些制约因素。

（一）国内外环境变化带来新挑战

党的十八大以来，我国意识形态领域形势发生全局性、根本性转变，党的创新理论深入人心，网络生态持续向好，青年一代更加积极向上，对中国特色社会主义的信心明显增强，精神面貌更加奋发昂扬。但也要清醒地看到，当前国内外意识形态斗争的新变化、科学技术的新发展以及当代青年思想状况的新动态，都给高校思政课铸魂育人带来了新情况新挑战。

1. 我国改革发展取得的历史性成就增强了高校思政课铸魂育人的自信和底气，但也出现了一些"捧杀"的言论挑战

党的十八大以来，党和国家事业取得了历史性成就，发生了历史性变革，为高校思政课铸魂育人提供了丰富多彩的实践素材，极大地增强了思政课的自信和底气。但是一些别有用心的人则以"低级红""高级黑"的方式"捧杀"历史性成就，试图将国民心态由自信转为自负。2019 年 1 月，中共中央在《关于加强党的政治建设的意见》中明确提出，不得搞任何形式的"低级红""高级黑"。"低级红"主要是指在正能量和主旋律的宣传报道中，为了突出"高大上"的正面形象，脱离客观常识与科学，违背人情伦理，以博人眼球的方式吸引流量和舆论关注。在现实生活中，一些"两面人"，大搞"两面派"和"伪忠诚"，将红色所代表的正能量和主旋律庸俗化、低俗化、恶俗化，企图以"煽情过猛"的方式，在过犹不及中引起受众的反感和质疑。可以说，"低级红"的本质就是借助红色"保护色"进行政治投机的投机主义。例如，一些群体用"中国又赢了""不转发就不是中国人"等哗众取宠的"震惊体"，将"爱国"作为政治正确的噱

头，进行各种道德绑架和煽情渲染。这种不客观、不切实际的报道和宣传，极大地降低了新时代以来中国特色社会主义事业取得历史性成就的可信度和自信心。

"高级黑"则是用明褒实贬的方式，用表扬、夸赞、正面肯定的语气与语调进行"肯定式"的报道，但是在报道中又暗藏着一些贬低的线索和让人在"反思"中能琢磨出"反讽"的语句和素材。"高级黑"的方式相比较于"低级红"更加隐蔽、更加"高端"，具有主观上的恶意性，就好比潜伏于正能量宣传中的"间谍"与"卧底"。例如，进入新时代以来，一些媒体报道用"丧事喜办""坏事好评""反话正说"的方式，看似在帮党和政府"说话"，实则是故意引导青年人群质疑、抹黑、丑化甚至攻击党和政府，从而动摇党的领导地位，动摇对中国特色社会主义的信念、对中华民族伟大复兴的信心。

而国外由于资本主义内在规律，在 2008 年金融危机之后，经济一直处于缓慢增长乃至停滞的状态，新冠疫情的冲击更是加剧了这种状态。许多国家由于贫富分化，出现了社会不稳定的局面。面对中外势力此消彼长的局面，国内有一股民粹主义思潮逐渐兴起，刻意制造中外之间的对立。其中，民粹主义思潮以裹挟民意的方式，最易于牵动青年学生的情绪、情感和行为。"该群体在对外关系方面，持有一种狭隘的爱国观和极端的大国心态，即一味要求中国在处理国际问题上要保持强硬态度，不退让、不妥协，凡是与中国有不同意见的，都应该予以反对。"[①] 这种民粹主义思潮带有极端民族主义倾向，使得活跃于网络的青年学生相信网络意见，而不相信科学。他们的视野和格局在极端民族主义中狭隘化了，以"居高临下"的姿态对待其他文明的优秀成果。近年来，也不乏一些青年学生在看待对外关系时持有尚武观念，主张对抗。这与中央倡导的"四个自信"与文明共生理念相差甚远，长此以往容易引致青年学生走向极端。"狂热、狭隘、极端的民族主义极易造成青年学生面对政治事件时激进狂热，失去理性思考的能力，也容易使青年学生陷入狭隘保守、故步自封的境地。"[②]

---

① 李良荣：《中国民粹主义三个动向》，《人民论坛》2017 年第 1 期。
② 孙宇伟：《高校思政课建设性和批判性相统一研究》，社会科学文献出版社，2022，第 240 页。

2. 科学技术的快速发展既丰富了高校思政课的教学方式，也带来了更为复杂的意识形态斗争方式

其一，互联网的快速发展给高校思政课铸魂育人带来了新挑战。随着互联网的快速发展，众多互联网平台成为青年学生日常学习生活的主要场地，这就使得原来的马克思主义意识形态教育由课堂开始转向互联网。高校思政课也出现了网络思政的新模式。互联网的即时性、互动性、隐秘性，使得其成了当前信息传播的主阵地。在互联网中，一些境外敌对势力和少数国内异见人士，以公共知识分子的身份故意制造和传播一些似是而非的谣言，并煽动年轻网民的情绪，进行意识形态斗争的话语权争夺。在互联网阵地中，出现了历史虚无主义、泛娱乐主义、民粹主义等思潮，这些都构成了高校思政课教育和引导青年学生的新挑战。

其二，大数据技术与短视频的结合给高校思政课铸魂育人带来了新挑战。新时代以抖音、快手、哔哩哔哩等为代表的短视频软件"异军突起"，快速成为互联网信息的主要传播渠道。这些短视频软件通过大数据技术，描绘受众的图景，将短视频内容精准投放给受众。一方面，带来了主流意识形态传播的碎片化、低质化甚至被裁减；另一方面，一些社会思潮和错误观念也趁机被人为包装成青年学生喜闻乐见的故事，以短视频的形式精准投放给每一个感兴趣的受众。这使得课堂"满堂灌"的高校思政课在新时代面临大数据技术精准投放的意识形态挑战。

其三，科学技术的快速发展对高校思政课铸魂育人提出了新议题。新时代科学技术的快速发展，也给世界带来了一系列新问题、新现象，对马克思主义提出了时代化的新要求。生物技术带来的伦理问题，人工智能对人的本质、劳动价值论的挑战，大数据带来的数字劳动异化等问题，成了当代马克思主义要回应的时代之问。而西方一些学者则借助科技所带来的新变化，以"创新"马克思主义、"重新解读"马克思主义之名，进行对马克思主义的歪曲解构乃至颠覆，试图从根本上瓦解马克思主义的科学性和真理性，从而给高校思政课传授马克思主义理论带来了新挑战。

（二）教师队伍的快速发展带来新问题

高校思政课要发挥好铸魂育人作用，思政课教师的角色和作用至关重

要。新时代新征程上对于高校思政课教师队伍建设的新要求，既包括规模数量的增长需求，也包括队伍成员素质的提升诉求，即要着力打造一支信仰坚定、理论功底扎实、数量充足、结构优化的高素质教师队伍。但从现实情况看，还存在不少差距和不足，从而制约了高校思政课铸魂育人作用的有效发挥。

1. 师资数量尚未有效达标

如前所述，党的十八大以来全国高校思政课教师数量已经大幅增加，登记在册的专兼职教师总计达到 12.7 万人，其中专职教师超过 9.1 万人。与此同时，2023 年教育部发布的《2022 年全国教育事业发展统计公报》显示，我国普通本科学校校均规模 16739 人，本科层次职业学校校均规模 19487 人，高职（专科）学校校均规模 10168 人。① 而按照教育部《新时代高等学校思想政治理论课教师队伍建设规定》，高等学校应当根据全日制在校生总数，严格按照师生比不低于 1∶350 的比例核定专职思政课教师岗位。当前，为了应对上级部门考核和评比，一些高校想方设法，挪转腾移，将相近专业或相关专业的教师都纳入思政课教师队伍序列。这种情况并非个案，因此思政课教师的实际数量比统计数据偏低。同样值得注意的是，思政课教师的工作量有增无减。在普通公办本科院校，思政课教师年均课时量 300 节起步，高达四五百节甚至五六百节课的情况也并不鲜见，超负荷的教学任务使不少思政课教师疲于应付。这就为专职思政课教师的配备提出了新的要求。

2. 理论素养有待提升

近年来，高校思政课教师队伍的壮大令人备受鼓舞，但是也要认识到，高校思政课教师的发展除了要在总体规模、人员配备等方面下功夫，还要切实提升高校思政课教师队伍的理论素养。目前，高校思政课均由各高校马克思主义学院专职教师承担，党政团干部、辅导员、相关文科院系教师等作为兼职教师补充。然而，无论是马克思主义学院教师还是专职辅导员，学科背景大多比较杂乱。就高校思政课教师队伍而言，除了马克思主义基

---

① 参见陈鹏《〈2022 年全国教育事业发展统计公报〉发布 我国专任教师超 1880 万人》，《光明日报》2023 年 7 月 6 日。

本原理、马克思主义中国化研究、马克思主义发展史、中国近现代史基本问题研究、国外马克思主义研究、党史党建、思想政治教育等马克思主义理论学科专业外，哲学、历史学、法律、政治学、管理学、社会学、经济学、民族学、文学、新闻学等也都是常见专业。这种情况一方面是历史原因造成的，另一方面则是近几年尤其是 2018 年以来高校思政课教师数量急速增加带来的。这导致思政课教师队伍中的许多人，尤其是应届毕业的博士生，苦于没有更好的就业出路，所以只好选择思政课教师托身落地。毋庸讳言，相较于马克思主义理论科班出身的思政课教师，他们对思政课的属性、目标、任务、内容、方式等了解并不多，更谈不上深厚的铸魂育人功底，其在意识形态斗争中的政治敏锐性、政治鉴别力以及政治执行力等存在不少问题。而很多学生辅导员的专业背景与马克思主义理论学科更是相距甚远，体育学、艺术学、化学、计算机、机械制造等并不鲜见。此外，不少高校还把由于院系调整无法安置的教师、晋升无望或是临近退休的党政干部等，都放到思政课教师岗位上。而一些教师在马克思主义学院担任思政课教学工作仅仅是基于自己职业考虑，除了按照统一的教学大纲承担必要的思政课程讲授任务外，很少关注热点事件和学术发展的前沿，没有更高的追求，也不想谋求更大的发展。① 林林总总的做法，导致思政课教师马克思主义理论学科功底不强，基本功不扎实，整体师资理论素养有待提高。

3. 师风师德问题不容忽视

"学高为师，身正为范"，师风师德是教师的灵魂和教师队伍建设的核心，是评价高素质教师队伍的首要标准。尤其是思政课教师，被寄予了道德厚望。由于高校思政课面向包括本硕博在内的全体青年学生，覆盖面广，影响力大，所以一旦师德失范，其产生的影响也相应更大。在近年来爆出的高校师风师德问题中也有不少涉及思政课教师，都令师者的公信力和权威性大打折扣。

在上述情形下，一些问题层出不穷。一是思政课教师投入教学的精力、

① 参见刘秀萍《马克思主义学院发展关键在提质》，《光明日报》2022 年 4 月 15 日。

承受的压力前所未有，很多教师往往疲于上课，政治意识不足，难以从维护国家意识形态安全、为社会主义培养建设者和接班人的高度来对待思政课。二是由于专业知识储备不足，对思政课铸魂育人的重要性认识不足，对思政课铸魂育人的有效方式把握不准，部分思政课教师出现不会讲、不敢讲、不愿讲的现象，对一些错误的社会思潮和错误言论，无法从学理政理道理层面进行有力的批驳和澄清，让青年学生真信真服。事实上，在2015—2020 年的一项专项调查中，被访大学生建议思政课教学要积极回应理论热点问题的比例分别为 63.6%（2015 年）、60.4%（2016 年）、65.4%（2017 年）、62.9%（2018 年）、56.0%（2019 年）和 52.8%（2020 年）。[①]

（三）教育教学的不适应性引发新矛盾

新中国成立以来高校思政课在铸魂育人方面发挥了十分重要的作用并积累了丰富的历史经验，为新时代新征程上坚持不懈用习近平新时代中国特色社会主义思想铸魂育人提供了有益的参考借鉴。然而，我们也必须清醒地认识到，矛盾无处不在，无时不有。随着形势的发展，一些旧问题解决了，另一些新问题又会出现。其中，既有大中小学思政课中共性的东西，也有高校思政课突出存在的问题。尤其是在铸魂育人方面，高校思政课还面临不少难点和需要修正的地方。这主要体现在思政课教育教学的内容和形式等方面。

1. 教学内容有所偏颇

内容是课程的核心。对高校思政课铸魂育人而言，如果不能以内容打动人、鼓舞人、教育人，那么它就很难成为一门真正让青年学生入脑入心的好课。因此，无论形式怎么变，注重内涵、"内容为王"是多数思政课教师的普遍共识。然而，在实际教育教学过程中，对于课程内容的选择、素材的运用、理论的理解等还存在诸多问题。2021 年底在 70 余所高校调研所得的数据显示，大学生认为思政课教学方法方面存在的主要问题是"理论说教过多"（48.5%）、"教学形式单一"（41.5%）、"缺乏实践教学"（40.0%）等，认为教学内容存在的主要问题是"授课内容枯燥乏味"（47.9%）、"语言不够通

---

① 参见沈壮海《学习习近平总书记关于思想政治理论课建设的重要论述》，《马克思主义研究》2022 年第 6 期。

俗，很难懂"（27.4%）和"没有联系实际，很空洞"（27.0%）等。① 青年学生反馈的这些信息，其实从不同维度反映出了高校思政课教育教学中的不适应性。近年来，随着思政课改革创新步伐的加快，高校思政课教学形式越来越多元化，这在一定程度上也出现了过度强调教学方式方法的重要性而忽视了教学内容本身的情况，其结果是大大降低了思政课铸魂育人的针对性、有效性。

其一，面面俱到但泛泛而谈。众所周知，思政课内容广泛且丰富。以本科教学而言，除了五门主干课程之外，还有"形势与政策""军事理论""四史"等课程。此外，不同省市还另有增加，如广东省在粤高校开设"马克思主义中国化进程与青年学生使命担当"课程。由于主题上有关联，内容上有穿插，时间上有重叠，同一个事件、同一个人物可能在不同思政课堂上反复出现。此外，目前高校思政课与中学阶段的思政课尚未实现无缝衔接，内容多有重叠。这就要求高校思政课教师必须在有限的时间里对教学内容进行合理的取舍。哪些专题是重点，哪些内容可以简单带过，哪些环节可以省略……对教师整体把握、科学理解课程内容提出了新的更高要求。从实际情况来看，受各种条条框框（如考试范围的规定、教学大纲的要求、教学督导的质疑以及教师自身专业素养、知识结构、信息储备等）的限制，不少高校思政课教师讲授内容既缺乏新意也缺乏思想深度。

其二，避重就轻且舍近求远。与其他课程不同，思政课本质上是一门社会主义意识形态的理论表达课，特别强调政治属性，同时其理论性也特别强，学起来难免出现晦涩难懂的情形。这就要求高校思政课教师既要讲准还要讲透。讲课内容当然可以丰富多彩，但"学术无禁区，课堂有纪律"，授课时不能天马行空、随意触碰。近些年来，高校思政课教师在课堂上口无遮拦、信口开河的现象时有发生，由此受到严厉处分的也不在少数。为了避免出错，很多高校思政课教师谨小慎微，只是对教材内容进行简单的处理、稍加修饰便呈现给青年学生。对一些重大现实问题、理论问题和

---

① 参见沈壮海《学习习近平总书记关于思想政治理论课建设的重要论述》，《马克思主义研究》2022 年第 6 期。

社会思潮，但凡觉得有些敏感的，都避而不谈或者是顾左右而言他。正如习近平总书记所指出的："有的教师怵于思政课的意识形态属性，担心祸从口出，总是绕开问题讲、避开难点讲。"① 针对一些高校的专题调研也发现，部分高校思政课教师在马克思主义传播过程中存在对社会的一些问题避而不谈的现象，回避青年学生思想上的"病灶"，导致无法"对症下药"，更做不到"药到病除"，难以及时有效引领学生的思想。② 相应地，一些容易理解的、四平八稳的内容反而成了"白月光"。其结果便是，越来越多的思政课堂变为"新闻发布会"，宣传的色彩越来越浓厚、学理性的分析越来越匮乏、思想性的启迪越来越少。此外，由于部分高校思政课教师理论功底薄弱，对马克思主义理论一知半解、知之甚少，既不能从整体上掌握马克思主义理论，也不能用具体的马克思主义立场观点方法来分析现实问题，对授课的重点、难点把握不准。在素材的选择上，不少人都崇尚"拿来主义"，自己不整理案例、不收集材料、不做社会调研，把别人的课件、教案和备课本作为自己讲课的依据，而无视有些已经过时、有些不符合实际、有些具有特定适用范围的事实，忽略甚至忘记了发生在身边、发生在当下的鲜活素材。

其三，偏重说事而忽视说理。思政课是一门属于宏大叙事的课程，思政课教材强调的是完整性和整体性，很多时候都是提纲挈领式的，缺少细节和故事。而当下的青年学生，作为互联网一代，他们的学习习惯、认知方式、行为模式等具有明显的时代性和群体性。传统的正襟危坐、一本正经地听教师传道授业解惑，已经难以激发青年学生的积极性和好奇心。于是，一些高校思政课教师开始"剑走偏锋"，搜罗一些出处不明或真假难辨的奇闻逸事。这些内容有的纯属无稽之谈，有的观点独特，故事性很强但逻辑性欠缺，吸引力有余但现实性不足，遑论蕴含着什么深刻的学理政理哲理道理，对高校思政课铸魂育人目标任务的达成并没有什么实际用处。实际上，任何一门课程都有明确的教学目标，思政课也不例外。以"毛泽东思想和中

① 习近平：《论党的宣传思想工作》，中央文献出版社，2020，第 382 页。
② 章正：《全国政协共青团、青联界别委员深入 24 所高校调研显示——马克思主义在青年学生中的传播氛围明显优化》，《中国青年报》2019 年 3 月 14 日。

国特色社会主义理论体系概论"为例，其教学目标有四：一是使大学生对马克思主义中国化进程中形成的理论成果有更加准确的把握；二是对中国共产党领导人民进行的革命、建设、改革的历史进程、历史变革、历史成就有更深刻的认识；三是对中国共产党在新时代坚持的基本理论、基本路线、基本方略有更加透彻的理解；四是对运用马克思主义立场、观点和方法认识问题、分析问题和解决问题能力的提升有更加切实的帮助。换言之，思政课就是一门政治认同、维护国家意识形态安全的课程，说什么事、怎么说事都应该服务于教材主旨。而那种重说事轻说理的选择，直接削弱了思政课的课程属性。

在上述情形下，一些问题层出不穷。一是尽管高校在思政课上不断更新教学内容，思政课教师也适时地向青年学生传递相关会议精神、解读相关政策，但受课时和教学内容的制约，很多重要的内容一带而过，因此其铸魂育人作用也大打折扣。二是部分思政课教师的讲解浮于表面、流于形式，干巴巴地宣传灌输，很难使青年学生产生心理共振、情感共鸣，要接受和认可社会主义意识形态更是难上加难。这也是一学期思政课上下来却有不少青年学生反映对这门课程没多大印象、收获不大的原因。三是依靠讲故事、讲段子表面上能够赢得青年学生的好感和关注，甚至造就了不少思政课网红教师。这确实有助于改善当代青年学生对思政课的刻板印象，但也使得思政课失去了严肃性和深刻性，难以教育引导青年学生做更深层次的政治价值观思考。正如习近平总书记反复强调的："无论是通过讲故事、讲历史还是讲理论的方式讲思政课，都要体现思政课的政治引导功能。"① 这些方面的不足，导致思政课不同程度地脱离或背离了设计的初衷，思政课铸魂育人的主题被冲淡了。

2. 教学形式灵活不足

形式和内容是一对辩证统一的关系。过硬的内容是关键，适合的形式是条件。今天的高校青年学生，主要是"00后"，所谓的"Z时代"。作为互联网下成长起来的一代，他们更喜欢形式活泼多样、互动性强的课堂。

---

① 习近平：《论党的宣传思想工作》，中央文献出版社，2020，第383页。

近几年来高校思政课教学在改革过程中，推出了不少新举措，采用了不少新形式，取得了不少新突破。但也必须承认，在取得一些可圈可点的成效的同时，一些问题也令人深省。

其一，丰富多彩但流于表面。长期以来，思政课教学主要采用灌输的方法，因效果不佳而饱受诟病。于是，各种形式的创新蜂拥而至，令人眼花缭乱。具体表现在两个方面：课堂教学和网络教学。首先，在课堂教学方面，在强调思政课教师主导地位的同时，青年学生的主体地位也彰显出来。因此，除了教师讲、学生听这种单向知识传输外，案例式教学、专题式教学、讨论式教学等受到普遍重视，课堂辩论、课堂演讲、唱红歌、主题展示、读书笔记分享、微视频制作等比比皆是。其次，在网络教学方面，2015 年 9 月清华大学马克思主义学院教师冯务中讲授的"毛泽东思想和中国特色社会主义理论体系概论"登上号称国际三大慕课平台之一的 edX，网络思政由此受到了国内不少媒体和高校的关注。2020 年随着新冠疫情的暴发，网课成为新的课程教学模式。慕课、翻转课堂、混合式教学如火如荼，雨课堂、学习通、学堂在线等课程平台如雨后春笋，腾讯会议、超星直播、钉钉等直播平台成为学习必备。一时间，网络教学大有与课堂教学并驾齐驱甚至赶超之势。事实上，无论是课堂形式的创新还是在线教学的彰显，的的确确提高了青年学生的"抬头率"，增强了青年学生的参与度，值得鼓励和支持。但这更多的是一种过程导向，热闹之余并没有多少人真正从结果或实效方面去评价这些创新的价值和意义所在。对部分高校的相关调研表明，这种形式的创新最大的贡献主要体现在不同程度上改变了青年学生对思政课的刻板印象，在教育引导青年学生树立崇高理想、强化政治认同这一思政课铸魂育人的主要任务的实现上，并没有发挥出所预想的作用。

其二，课堂教学有余但实践教学不足。从构成来看，高校思政课实际上由两部分组成：课堂教学和实践教学。"纸上得来终觉浅，绝知此事要躬行。"实践与理论相辅相成，只有达到知行合一才能更好地认识社会、认识世界。所以，实践教学受到了广泛关注。教育部 2018 年 4 月 12 日发布的《新时代高校思想政治理论课教学工作基本要求》规定：从本科和专科思政课现有学分中分别划出 2 个学分和 1 个学分开展思政课实践教学；学生可通过参加教师统一组织的实践教学获得相应学分，或者通过提交与思政课学习相关的实践成果申请获得相应学分。然而，何谓实践教学，实践教学到底包括哪些内容，高校思政课实践教学有何不同……这一系列问题一直未能达成共识。从实施情况看，实践教学可谓五花八门。有的学校将暑期社会实践纳入其中，有的则将参与社会服务或校园活动纳入其中，有的甚至将科技发明、创新创业纳入其中。此外，由于实践教学还会涉及学校经费支出、学生人身安全、教师绩效考核等，很多高校干脆采用课内实践的形式来代替实践教学，导致实践教学变相地成为课堂教学的一部分。以本科生为例，按照 2 个学分的设置，至少应有 32 个学时用于实践。按每天 6 学时计算，则应至少拿出 5 天开展实践教学，但实际上很多时候只是应付了事。

其三，网课便捷但难显优势。网络平台以其便捷、灵活、多样等优势，实现了许多课堂教学难以企及的功能，为改变以教师为主、学生为辅的传统教学模式提供了更多可能。例如，直播、录屏、设置任务点、即时测试、即时评分、学生互评、即时互动交流，甚至还可以发红包。通过课前预习、设置任务点、课堂讲解、课堂测试、课后作业等环节，形成了一个较好的学习闭环。由此，教师不仅可以省去很多重复性工作，而且可以实现与学生的同步互动；学生则可以反复听讲，不受时间、地点的限制，充分展示出网络学习的灵活性。但是，这样的操作也令思政课同其他课无异。众所周知，思政课具有一定的特殊性。正如教育部原部长陈宝生所说，思政课的"对象是人，重点是思，方向是政，载体是课"。这尤其需要通过思政课教师的讲解和示范来帮助青年学生认识、理解、认可和接受主流价值观，进而将其内化于心、外显于行。从目前的网络教学来看，课堂测试、学生自学占据了太多时间，网课的优势没有充分彰显。

在上述情形下，一些问题接踵而至。一是形式的多样性在提升思政课的亲和力的同时，也在一定程度上偏离了思政课的教学目标。从实践来看，很多青年学生对思政课的态度从原先的冷漠无感转变为愿意倾听。这种转变与教学形式的创新当然有关，但到底有多大关联并没有相关数据的有力印证。很多时候它只是源于思政课教师的个人魅力，例如容貌俊美、言语幽默、气质优雅、讲课生动等。进一步讲，无论哪种情况，青年学生"抬头率"固然提高了，但"点头率"是不是也相应提高了呢？从近年来一些发生在青年学生中间的意识形态安全事件（如厦门大学"洁洁良"事件）来看，解答现实之惑，正确理解和对待理论与现实之间的差异、中国与外国之间（尤其是政治制度）的差异等，才是解决问题的关键。换言之，任何形式的创新如果偏离了思政课铸魂育人的目标任务，都是低效或无效的。二是自媒体时代，海量信息得以释放，共享成为这个时代的关键词。借助互联网，我们似乎获得了更多的自由，看到了更广阔的世界。但实际上，算法推送无处不在，议题设置先入为主。这实际上也造成了"信息茧房"，加大了社会偏见、加剧了社会分化。实践教学作为思政课课堂教学的补充，本可以在这方面发挥积极作用。例如，参观改革开放成就展，有助于帮助青年学生理解"改革开放是决定当代中国前途命运的关键抉择"；参与冬奥会志愿服务，可以坚定青年学生构建"人类命运共同体"和"一起向未来"的信心和决心……这实际上也为后续通过实践教学来推动思政课实现铸魂育人提供了空间和可能。

四　高校思政课铸魂育人的实践进路

古语云，"问渠那得清如许，为有源头活水来"。学习历史是为了更好地回应现实，学习理论是为了更好地服务实践。传授马克思主义理论，也必须立足现实和实践，瞄准问题，对症下药。习近平总书记在学校思想政治理论课教师座谈会上强调指出，要不断增强思政课的思想性、理论性和亲和力、针对性。为此，他明确提出了"八个相统一"的要求。这不仅为高校思政课改革创新指明了方向，实际上也为高校思政课更好彰显意识形态属性，更好发挥铸魂育人作用提供了基本遵循。不过，这主要是对高校思政课教学方面的指引。事实上，高校思政课要真正彰显意识形态属性，更好发挥铸魂育人作用，离不开方方面面的支持。其中，高校的重视程度、管理体制、经费支持、绩效考核、师资配比，高校思政课教师的价值理想、理论素养、教学方法、个人品德等至关重要，同样不可或缺。

（一）整合资源、协同发力，优化高校思政课铸魂育人的保障机制

铸魂育人是一项复杂的系统工程，需要自上而下、自下而上多方并举、多头并进，即通过加强和优化顶层设计，建立健全党委统一领导、党政齐抓共管、职能部门大力支持、院系专业积极参与、思政课教师全力以赴，课内课外、线上线下协调联动、相互配合的"大思政"格局。

1. 聚源集智，多方联动

高校作为意识形态斗争的主阵地，要围绕"培养什么人、怎样培养人、为谁培养人"的根本问题，从国家和民族前途命运的战略高度来审视和理解思政课在维护意识形态安全方面的角色定位和重大意义。

学校党委要贯彻落实党中央和各级主管部门的工作要求，构建权责利相结合的具体制度，建立包括考核评价机制在内的维护意识形态安全的体制机制。学校领导要大力支持和推动思政课建设，书记、校长上好"开学第一课"，通过言行举止、资金支持等营造重视思政课、重视意识形态安全的氛围和环境。

行政机关、教辅部门应具有协同意识，把维护意识形态安全作为目标任务，明确列入工作议程和年度考评。各级领导干部应谨言慎行，在不断增强业务能力的同时，不断提高党务水平。在日常工作中，加强对意识形态安全问题的分析研判和科学引领，做好预案和防范。大力支持马克思主义学院开展工作，真正体现出马克思主义学院是第一学院、思政课是第一课堂的角色定位，并将此作为行政人员晋升、评先的基础性条件之一。

各院系、专业尤其是理工科院系，要积极响应号召，参与到思政课程建设中。针对各种错误思潮和错误认识，运用本学科的理论和方法回应现实问题，为学生建立正确的世界观、人生观和价值观做好指引。同时，有意识地将意识形态安全方面的知识融入各自学科，全面推进"课程思政"。此外，通识类课程也要提高政治站位，增强安全意识，依托课程和教材，以润物细无声的方式传递给学生，潜移默化影响学生。

2. 建章立制，分门别类

建立明确的分工协调机制。学校党委、领导班子成员、马克思主义学院领导各自具有哪些职责，不仅要出现在讲话中、写进讲稿里，更要落实

到规章制度层面。例如，每学期/学年要召开多少次意识形态安全会议、相关责任人到马克思主义学院和思政教学科研基地进行多少次调研等，不仅要有计划、有总结，还要有明确规定和严格考核，而不能只是念念稿、讲讲话、填填表。各职能机关尤其是组织部、宣传部、教务处、科研处、学工部、教师工作部等，每学年/学期要采取哪些措施、为学校思政教育和思政课堂解决哪些问题、办好哪些实事，也要建立相应的目标管理、评价考核以及问责追责、加分嘉奖机制。相关教学单位（主要是马克思主义学院）在学科发展、社会服务、教学科研、学生培养等常规工作之外，对意识形态安全的理论研究方面也应该有所要求。

制定不同教学方式实施细则。从目前来看，除课堂教学外，网络教学、实践教学也日益受到重视。网络教学被大规模应用的同时，也应该逐步规范化、常态化，不能只是作为课堂教学的补充，而应成为日常思政课教学的重要组成部分。三种教学形式各有优势、各具特点，过去往往统在一起整体考核，包括填报的各种表格都是跟课堂教学大体一样的，不能反映其中的差别。因此，教务部门和教学部门要搞好协商和协调，制定符合教学实际的意见和规定。以"毛泽东思想和中国特色社会主义理论概论"为例，在总计80个学时中，多少个学时是课堂教学、多少个学时是在线教学、多少个学时是实践教学，应该有明确的安排。而且这种安排要有利于教师组织教学活动、提升教学实效，而不是无视教学规律，硬性规定每节课不能超过多少时间的视频、不能超过多少个学生参与讨论等，以行政思维干涉和误导教学活动。

健全完善对思政环境的监督管理。要确保意识形态安全，科学、合理、有效的监管必不可少。学校层面，在不影响正常教学科研和学习交流的前提下，对会议、论坛、讲座、报告、研讨等各类活动进行适度审查，尤其是涉及意识形态的主题活动，做好事前、事中、事后的全过程管理。对学校广播电台、社团刊物、宣传海报、微信公众号、微博等，信息发布前做好预审工作。对校园网络、公共空间的言论等，通过设置专职或兼职岗位进行收集、分析、研判，以便未雨绸缪、及时应对。强化教学督导，对可能出问题的教师和容易出问题的环节进行排查，注意教师思想和情绪的变化，及时制定防范措施。同时，健全学生评价机制，让这种评价在提高教师的教学理念、教学技术、教学技巧、教学效果方面真正发挥出作用、发挥好作用。再有，就是规范教师的教学用语，通过学术语言体现严谨，通过文件语言展示规范，通过网络语言表达幽默，通过文学语言传递优美。

（二）打造高素质师资队伍，增强高校思政课铸魂育人的力量支撑

教师是课堂的主导。广大思政课教师要怀有强烈的责任感，不断提高自身素质，充分认识到维护意识形态安全的重要性，尤其在当前中西方意识形态较量日益加剧的情况下，更要弄清楚意识形态工作的来龙去脉，掌握好高校意识形态工作的普遍性和特殊性。

1. 提高准入门槛，严把质量关

习近平总书记明确指出，思政课教师要具备六个方面的特质，即"政治要强、情怀要深、思维要新、视野要广、自律要严、人格要正"。这也为选聘思政课教师提供了参考依据。不过，如何把相对抽象的判定标准变为具体化的量化条件还有不少工作需要做。比如，"政治要强"除了政治面貌为中共党员这一硬性规定外还需要具备什么条件，各地高校可结合当地情况做进一步细化，如在政治信仰、政治担当方面应具备哪些条件。在选聘过程中，要严把政治关、师德关、业务关，让有信仰的人来讲信仰。正式录用之前，通过实地走访、函询等方式，了解聘任对象的实际情况，对有重大师风师德过错、损害集体团结和利益记录的要审慎评估，避免不合格、不称职的人进入思政课教师队伍。对于校内转岗人员，也要设置相关的资质条件，真正做到择优录取、宁缺毋滥。

2. 强化教育培训，提升综合素养

所谓"马院姓马、在马言马"，传授马克思主义理论、塑造青年学生的政治信仰，是马克思主义学院的根本职责，也是高校思政课教师的使命任务。从某种意义上说，高校思政课教师对马克思主义、对主流意识形态是什么态度，很大程度上决定了青年学生的认知和态度。"思政课教师只有自己信仰坚定，对所讲内容高度认同，做学习和实践马克思主义的典范，才能讲得有底气，讲深讲透，才能有效引导学生真学、真懂、真信、真用。"①

---

① 习近平：《思政课是落实立德树人根本任务的关键课程》，《求是》2020 年第 17 期。

为此，一个重要的举措就是强化社会实践和教育培训，坚定思政课教师的信仰信念。同时，不断提高业务能力和理论水平，真正使其成为马克思主义理论教育方面的行家里手。具体来说，在省级层面，成立高校思政课教师社会实践和社会考察专项资金（基金），从经费、制度等方面予以保障；在学校层面，要严格按照上级要求，大力支持思政课教师参与校内外政治学习和业务培训，鼓励和推动思政课教师"走出去"，如学历提升、进修访学、外出考察、挂职锻炼等，提高思政课教师的能力和素质；在学院层面，要营造良好的教学和科研氛围，加强教研活动，通过集体备课、集体研讨、集体攻关、学术交流等方式，协同创新，探讨新时代高校思政课教学的特点，规范教案、讲义、课件，提升铸魂育人的能力和水平；在个人层面，自觉学习党和国家领导人重要讲话、重要会议精神，积极参与学校、学院和党支部组织的各项活动，利用各种机会和平台提升自我。

3. 抓好师德师风建设，做铸魂育人表率

严格落实《中华人民共和国教师法》《关于建立健全高校师德建设长效机制的意见》《关于加强和改进新时代师德师风建设的意见》《新时代高校教师职业行为十项准则》等规定，强化纪律建设，依法依规健全规范体系，全面梳理教师在课堂教学、关爱学生、师生关系、学术研究、社会活动等方面的纪律要求，开展系统化、常态化宣传教育。对师德失范行为实行"一票否决""零容忍"，具体体现在职称晋升、评优评先、加薪长资方面，对于严重损害学生身心健康、产生恶劣社会影响的，要坚决清除出思政课教师队伍。对于在师风师德建设方面有突出贡献和优异表现的，及时宣传表彰，并在职称晋升、考核评先、荣誉称号等方面予以优先考虑。同时，加强警示教育，引导广大思政课教师时刻自警、自律、自省、自励，坚定规矩意识，做到校内校外、课前课后、线上线下言行一致、表里如一，真心实意关心青年学生，成为青年学生的道德表率和榜样。

（三）推动教学改革创新，丰厚高校思政课铸魂育人的供给优势

"穷则变，变则通，通则久。"高校思政课只有不断改革创新，才能适应新变化新要求，更好地彰显意识形态功能，发挥铸魂育人作用。改革创新主要包括两个方面，即内容和形式。好的内容离不开好的形式，好的形

式离不开好的内容，两者相得益彰、相互促进。

1. 增存扩容，提升说服力

理论只有具备说服力才能为人所信服。思政课作为维护国家意识形态安全的主阵地，只有用马克思主义的立场、观点、方法观照现实、解释现实，才能称得上名副其实。与此同时，现实发展一日千里，思政课只有与时俱进，不断更新升级，才能跟得上鲜活生动的现实。因此，思政课教学既要保证存量，又要促进增量，在守正创新中增强理论的解释力、说服力。有鉴于此，思政课教师应秉承"意识形态无小事"的原则和理念，坚持"内容至上"，把优秀的作品、优质的内容、优良的品质传播出去。

第一，在"马"言"马"。我们的思政课是马克思主义的思政课。高校思政课作为学习、研究、宣传和运用马克思主义的重要阵地，必须始终坚持以马克思主义填充其政治底色、理论底色和价值观底色。正是从这个意义上说，高校思政课应做到"三句话不离本行"，即思政课教师所讲授和传播的理论必须是马克思主义以及中国化时代化的马克思主义，青年学生所接受和掌握的思想武器必须是马克思主义的立场观点方法，课程所要关注和解决的大问题必须是关涉马克思主义信仰、中国特色社会主义信念、中华民族伟大复兴信心的问题。

第二，紧紧围绕马克思主义和中国化时代化的马克思主义开展教学。对一些深奥难懂的知识点，不能因为学生兴趣不高而刻意迎合，粗枝大叶而一笔带过。思政课教师应坚持政治性和学理性相统一、价值性和知识性相统一，以基本原理和教材内容为重点，既要把"是什么"讲透彻，也要把"为什么"讲明白，还要把"怎么办"说清楚，形成从"怎么看"到"怎么办"的完整的知识链。对国内外热点问题、难点问题、重点问题，不掩饰、不回避。例如，如何看待我国倡导的"人类命运共同体"受到了以美国为首的一些西方国家的攻击和抵制、如何看待"全过程人民民主"理论与实践之间的差异……对这些同意识形态安全密切相关的重大理论和实践问题，思政课教师应积极解答释义，不能因为所谓的敏感而讳莫如深、避而不答。

第三，内容的讲授要考虑分众化和层次性。针对不同专业、不同年级的学生设计不同教案，内容选择上也要有所偏重。比如，对于文科专业和理工科专业的学生要区别对待，前者注重理性素材，后者可以多采用感性素材。当然，不同层次、不同地区的高校存在较大异性，可因地制宜、因人而异。

第四，坚持与时俱进，把最新的理论成果融入其中，这些理论成果包括《在党史学习教育动员大会上的讲话》、《在庆祝中国共产党成立 100 周年大会上的讲话》、《中共中央关于党的百年奋斗重大成就和历史经验的决议》、党的二十大报告等。思政课教师要保持政治灵敏度，把新提法、新理念、新思想及时放进教学中。

第五，突出本土化、本地化，增强亲和力和针对性。现有的思政课教材主要从整体、全局、中央的角度来书写，在实际教学中可适当增加地方性的内容。例如，北京的高校可以从首都的视角来阐释中华文化的重要性，广州的高校可以从商都的视角阐释对外交往的重要性，从而从地理空间和文化关联上拉进与学生的距离，同时凸显意识形态安全的重要性。

2. 创新形式，提升吸引力

思政课的形式创新多种多样，包括议题/主题设置的创新、授课方法的创新、话语表达的创新、教学逻辑的创新等。

首先，议题/主题设置的创新。乍看这是一个内容方面而非形式方面的问题，其实不然。如前所述，思政课的主要内容、基本结论是既定的，但如何来反映内容、印证结论则需要思政课教师发挥主观能动性。在关乎意识形态安全的众多议题、主题之下，思政课教师可以根据学生的思想状态和实际需求，充分发挥学生的积极性，让他们参与到课程设计中。"同流"才能更好地交流，设身处地、将心比心，以同理心思考问题才能找到问题的痛点、难点，从而引起共鸣。

其次，授课方法的创新。不可否认，传统的灌输式教学已经日显疲态，采用多形式教学势在必行。据报道，湖北经济学院开设"当代中国"选修课，课程团队在讲授"民族复兴必将在改革开放中实现"专题时，特邀"60后""70后""80后""90后"几代老师同台，还请学生拍了一段 6 分钟视频，把课堂变得人人都可参与①，从而打造出一门备受学生欢迎的"网红

---

① 参见《湖北：立德树人"爆款"思政课引导大学生读懂当代中国》，中国文明网，2019 年 2 月 15 日，http://hub. wenming. cn/yw_37663/201902/t20190215_5004279. shtml。

课"。这一点值得学习。

再次，话语表达的创新。教学不同于宣传，学术不同于政治，它们是两套完全不同的话语体系。政治话语严谨严肃，学生较难接受，或是难以理解。教师要用平易近人的语言、心平气和的体态、喜闻乐见的方式开展教学，避免空话、套话，做到言之有理、有力、有趣。同时，适当使用网络语言可以调节课堂氛围。

最后，教学逻辑的创新。同样的素材，采用不同的逻辑思路和出场次序效果是不同的。例如讲疫情，可以先讲清疫情对生命健康、经济发展、社会稳定、国际关系的重大影响，进而说明抗击疫情的重要性；接着突出抗击疫情过程中广大干部群众、医务人员的精神风貌和奉献精神，彰显中国人民的精神伟力；再展示党和政府强大的领导力，从而激发学生爱国爱党的热情。

3. 转换场景，提升感染力

狭义上的教学，主要是课堂教学。随着社会的发展，实践教学受到了越来越多的重视。其中，现场教学更是备受关注。现场教学作为学习党史、新中国史和改革开放史的一种重要形式，近些年得到各高校的高度重视和普遍应用，并取得了积极成效。尤其是一些重大事件的发生地，如井冈山、延安、西柏坡等，成为备受瞩目的现场教学基地。现场教学通过旧事重演、情景再现，将理论与实践结合起来、历史与现实连接起来，具有开放度高、互动性强、冲击力大的特点，其教育教学优势不言而喻。不过从实际情况来看，组织一场高效有序的现场教学并不容易，需要注意几个问题。

首先，现场教学地点的选择。现场教学之所以吸引人，就在于它的场景转移，即从封闭的、千篇一律的教室转移到一个空间开放、布局和陈设多样的场景中，给人一种耳目一新、豁然开朗的感觉。然而，面对众多教学资源（如遗址、遗迹、场馆），如何选择至关重要。因为如果不能创制一种情境，并将受众纳入其中，现场教学的效果势必大打折扣。因此，那些具有最容易打动人心的故事、最可能引发受众思考的地方，才是现场教学的首选。例如，可以组织在穗高校的青年学生参观中共三大遗址、农民运动讲习所等。

其次，选址确定后，在什么场地开展也应该合理安排。目前，现场教学方兴未艾，培训、学习活动接二连三，许多现场常常门庭若市。如果选点不当，很容易使学生身在现场心在外，难以达到预期效果。现场教学内容的取舍也应该合理安排。青年学生不是普通群众，他们多多少少都了解和掌握一些党史知识。因此，现场教学的内容必须慎重选择、合理取舍。一个基本原则是，要以翔实的资料、公认的史实为依据，对争议较大、分歧明显的人物和事件既不能大书特书，也不能避而不谈，以免有故意夸大或刻意遮掩之嫌。同时，在讲解的过程中，还要将所涉人物、事件置于当时的时空背景下加以分析。如果仅仅局限在就事论事层面，很容易使他们脱离主讲者的预设。此外还要注意，现场教学会唤起人们的历史记忆，但即便是过去的成功经验，也只能印证当时的正确性，最好不要过多地跟现实联系起来。不然，不仅起不到正面的教育作用，而且可能产生负面影响。

最后，现场教学中情感与理智关系的处理。人的行为通常会受制于情感和理智两方面。现场教学的优势在于激发情感，所谓不忘初心、牢记使命，首先是一种情感的接纳。如果这一逻辑是正确的话，那么现场教学就应该把握好这个度。对主讲人来说，语言的运用、肢体的配合、情感的渗入，直接关乎一堂课能不能打动人心。然而，从理性的角度看，打动人心只是一时，只有在情感充沛的解说中融入理性，才能真正说服人，此即人们常说的"动之以情，晓之以理"。

此外，网络教学也需要特别重视。可以考虑资源共享，借用名校、名师的公开课，从而避免学生的审美疲劳，教师也可以借此取长补短。另外，一些现成的资源也要充分利用，如"学习强国"学习平台。它由中共中央宣传部倾力打造，内容丰富，不仅又红又专而且图片、文字、影音、绘画、音乐等应有尽有，严肃而不失活泼，可作为重要的学习补充。当然，如果条件允许的话，还可以借助 VR、AI、5G、3D 等技术开展在线教学。凡此种种，为高校思政课教学提供了更丰富的场景，在维护国家意识形态安全方面提供了更多助力。

结语　争当铸魂育人"大先生"

百年大计，教育为本；教育大计，教师为本。习近平总书记强调指出，教师不能只做传授书本知识的教书匠，而要成为塑造学生品格、品行、品位的"大先生"，"老师应该有言为士则、行为世范的自觉，不断提高自身道德修养，以模范行为影响和带动学生，做学生为学、为事、为人的大先生，成为被社会尊重的楷模，成为世人效法的榜样"①。在中国传统文化和语境当中，"先生"通常是对传道授业者的尊称，也有人用其称谓受人敬仰的有文化有德性者。《礼记·曲礼》中就有一句"从于先生，不越路而与人言。遭先生于道，趋而进，正立拱手"。这里的"先生"指的就是老师。"大先生"更是对师者中德业双馨、具有大贡献大智慧大影响者的尊称。"大先生"是先生中的杰出代表，是教师中的楷模。在中华民族文明史上，一大批德高望重的"大先生"荟萃云集、灿若星辰。20世纪一二十年代，新文化运动的"旗手"鲁迅、陈独秀、李大钊等人家喻户晓，他们被中国人民尊称为"大先生"，教育引导了一代热血青年毅然决然走上革命道路。新中国成立后，以彭康、钟兆琳、陈大燮等为代表的一批大专家、大教授听党指挥跟党走，与党和国家、与民族和人民同呼吸、共命运，他们是新中国孕育出来的"大先生"，这批"大先生"作为杰出教师的代表，在发展我国教育事业、追赶世界科研领先水平、培养一流优秀人才、甘为人梯提携后生等方面，都起到了领军、示范、榜样的作用。

---

① 《习近平在中国人民大学考察时强调 坚持党的领导传承红色基因扎根中国大地 走出一条建设中国特色世界一流大学新路》，《人民日报》2022年4月26日。

青年是祖国的未来、民族的希望，抓好青年就能赢得未来，抓住青年就能看到希望。当前，我国已经顺利实现了第一个百年奋斗目标，正意气风发地向着全面建成富强民主文明和谐美丽的社会主义现代化强国的第二个百年奋斗目标阔步前进。在这样的重要历史关头，我们比以往任何时候都更加迫切地需要堪当民族复兴重任的时代新人。截至2022年，我国共有高等学校3013所，各种形式的高等教育在学规模达4655万人。① 从学生成长成才的科学规律看，青年阶段正值人生的"拔节孕穗期"，此时最需要进行精心的引导和栽培，一个人的青年时期是资源的积累期，在这一时期身心显著成长，情感逐渐丰富，对各种知识的渴求、对世界的探索、对情感互动的需求都处于高峰期，但是他们思维的发展仍可能处于偏执期。"思想观念上的精致利己主义，文化上的'娘炮''自鄙视'，生活上的消费至上、享乐主义，事业上的'躺平'选择等等，都会对青年的成长发展和价值选择产生消极影响。"② 同时要看到，当今世界百年未有之大变局深度演化，世界之变、时代之变、历史之变正以前所未有的方式展开，一些国家不愿意看到中国强大起来的事实，始终戴着有色眼镜看待中国的发展，采取各种措施和手段设置障碍，企图破坏、打断中华民族伟大复兴的进程，西方也从来没有停止过对我们青年一代的争夺。在这样的局势下，思政课的作用越发凸显，思政课教师责任更加重大。新时代新征程，我们迫切需要在加快推进教育现代化、建设教育强国的伟大事业中，锤炼一批思政课"大先生"，需要更多的思政课"大先生"当好青年学生的引路人，对青年学生进行科学理论的思想武装，帮助青年学生树立正确的世界观、人生观和价值观，引导青年学生认同并践行中国特色社会主义意识形态，从而自觉将深厚的爱国主义情怀植根于中华民族伟大复兴的实践中。

如果我们把教师作为"先生"来对待的话，那么思政课教师就要按照"大先生"来要求。习近平总书记针对思政课教师应具备的素养提出了"政

---

① 《2022年全国教育事业发展统计公报》，教育部网站，2023年7月5日，http://www.moe.gov.cn/jyb_sjzl/sjzl_fztjgb/202307/t20230705_1067278.html。
② 卢黎歌、向苗苗、李丹阳：《善用"大思政课"争当思政"大先生"》，《学校党建与思想教育》2022年第5期。

治要强、情怀要深、思维要新、视野要广、自律要严、人格要正"的新时代要求。政治要强，强调的是思政课教师政治信仰要强、政治定力要强、政治担当要强；情怀要深，彰显的是思政课教师的家国情怀、传道情怀、仁爱情怀；思维要新，要求思政课教师善于运用创新思维、辩证思维，教会学生科学的思维方式；视野要广，要求思政课教师具备广阔的知识视野、国际视野和历史视野；自律要严，意味着思政课教师要遵守政治纪律和政治规矩，做到课上课下一致、网上网下一致；人格要正，展现的是思政课教师以身作则、修身修为、知行合一的人品道德。这就是说，思政课教师要有"国之大者"的大胸怀，有为国爱民的大格局，有博大精深的大学问，有面向现代化、面向世界、面向未来的大视野，有谨言慎行的大境界，有身正为范的大品格。唯有如此，思政课教师才能成为社会认同、大众敬仰、青年学生崇拜的"大先生"。新时代思政课教师处在中华民族发展的最好时期，也处在实现中华民族伟大复兴的关键时期，生逢其时，职责光荣，我们的历史使命与时代责任就是培养助力实现第二个百年奋斗目标，以中国式现代化全面推进中华民族伟大复兴的建设者与接班人。因此，新时代思政课教师必须坚定信仰信念、牢记"国之大者"、夯实理论根基、打牢育人功底，自觉以习近平新时代中国特色社会主义思想铸魂育人，真正成为"为党铸魂、为国育才"的"大先生"，引导新时代青年在思想、能力、行动上紧跟党中央的要求，紧跟时代前进的步伐，紧跟事业发展的需要。

参考文献

经典文献类

《马克思恩格斯选集》（1—4 卷），人民出版社，2012。

《毛泽东选集》（1—4 卷），人民出版社，1991。

《周恩来选集》（下卷），人民出版社，1984。

《邓小平文选》（1—2 卷），人民出版社，1994。

《邓小平文选》（第 3 卷），人民出版社，1993。

《毛泽东论教育》（第 3 版），人民教育出版社，2008。

中共中央文献研究室刘少奇研究组、中央教育科学研究所编《刘少奇论教育》，教育科学出版社，1998。

中央教育科学研究所编《周恩来教育文选》，教育科学出版社，1984。

中共中央文献研究室编《建国以来重要文献选编》（1—3 册），中央文献出版社，1992。

中共中央文献研究室编《建国以来重要文献选编》（4—7 册），中央文献出版社，1993。

中共中央文献研究室编《建国以来重要文献选编》（8—10 册），中央文献出版社，1994。

中央档案馆、中共中央文献研究室编《中共中央文件选集》（17—18 册），中共中央党校出版社，1992。

中央档案馆、中共中央文献研究室编《中共中央文件选集（1949 年 10 月—1966 年 5 月）》，人民出版社，2013。

中共中央组织部、中共中央文献研究室编《知识分子问题文献选编》，人民
　　出版社，1983。

著作类

上海市高教局主编《高等学校学生思想政治教育》，教育科学出版社，1984。

谈松华主编《中国高等学校思想政治教育史纲》，高等教育出版社，1992。

许启贤主编《中国共产党思想政治教育史》（第2版），中国人民大学出版
　　社，2004。

石云霞：《新中国成立以来高校思想理论教育史研究》，人民教育出版社，
　　2005。

石云霞：《高校思想政治理论课程建设史研究》，武汉大学出版社，2006。

石云霞：《新中国成立以来中国共产党思想理论教育历史研究》（上），中国
　　社会科学出版社，2007。

石云霞：《新中国思想理论教育60年（1949—2009）》，华中科技大学出版
　　社，2009。

肖东波：《中国共产党理论建设史（1949—1956）》，中共党史出版社，2006。

骆郁廷主编《高校思想政治理论课程论》，武汉大学出版社，2006。

顾海良、余双好主编《高校思想政治理论课程教学改革研究》，武汉大学出
　　版社，2006。

顾海良：《高校思想政治教育导论》，武汉大学出版社，2006。

张耀灿、郑永廷、吴潜涛、骆郁廷等：《现代思想政治教育学》，人民出版
　　社，2006。

陈万柏、张耀灿主编《思想政治教育学原理》（第2版），高等教育出版社，
　　2007。

汪家镠主编《建国后十七年高校学生思想政治工作的回顾与思考》，中国广
　　播电视出版社，2008。

李德芳、李辽宁、杨素稳：《中国共产党思想政治教育史料选编》，武汉大
　　学出版社，2009。

王茂胜主编《中国共产党思想政治教育简史》，华中师范大学出版社，2010。

王树荫主编《中国共产党思想政治教育史》，中国人民大学出版社，2011。

王树荫、王炎：《新中国思想政治教育史纲（1949—2009）》，人民出版社，2010。

李萍主编《全球化时代世界意识形态流派述评》，人民出版社，2010。

黄蓉生、白显良、王华敏等：《改革开放30年大学生思想政治教育论》，中国社会科学出版社，2012。

王员：《建国初期党的思想政治教育及其基本经验》，社会科学文献出版社，2013。

王铁：《社会主义教育方针的理论与实践：中国教育方针的研究》（中册），教育科学出版社，1999。

中央教育科学研究所编《发展中的苏联教育》，教育科学出版社，1989。

高奇：《新中国教育历程》，河北教育出版社，1996。

程凯主编《当代中国教育思想史》，河南大学出版社，1999。

金一鸣主编《中国社会主义教育的轨迹》，华东师范大学出版社，2000。

郝维谦、龙正中主编《高等教育史》，海南出版社，2000。

方晓东、李玉非、毕诚等：《中华人民共和国教育史纲》，海南出版社，2002。

胡建华：《现代中国大学制度的原点：50年代初期的大学改革》，南京师范大学出版社，2001。

孙少平编著《新中国德育五十年》，福建教育出版社，2002。

杨东平主编《艰难的日出——中国现代教育的20世纪》，文汇出版社，2003。

何一成：《融合与创新——马克思主义思想政治教育理论中国化的历程和经验》，社会科学文献出版社，2004。

赵德强：《1949～1957：共和国教坛风云》，福建教育出版社，2005。

刘颖：《除旧布新：新中国成立初期中共对高等教育的接管与改造》，人民出版社，2010。

苏渭昌主编《中国教育通史·中华人民共和国卷》（上），北京师范大学出版社，2013。

〔美〕斯图尔特·施拉姆著、《国外研究毛泽东思想资料选辑》编辑组编译

《毛泽东》，红旗出版社，1995。

〔日〕大塚丰：《现代中国高等教育的形成》，黄福涛译，北京师范大学出版社，1998。

〔加〕许美德：《中国大学 1895—1995：一个文化冲突的世纪》，许洁英译，教育科学出版社，1999。

人民教育出版社教育室编《马克思恩格斯列宁论教育》，人民教育出版社，1993。

华东师范大学《列宁教育文集》编辑组编《列宁教育文集》（下卷），人民教育出版社，1986。

《胡乔木文集》（1—3 卷），人民出版社，2012。

中央人民政府高等教育部办公厅编《高等教育文献法令汇编》（第 1 辑），1954。

高等教育部办公厅编《高等教育文献法令汇编》（第 2 辑），1955。

高等教育部办公厅编《高等教育文献法令汇编》（第 3 辑），1956。

陈大白主编《北京高等教育文献资料选编（1949 年—1976 年）》，首都师范大学出版社，2002。

段忠桥主编《建国以来普通高校马克思主义理论课和思想品德课课程设置及教学内容历史沿革资料汇编》（上下编），高等教育出版社，2004。

教育部社会科学司组编《普通高校思想政治教育课程文献选编（1949—2008）》，中国人民大学出版社，2008。

团中央青运史研究室、中央档案馆编《中共中央青年运动文件选编（一九二一年七月——一九四九年九月）》，中国青年出版社，1988。

国家教育委员会编《中华人民共和国现行教育法规汇编（1949—1989）》，人民教育出版社，1991。

何东昌主编《中华人民共和国重要教育文献》，海南出版社，1998。

中央教育科学研究所编《中华人民共和国教育大事记（1949—1982）》，教育科学出版社，1984。

中央教育科学研究所编《中国现代教育大事记（1919—1949）》，教育科学出版社，1988。

《中国教育年鉴》编辑部编《中国教育年鉴》(1949—1989 年),中国大百科全书出版社,1984。

北京市教育志编纂委员会编《北京市普通教育年鉴 (1949—1991)》,北京出版社,1992。

刘英杰主编《中国教育大事典 (1949—1990)》,浙江教育出版社,1993。

金铁宽主编《中华人民共和国教育大事记》,山东教育出版社,1995。

期刊类

刘献君:《建国五十年大学德育研究的回顾与展望》,《高等教育研究》1999年第 4 期。

莫岳云、李鸿庄、李振连等:《面向 21 世纪高校马克思主义理论课程体系与教学内容调整的构想》,《教育研究》1999 年第 5 期。

段忠桥、周华珍:《新中国成立以来高校马克思主义理论课程设置沿革》,《思想理论教育导刊》2001 年第 4 期。

朱效梅:《建国初期高校思想政治教育考察》,《学校党建与思想教育》2004年第 7 期。

高正礼:《关于我国高校思想政治理论教育的几个问题》,《科学社会主义》2007 年第 6 期。

舒文:《建国初期清华大学政治课研究》,《长春工业大学学报》(社会科学版)2008 年第 1 期。

崔秋灏:《改革开放前高校思想政治理论课课程设置沿革》,《世纪桥》2008年第 1 期。

刘辉:《中国人民大学与建国初高校"新民主主义论"、"中国革命史"课程的开设》,《教学与研究》2008 年第 11 期。

曲利敏:《新中国成立初期高校政治课改革的历程及影响》,《北京党史》2010 年第 3 期。

韩丹:《论建国以来我国高校思想政治教育政策变迁》,《华北电力大学学报》(社会科学版)2010 年第 6 期。

徐向东:《建国初期高校思想政治教育工作方法的借鉴运用》,《高教探索》

2011 年第 2 期。

陈红：《一九四九年至一九五二年上海地区高校思想政治教学研究》，《中共党史研究》2012 年第 3 期。

耿化敏：《中国人民大学与高校中国革命史课程的创设与停开（1950—1957）》，《党史研究与教学》2012 年第 6 期。

许冲：《新中国成立后高校"联共（布）党史"课程设置始末》，《中国延安干部学院学报》2013 年第 2 期。

姚春林：《建国初期高校思想政治教育改革探析（1949－1952）》，《武汉理工大学学报》（社会科学版）2014 年第 6 期。

王永华：《高校思想政治教育队伍建设的历史考察与时代启示——以建国初期为例》，《南昌师范学院学报》2015 年第 1 期。

翁传洁、赵新居：《建国初期高校思想政治教育工作方式及意义》，《兰台世界》2015 年第 7 期。

袁银传、张顺凤：《论马克思意识形态话语建构的历史演进、基本特征和当代启示》，《马克思主义理论学科研究》2021 年第 12 期。

张磊、王建新：《新时代主流意识形态具象化传播的表征、困境及优化》，《思想教育研究》2021 年第 11 期。

姜涛：《新时代高校网络意识形态治理探讨》，《学校党建与思想教育》2021 年第 22 期。

邹绍清：《论意识形态的党性和人民性统一及其实践路径——兼论思想政治教育创新的实践导向》，《马克思主义研究》2014 年第 7 期。

廉伟、廉永杰：《习近平关于意识形态工作重要论述的哲学意蕴》，《思想教育研究》2021 年第 6 期。

李合亮：《意识形态·意识形态控制力·思想政治教育》，《马克思主义研究》2011 年第 8 期。

王达品、丁贞栋：《加强高校意识形态工作的思考》，《思想教育研究》2014 年第 12 期。

陈建波、庄前生：《论牢牢把握党对意识形态工作的领导权》，《马克思主义研究》2016 年第 1 期。

卢黎歌、岳潇、李英豪：《当前我国网络意识形态的博弈与引导》，《思想教育研究》2017 年第 6 期。

储著源：《主流意识形态的"主流"之辨》，《求实》2017 年第 1 期。

陈联俊：《移动网络空间中感性意识形态兴起的价值省思》，《马克思主义与现实》2018 年第 2 期。

李俊卿、张泽一：《互联网背景下我国意识形态表征、安全风险及防范》，《思想理论教育导刊》2016 年第 10 期。

肖唤元、秦龙：《习近平意识形态建设思想探析》，《社会主义研究》2018 年第 3 期。

刘伟：《意识形态生产的三种形态：知识、话语和权力》，《马克思主义与现实》2018 年第 1 期。

包毅、徐海波：《十八大以来党的意识形态理论的创新与发展》，《学校党建与思想教育》2016 年第 1 期。

李宗建：《党的十八大以来习近平意识形态工作新思想》，《社会主义研究》2016 年第 2 期。

刘永志：《西方意识形态网络渗透新态势及我国对策研究》，《马克思主义研究》2017 年第 12 期。

王永贵：《文化自信与新时代中国特色社会主义意识形态创新》，《学海》2017 年第 6 期。

王永友、史君：《新媒体环境下西方意识形态渗透的实质、方式与应对策略》，《马克思主义研究》2017 年第 2 期。

徐世甫：《新时代网络舆论引导缺场生成的意识形态安全问题》，《毛泽东邓小平理论研究》2018 年第 11 期。

钟明华、洪志雄：《维护我国意识形态安全的路径思考》，《思想理论教育》2016 年第 1 期。

易鹏、王永友：《错误社会思潮网络传播对国家意识形态安全的危害与治理》，《思想理论教育导刊》2018 年第 2 期。

张俊、蒋丽、李保国：《习近平新时代网络意识形态思想论析》，《毛泽东思想研究》2018 年第 3 期。

李海：《主流意识形态安全视阈下的社会主义核心价值观培育》，《科学社会主义》2014 年第 6 期。

布超：《全媒体时代维护我国意识形态安全面临的新挑战》，《学校党建与思想教育》2019 年第 7 期。

陈文旭、易佳乐：《作为虚假意识形态的"普世价值"》，《马克思主义与现实》2017 年第 4 期。

孙宇伟、陶文昭：《高校思想政治理论课坚持建设性和批判性相统一：理论蕴涵、现实问题和科学方法》，《思想教育研究》2020 年第 10 期。

冯刚、陈梦霖：《高校思政课实践教学的内涵、价值及其实现》，《学校党建与思想教育》2021 年第 18 期。

刘书林：《习近平总书记"七一"重要讲话与高校思政课教学新要点》，《马克思主义研究》2021 年第 9 期。

佘双好、张琪如：《高校思想政治理论课课程评价的特点及改革路径》，《思想理论教育》2021 年第 3 期。

黄蓉生、谢忱：《新时代加强高校思想政治理论课教师队伍建设的根本遵循》，《思想教育研究》2021 年第 2 期。

王广义、胡靖：《以党史为重点的"四史"教育融入高校思想政治理论课路径探析》，《思想教育研究》2021 年第 7 期。

王江涛、李心记：《新时代高校思政课实践教学的经验探索与创新路径》，《中国高等教育》2022 年第 24 期。

黄岭峻、沈晓娜：《重视、适应与有效：高校思政课建设三个环节的辩证关系》，《思想理论教育导刊》2022 年第 10 期。

李大健：《高校善用"大思政课"铸魂育人的三大保障》，《思想教育研究》2022 年第 9 期。

肖贵清：《高校思政课要讲好新时代中国的"五个必由之路"》，《吉首大学学报》（社会科学版）2022 年第 4 期。

熊晓琳、孙希芳：《高校思政课教师的核心素养及提升路径》，《思想理论教育导刊》2022 年第 7 期。

曹桢、喻一珺、王钰菡：《"大思政课"视域下高校思政课实践教学社会协同机制探讨》,《北京交通大学学报》(社会科学版) 2022 年第 2 期。

贾晓旭:《整体性视域下高校思政课知识体系的构建》,《学校党建与思想教育》2023 年第 4 期。

李亚美:《高校思政课课程体系构建探析》,《学校党建与思想教育》2023 年第 1 期。

徐蓉、陈振媚:《论高校思想政治理论课教学的三重境界》,《教学与研究》2023 年第 4 期。

报纸类

秦宣:《善用"大思政课"培育时代新人》,《人民日报》2021 年 8 月 2 日,第 12 版。

金正波:《建设大课堂 搭建大平台》,《人民日报》2022 年 8 月 26 日,第 6 版。

蔺庆春:《办好思政课关键在教师》,《人民日报》2022 年 8 月 8 日,第 5 版。

李栓久:《思政课是铸魂育人的主渠道》,《学习时报》2021 年 11 月 8 日,第 A2 版。

孙立涛:《如何讲好讲透思政课》,《学习时报》2021 年 11 月 12 日,第 A6 版。

贾钢涛:《打好思政课教学改革创新攻坚战》,《学习时报》2022 年 6 月 6 日,第 A2 版。

刘志山、周晓兵:《坚持党的领导是新时代思政课建设的根本保证》,《中国社会科学报》2021 年 12 月 30 日,第 A8 版。

刘建军:《如何理解"思政课的本质是讲道理"》,《中国社会科学报》2022 年 5 月 20 日,第 A4 版。

陈昌兴、周军虎:《实现思政课教师队伍一体化的四维建构》,《中国社会科学报》2022 年 11 月 11 日,第 10 版。

查建国、陈炼:《切实发挥思政课立德树人作用》,《中国社会科学报》2023 年 3 月 1 日,第 A1 版。

邓晖：《高校课程思政建设全面推进》，《光明日报》2020 年 6 月 6 日，第 1 版。

光明日报调研组：《善教乐学"思政课"润心立德育新人——内蒙古大力推进大中小学思政课一体化建设的实践探索》，《光明日报》2022 年 12 月 30 日，第 5 版。

马跃华、毛敏倩：《多维度多视角讲好"大思政课"——厦门大学思想政治理论教育改革创新纪实》，《光明日报》2023 年 3 月 17 日，第 7 版。

马立敏、钟哲、吴淑斌：《坚持立德树人 推进铸魂育人》，《南方日报》2019 年 12 月 20 日，第 A13 版。

吴日明、尹佳炜：《坚持"让有信仰的人讲信仰"》，《新华日报》2019 年 4 月 9 日，第 11 版。

傅小珮：《"大思政课"视域下红岩精神融入高校思政理论课育人路径研究》，《中国文化报》2022 年 11 月 22 日，第 3 版。

后　记

　　自 2019 年学校思想政治理论课教师座谈会召开以来，新华社、《人民日报》、《光明日报》、《中国教育报》等诸多媒体开设了专栏，报道达 700 余次，如今"思政课"已然成了媒体热词。正因为如此，2019 年笔者尝试以"新中国 70 年高校思政课维护国家意识形态安全研究"为主题申报国家社会科学基金高校思政课研究专项项目，并成功获批立项。课题立项以来，课题组大量查找和研读文献资料，广泛调研，数次调整研究提纲，精心打磨写作思路，力求从历史与现实、理论与实践相结合的视域出发，把宏观的理论分析与微观的实践探索相结合，把历史积淀与现实观照相融合。课题最终获得"良好"等级的结项鉴定。

　　本书是在上述结项成果的基础上修改而成的。在这个成果修改成书过程中，胡庆亮副教授、刘伟兵讲师、魏强博士，还有我的学生王婷，都给予了我诸多帮助，并做了大量的工作。本书的出版得到全国重点马克思主义学院中山大学马克思主义学院的大力支持。同时要特别感谢社会科学文献出版社王小艳、胡金鑫老师的辛苦工作，她们以精品意识和严谨态度细心打磨编辑出版的每个环节，付出了很大的努力。

　　当然，限于理论功底和学识水平，本书中有些问题还研究得不是很到位，有些很好的设想没有能够完全体现出来，希望得到诸君的谅解和指教。

何　旗

2023 年 10 月于广州康乐园

图书在版编目（CIP）数据

铸魂育人：高校思政课的历史与实践／何旗著. --
北京：社会科学文献出版社，2023.10
ISBN 978 - 7 - 5228 - 2475 - 8

Ⅰ.①铸… Ⅱ.①何… Ⅲ.①高等学校 - 思想政治教
育 - 研究 - 中国 Ⅳ.①G641

中国国家版本馆 CIP 数据核字（2023）第 170244 号

铸魂育人：高校思政课的历史与实践

著　　者／何　旗

出 版 人／冀祥德
责任编辑／王小艳
文稿编辑／胡金鑫
责任印制／王京美

出　　版／社会科学文献出版社·马克思主义出版分社（010）59367004
　　　　　地址：北京市北三环中路甲 29 号院华龙大厦　邮编：100029
　　　　　网址：www. ssap. com. cn
发　　行／社会科学文献出版社（010）59367028
印　　装／三河市东方印刷有限公司

规　　格／开　本：787mm × 1092mm　1/16
　　　　　印　张：13.5　字　数：207 千字
版　　次／2023 年 10 月第 1 版　2023 年 10 月第 1 次印刷
书　　号／ISBN 978 - 7 - 5228 - 2475 - 8
定　　价／78.00 元

读者服务电话：4008918866